U0691295

学前儿童家庭与社区教育

李梦阳　著

中国原子能出版社
China Atomic Energy Press

图书在版编目 (CIP) 数据

学前儿童家庭与社区教育/李梦阳著. --北京:
中国原子能出版社,2023.12
ISBN 978-7-5221-3215 - 0

I. ① 学⋯　Ⅱ.①李 ⋯　Ⅲ.① 学前儿童 - 家庭教育②
学前儿童-社区 - 社会教育Ⅳ.①G781②G61

中国版本图书馆 CIP 数据核字 (2024) 第 005864 号

学前儿童家庭与社区教育

出版发行	中国原子能出版社 (北京市海淀区阜成路 43 号 100048)	
责任编辑	徐　　明	
责任印刷	赵　　明	
印　　刷	北京厚诚则铭印刷科技有限公司	
经　　销	全国新华书店	
开　　本	787 * 1092　1/16	
印　　张	15.5	
字　　数	369　千字	
版　　次	2023 年 12 月第 1 版	
印　　次	2024 年 4 月第 1 次印刷	
标准书号	ISBN 978-7-5221-3215-0	
定　　价	78.00　元	

网址 :http//www.aep.com.cn　　　　E-mail:atomep123@126.com

发行电话 :010 68452845　　　　　版权所有　翻印必究

前　言

　　家庭是个体发展的摇篮，一个人的出生、成长、成熟以及成功均与家庭紧密相连。学前儿童家庭教育作为人生最初、最早的一种教育形式，奠定了个体发展的基础，规范着个体的发展方向。

　　学前儿童家庭教育是一个系统工程，看似简单，实则不易。由于学前儿童家庭教育具有私人性的特点，家长对子女的教育具有较强的自主性，如何教育孩子，将孩子教育成什么样儿，主要取决于家长的主观意志。基于这样的原因，对于儿童的家庭教育一直被作为一家一户的事情，由家长自主决定。所以，关于学前儿童家庭教育的理念和经验并未形成体系，更多蕴藏在文人前辈的家训、家书和言论中。

　　然而，随着社会的发展，家庭正经受着新的冲击，学前儿童家庭教育也面临着新的挑战："421"家庭结构的常态化与隔代教育问题，留守儿童的出现，与高离婚率相伴的单亲、重组家庭的增多，家庭成员关系的改变，家庭信息网络化，家长文化素质普遍提高等。所有这些，都促使我们要用全新的视野分析和研究学前儿童的家庭教育。

　　近年来，学前儿童家庭教育与社区教育的重要作用不断受到各国政府和教育界的关注。我国学者对学前儿童家庭教育、社区教育的研究日益深入，也相应出版了一些学前儿童家庭教育方面的教材和著作，这有利于学前儿童家庭教育指导工作的开展和学前教育事业的发展。

　　本主要对学前儿童家庭与社区教育进行深刻的论述。首先，从学前儿童家庭与社区教育认知入手，从学前儿童家庭教育的基础理论；其次，分析了家长与学前儿童家庭教育、不同年龄段的学前儿童家庭教育、不同类型与特殊儿童家庭教育；再次，从社区与学前儿童教育角度，阐述了社区与学前儿童教育；最后，讨论了幼儿园与家庭、社区环境的构建，以及幼儿园与家庭、社区合作的实践途径。本书适合从事学前儿童家庭与社区教育研究的相关人员阅读。

本书在写作过程中参考了许多同类教材、专著和调查报告，我们对有关编著者表示深深的感谢。由于作者水平有限，本书中难免有错误和疏漏之处，恳请广大读者和专家予以谅解，不吝赐教。

目　录

第一章　学前儿童家庭与社区教育认知

第一节　学前儿童家庭教育认知

一、家庭概述

（一）家庭的概念

尽管这世界上的绝大多数人都有属于自己的家，过着正常的家庭生活，但是如果想给家庭下一个广泛而又具有适用性的定义却也十分困难。家庭的复杂性远远超过了大众的想象，甚至地道的家庭问题专家都对此犯难。在不同历史时期的不同国家和民族中，人们对家庭的认识也是不同的，所以形成的家庭概念也不尽相同。

1.古代社会中家庭的概念

在东方社会，无论是中国还是日本，都把家庭看作是"同居亲属的生活共同体"。在古代中国的先秦文献中，"家""室""户""同居"都是表示家庭概念的名称。东汉许慎《说文解字》中对"家"的解释为"家，居也"。《周礼》讲到"家"即"嫁"，嫁是女子去男子家，女子无家，以男之家为家。故有"男以女为室，女以男为家"的古语。女子结婚就是归家。有夫有妇，然后有家，结婚以后就是家。

西方社会的家庭观念与东方有本质的差别，在古罗马家庭一词往往与奴隶有关。古罗马"家庭"一词源于拉丁文familia，从famulus（拉丁文，意思为"仆人"）派生出来。现今英文中使用的family这个词是从拉丁文familia转借过来的，它至少从12世纪起就已出现在拉丁语系中。15世纪时，英文中已存在该词，16世纪时也在德文中出现。而其原始意义，则主要指奴隶。可见，古人在使用familia这个词时，首先不是指由婚姻、血缘关系而联系在一起的人们，而是指奴隶。对于这一点，在罗马人那里，它起初甚至不是指夫妻及其子女，而只是指奴隶。Famulus的意思是指一个家庭奴隶，而familia则是指属于一个人的全体奴隶。

2.近现代社会中家庭的概念

近代学者对家庭的理解多有不同。现代社会学认为，家庭是社会最微小的细胞。心理学家们强调家庭是人与人之间的生理结合。家庭是肉体生活与社会机体生活之间的联系纽带。人类学家们从比较文化的意义上将家庭界定为共同使用火（厨房），也就是共同吃饭的共同体。

家庭包含了以下五种情况的大多数：第一，至少有两个不同性别的成年人住在一起；第二，他们之间存在着某种分工；第三，他们进行许多经济与社会交换；第四，他们共享许多事物，如吃饭、生活、居住等；第五，成年人与其子女之间有亲子关系，父母对孩子拥有某种权威，同时也对孩子负有保护、合作与抚育的义务，相互保护并相互帮助。近代英语中的"家庭"family一词包含如下含义：指同居或者不同居的子女；指一个人或一对夫妇的所有子女；指由父母子女、伯父母以及堂表兄弟姊妹等构成的近亲团体；指同一祖先的全体子孙；指雇有佣人的户。

家庭是一种特殊的社会生活组织形式。家庭之所以特殊是因为家庭作为社会组织形式之一，与其他社会组织形式一样，是一种自愿加入的、有一定共同目的的社会组织。家庭与其他社会组织的不同，首先在于家庭中爱的因素，天下之家皆为爱而聚，无爱而散；其次家庭中的各成员之间有血缘关系、亲情关系。

从历史的角度看，今天给出的任何一个比较完满的家庭定义都可能与历史上某个时代的家庭观念有本质的差别。但是现有的研究表明：家庭一般是由婚姻关系、血缘关系或收养关系而发生的亲属间的社会生活组织；家庭和婚姻有密切的关系，婚姻构成最初的家庭关系，由此又产生出父母子女等各种家庭成员之间的关系；家庭不是从来就有的，而是人类社会发展到一定阶段时才产生的。基于现有的研究，我们可以将家庭定义为以婚姻为基础、以血缘为纽带而形成的社会生活的基本单位，是社会最微小的细胞。

（二）家庭的演化

家庭并不是人类一出现就随机产生的，在人类社会早期是没有"家庭"存在的。当时的社会，只有氏族部落的人们在一起共同生活，呈现的是一种原始共产主义模式，即部落的全部人、物、财产等归全体部落人群所有。

进入原始社会中后期，特别是原始社会的后期，随着生产水平的逐渐提高，原始人类开始使用一些简单的工具进行围捕活动，有了最初的耕养种植活动。其劳动能力有了较大的提高，劳动成果也比原来多了，部落中开始有了剩余产品。如此便逐渐产生了私有意识，配偶、子女也成了自己的私有财产，有相对稳定的配偶，家庭才逐渐出现。

家庭是人类姻缘和血缘关系长期演化的产物，随着社会的逐渐进步和发展，家庭也在不断地发展变化。著名人类学家摩尔根指出，家庭是一个能动的因素，它从来不是静止不动的，而是随着社会从低级阶段向较高级阶段的发展。人类家庭演化史极其复杂，本书以家庭的起源和历史发展为脉络选取最有代表性的优化家庭形态进行介绍。

1.血缘家庭

大约在 170 万年前，也就是人类由原始群向氏族公社过渡的时期，血缘家庭出现了，这是人类社会上出现的第一种家庭形态，也是群婚制的初级形式。血缘家庭的特征是：由嫡亲的和旁系的兄弟姊妹集体互相婚配而建立起来。

2.亲族家庭

亲族家庭是人类的第二种家庭形式，又称为普那路亚家庭、伙伴制家庭。亲族家庭是群婚制的高级形式，出现于血缘制家庭后期（蒙昧时代的中、高级阶段），亲族家庭是氏族之间通婚，两性关系建立在两个氏族之间，即兄弟共妻或姐妹共夫。这些女子之间不再互称姐妹，男子之间不再互称兄弟，而是"普那路亚"。这种家庭对应的是新的禁例，即不准兄弟姊妹之间发生婚姻关系，比血缘家庭又进了一步。

从血缘家庭发展到亲族家庭的原因主要是自然选择的结果和生产的发展：人们经过长期的实践慢慢意识到血缘家庭的后代体力智力仍存在严重问题；生产的发展要求人们具有更强的征服自然的能力，这就要求群团氏族之间发生一定的联系。

3.对偶家庭

对偶家庭又称偶婚制家庭，是原始社会母系氏族公社晚期的一种家庭形式，是人类最早的完整家庭，属于个体婚制。对偶家庭形成的原因，一方面是氏族制度的推动作用，氏族本身有禁止血亲通婚的倾向，随着氏族在发展中不断分化，群婚范围不断缩小，最后必然造成一男一女的配偶同居；另一方面是氏族经济的发展，由于原始农业和畜牧业的发展，人们过着稳定的定居生活，社会产品日益丰富，除共同消费之外已有少量剩余，剩余产品的出现是对偶家庭产生的必要条件。

对偶家庭虽然具有相对稳定的性质，但并不是男女双方的牢固结合，很容易为男女双方或一方所破坏。对偶婚和对偶家庭仍以女子为中心，不仅限于和固定的配偶同居。这种婚姻关系不是以感情为基础，而是以方便和需要为基础，婚姻关系是两相情愿的，只要任何一方意愿改变，婚姻关系就中止。起初，男女双方都住在自己母亲的氏族中，通常由丈夫到女家拜访妻子，或双方到专门为他们建筑的公房中去过夫妻生活，即"望门居"；随着母系氏族的发展，氏族分裂为母系大家庭，丈夫便迁到妻子家中居住，即"从妻居"；至父系氏族初期，在妻方居住的制度改为在夫方居住的制度，即"从夫居"。

4.一夫一妻制家庭

一夫一妻制家庭又叫专偶家庭，是以一男一女结为夫妻的婚姻形式，出现在原始公有制社会向私有制、阶级社会过渡期。原始社会后期，随着私有财产的出现和男子经济地位的增强，男子掌握了私有财产权，男子已经不满足于传统的母系继承制，他要让自己的子女能够继承自己的财产，这最终导致了父权制的确立、氏族公社的解体和一夫一妻制家庭的出现。一夫一妻制家庭的特征是：它有着比以往家庭更坚固、更稳定的婚姻关系，能够确保财产沿着父系传递和继承。这一方面适应了个体家庭作为生产单位的社会要求，另一方面也推动了私有制的发展，推动了家庭从一个单纯的自然的繁殖机构变为一个社会生产单位、经济单位。

（三）家庭的特点

家庭作为一种特殊的社会组织形式，具有与其他社会群体不同的特点，概括起来主要有以下几点：

1.普遍性

从古至今，世界各国各地都存在着不同形式不同性质的家庭。每一个个体与家庭都有割舍不了的血脉关系，每个人的出生及其一生都会与家庭有着千丝万缕的关系。所以，家庭是社会上所有社会群体中最普遍的群体。

2.微小性

家庭在组成规模上与其他社会团体相比，具有微小性的特点。虽然有些大家庭由三代人或四代人组成，家庭成员可达几十人，但与学校、工厂等其他社会团体比，仍是小规模社会组织团体。尤其在我国，实行独生子女政策以来，家庭规模有越来越小的趋势。

3.关系性

家庭成员间拥有共同的过去和多种关系，如夫妻关系、父子关系、母子关系、兄妹关系等。它包括了至少整整三代人的情感关系，代与代之间由血缘、法律或是历史机缘的纽带联系在一起。家庭是个体和社会力量的双重产物，它最主要的价值是关系，关系是无法被替代的，家庭关系是最重要的情感关系。

4.亲密性

从家庭的性质看，成员之间的关系主要以爱情、亲情为基础和纽带，由具有血缘关系、亲属关系的成员组成。由于家庭成员在经济、情感方面利益一致，虽然有时家庭成员间也会有矛盾，但当面临有损家庭利益的外力时通常会一致对外。家庭成员间带有强烈的感情色彩，受道德的制约胜于法律。

5.更替性

家庭是一个随着时间不断变化的系统，从纵向看，家庭是长久的，但从横向看，每一代人的家庭又是短暂的，最长不过几十年，然后就被下一代的家庭所替代。

6.迫切性

任何的社会组织都对自己的成员有一定的要求，然而家庭对其成员的要求比其他任何团体要迫切，"望子成龙，望女成凤"的想法在我国比比皆是。这是因为在家庭里，一个成员发展的成败与每个家庭成员都有着直接的关系，上一代人未达成的愿望通常希望下一代人能够实现。

（四）家庭的功能

家庭功能是指家庭对个人生活和社会发展方面的作用和效能。家庭的功能受社会性质的制约，不同的社会形态、不同的国家和民族构成了不同的家庭功能。一般说来，家庭的基本功能主要包括生产、生活、养育、赡养、经济、教育、娱乐等功能。近半个世纪以来，经济变革和社会发展带来了家庭功能的重大变化，有的功能逐渐消失或削弱，有的功能则呈现强化或换位，有的功能社会化程度加大。

1.生育功能

这是家庭最重要的功能之一，满足人类子孙繁衍的需要。社会要存在和发展，必须不断补充人口，而家庭作为主流的繁育后代形式，理所当然地承担着人口繁衍的功能。

家庭生育功能是家庭的最基本的功能，但其功能性质与以前迥然不同了。因人的生产已被纳入社会发展的整体规划之中，生育子女不再是个人的事，而变成了一种社会责任。这样在国家计划生育政策干预下，人们的生育观念也发生了转变——从早生、多生已转向晚生、少生或不生。

2.经济功能

家庭在历史上曾经承担过全部经济职能，在自然经济时代家庭曾经是生产、分配、交换、消费的经济单位。家庭首先负担着生产的职能，通过家庭形式的生产（主要指从事农耕和家庭手工业），为家庭成员提供生活资料，满足家庭成员基本的生活需要，它是家庭发挥其他功能的物质基础。到了工业社会，实现了生产社会化，过去以家庭为单位的生产日渐为工厂、农场的社会化生产所取代。到了现代社会，社会分工逐步细化，家庭的生产功能正逐步转移，但家庭的生产功能并未消失，尤其是在经济落后的国家和地区。有研究表明，家庭生产功能逐渐复归且扩大化。在农村，自从农村经济体制改革后，整个农村的经济就是以农户家庭经济为主，还包括农村承包经营户和农村个体工商经营户。在城市，由于高速发展的网络信息技术以一种核心科技的形式向各个传统行业渗透，只要购买了电脑，在家里也能够营造出与办公室不相上下的工作环境，这样很多的从业者或自由职业者选择了在家里工作。城市家庭的生产功能开始复归且扩大到很多行业。可见，家庭的经济职能在扩大。

3.教育功能

家庭的教育功能既包括父母教育子女，也包括家庭成员之间的相互教育，其中父母教育子女在家庭教育中占有重要的地位。传统家庭教育主要依靠家庭和家族的力量来完成未成年人的教育任务，教育内容主要与谋生的技术有关，如婴儿从出生起就进行着学习吃饭、走路、说话、交往到成长为一个独立合格的社会成员。同时，家庭教育也是双向的，也存在着晚辈对家庭中长辈的影响甚至是教育，比如在使用现代化家用电器、现代化设备以及学习外语和新技能方面，在变革陈旧落后的各种观念方面，年长者可能都得向晚辈甚至是向儿童学习。

20世纪80年代以来，由于市场经济体制的确立和家庭规模小型化，我国独生子女逐渐普遍化，造成了家庭重心下移到第三代身上。子女"优生优育"的观念开始蔓延，家长对子女的成长倾注了全部心血，从胎教开始到家教的出现，无不体现家长对子女教育的关心和重视。家庭的教育内容包括教导孩子基本的生活技能、社会行为规范、指导生活目标、培养社会角色、形成个人性格等。这些都表明了家庭教育功能地位提高已是不争的事实。

4.抚养与赡养功能

抚养和赡养功能具体表现为家庭代际关系中双向义务与责任，抚养是上一代对下一代的抚育培养，赡养是下一代对上一代的供养和照顾。由于人类个体的成长发育有着较长的依赖期，在此期内生活不能独立，必须由双亲抚养，同时生理上、感情上也需要双亲的照顾，因此抚养子女就是家庭的一个重要功能，许多国家通过法律的形式对其给予明确规定。

父母有抚育子女的责任，子女也有赡养父母的义务。人都要走向衰老，在丧失劳动能力、身体各种机能失调后，需要子女的照顾。值得提出的是，在传统社会中养老责任是由家庭来承担的，当年老的父母不能以自己的劳动来养活自己时，子女就承担起赡养老人的义务，赡养老人历来是传统中国重要的伦理道德。在现代社会中，由于家庭结构和家庭规模的变化、社会福利制度的发展和完善，家庭的赡养功能出现弱化趋势。但作为社会福利机构的养老院在精神上对老人的慰藉功能永远无法跟家庭等同，所以，家庭的赡养功能是其他社会机构不能取代的。

5.休闲与交流功能

自古以来，家庭就是人生最好的休息、娱乐场所之一。在家庭中人们不仅可以进行工作、劳动之后的一般体力休息和娱乐，还可以享受到在其他场所不能享受的天伦之乐、人伦之乐。随着经济的发展、科技的进步、闲暇时间的增加，人们休息、娱乐等精神生活方面的需求越来越多，现代社会的文化娱乐设施如电影院、练歌房、健身房、美容院等为满足人们这方面的需求提供了条件。但家庭中以爱和血缘为基础的和谐的人际关系，以及温馨的感情气氛是任何社会文化场所都不能完全替代的。

与家庭的休闲功能一样，家庭的情感交流功能也是无可替代的。不管是在古代社会还是现代社会，家都是心灵的港湾，家庭成员之间的亲密交往和情感，建立在亲缘关系的基石上，具有牢靠的基础。一个人风尘仆仆地在社会上生活奋斗，遇有身心疲惫、紧张焦虑的时刻，都希望从家庭得到安慰、鼓励和帮助，良好的家庭交流能够给人舒适安全的感觉。

二、家庭教育概述

（一）家庭教育的含义

本书中使用狭义的家庭教育，将家庭教育定义为：家庭教育是在家庭环境中父母及其成年人对未成年人所实施的影响和教育，是学校教育与社会教育的基础。

（二）家庭教育的性质

家庭教育的性质就是家庭教育区别于其他形式教育的根本属性，主要是与学校教育、社会教育等比较而得出。

1.家庭教育是一种私人教育

私人教育与公共教育相对，是按教育者和受教育者之间的关系这一标准划分所得。私人教育指教育者和受教育者之间有血缘、收养或隶属关系，受教育者的发展由教育者个人意愿决定。从施教人员来看，家庭教育的实施者主要是家长及长辈，他们无需获得上岗资格证书，孩子从孕育到呱呱坠地，父母的工作就已经开始。施教者和受教育者之间有血缘关系或收养关系，属于私人关系的范畴。从管理体制来看，家庭是私人空间，社会和他人不能或不容易对家庭教育进行直接的行政干预，更多通过多种方式进行宣传、渗透和引导来施加影响，使之适应社会需要。

强调家庭教育是私人教育，并不是说家庭教育孤立于社会之外，跟社会生活相隔绝。恰恰相反，家庭是社会的细胞，是社会的缩影，社会政治、经济的变革肯定要通过种种渠道渗透到家庭生活中来，影响家庭教育的实施。任何社会，任何时代的家庭教育都带有那个社会和那个时代的鲜明烙印，反映当时的社会生活，适应时代的需要。

2.家庭教育是非正规教育

从教育活动实施的组织形态看，教育有两大类，一类是有严密组织的正规教育，一类是没有严密组织的非正规教育。正规教育以学校和幼儿园的教育最为典型，它有专门的组织机构、有受过训练的专门的教育者，是一种有组织、有目的、有计划、有系统、有考核要求、有统一标准的教育。家庭教育则不同。

家庭不是专门的教育机构，家庭教育不是有组织、有领导、有严密计划的教育；家长一般未经过教育方面的专业训练，也不是专职的教育者，只要生育了孩子，家长自然就成了教育者；家庭教育的目的、内容没有统一的要求，政府和其他社会组织只能进行指导而无权进行直接的干预；家庭教育没有固定的模式、固定的时间和地点，一般是寓于日常生活之中，随时随地实施的。特别对学前儿童而言，他们主要是通过模仿进行学习的，家庭教育更多的是通过家长在家庭生活中的言行和表率作用来实现的，即使父母本身并没有意识到，那种潜移默化的影响也是客观存在的，而且这种影响是深刻的、广泛的、全方位的。

3.家庭教育是终身教育

家庭教育是一种稳定的持久性教育，与阶段性的学校教育有所不同。家庭教育则大不相同，它开始于孩子出生之日，甚至可上溯到胎儿期，直到孩子长大成人，可以说人们在一生中始终都是在直接或间接地接受着家长，特别是父母的教育和影响。在我国，即使子女已经成家立业，父母仍对孩子进行着教育，父母亲临终留下的遗嘱，也是家庭教育。因此，家庭教育是一种终身教育，在人的一生中起着不可替代的作用。

（三）家庭教育的特点

家庭教育是教育人的起点和基点。家庭教育由于发生在家庭之中，与学校教育和社会教育相比较，既有优势特点也有局限性特点。

1.家庭教育的优势特点

（1）家庭教育的早期性

家庭是儿童生命的摇篮，是人出生后接受教育的第一个场所，即人生的第一个课堂。家长是儿童的第一任教师，即启蒙之师。所以家长对儿童所施的教育最具有早期性。一般来说，孩子出生后经过三年的发育，进入幼儿时期，从3岁到6岁是学龄前期，也就是人们常说的早期教育阶段，这是人的身心发展的重要时期。幼儿期是人生熏陶渐染化的开始，人的许多基本能力是在这个年龄阶段形成的，如语言表达、基本动作以及某些生活习惯等，性格在这个阶段也在逐步形成。

（2）家庭教育的感染性

父母与孩子之间的血缘关系和亲缘关系的天然性和密切性，父母的喜怒哀乐对孩子就是一种环境影响，有强烈的感染作用。孩子对父母的言行举止往往能心领神会，以情通情。在处理发生在周围身边的人与事的关系和问题时，孩子对家长所持的态度很容易引起共鸣。在家长高兴时，孩子也会参与欢乐，在家长表现出烦躁不安和闷闷不乐时，孩子的情绪也容易受影响，即使是幼儿也是如此。如果父母亲缺乏理智而感情用事，脾气暴躁，都会使孩子盲目地吸收其弱点。家长在处理一些突发事件时，表现出惊恐不安、措手不及，对子女的影响也不好；如果家长处变不惊、沉稳坚定，也会使子女遇事沉着冷静，这样对孩子心理品质的培养起到积极的作用。所以，在家庭教育过程中，环境的感染性发挥着非常重要的作用。

（3）家庭教育的权威性

家庭教育的权威性是指父母长辈在孩子身上所体现出的权力和威力。家长的权威性，主要体现在：家长的教诲，子女能够听从；家长的批评，子女能够接受；家长的意图，子女能够心领神会；家长所希望的，子女能够努力做到、做好；家长所反对的，子女能自觉地不去做，或是能克制自己的欲望。家庭的存在，确定了父母子女间的血缘关系、抚养关系、情感关系，子女在伦理道德和物质生活的需求方面对父母长辈有很大的依赖性，家庭成员的根本利益的一致性，都决定了父母对子女有较大的制约作用。总之，家长的意志对于子女的言行有较大的权威性，这种权威性，要比其他人对孩子的制约更大。

（4）家庭教育的针对性

针对性是指从实际出发，有的放矢，而不是凭想当然，不是一般化的说教。针对性的前提条件是充分了解教育对象。人们常说："知子莫若父。"最了解自己孩子的是家长，是父母。这种说法不无道理。父母之所以能如此了解子女，并不仅仅是由于长期共同生活，更重要的是由于父母和子女有特殊的关系——血缘关系和根本利益一致的关系。

（5）家庭教育的及时性

家庭教育的过程，是父母长辈在家庭中对孩子进行的个别教育行为，比幼儿园、学校教育要及时。常言道：知子莫若父，知女莫若母。家长与孩子朝夕相处，对他们的情况可以说是了如指掌，孩子身上的细微变化，即使是一个眼神、一个微笑都能使父母心领神会。父母通过对孩子言行举止的及时掌握，发现他们身上存在的问题，以做到及时教育、及时纠偏，不让问题过夜，使不良行为习惯消灭在萌芽状态之中。

（6）家庭教育的传承性

孩子出生后，从小到大，几乎 2/3 时间生活在家庭之中，都在接受着家长的教育。这种教育是在有意和无意、计划和无计划、自觉和不自觉之中进行的。家长以其自身的言行随时随地地教育影响着子女，对孩子的生活习惯、道德品行、谈吐举止不停地给予影响和示范，潜移默化地塑造着孩子，所以有些教育家又把家长称为终身教师。一个家庭的成员有时会有相似的生活风气，如勤俭节约、热情好客，或懒惰邋遢、自私自利等。有些家庭成员工作中屡屡出现成绩、受表彰，而有的家庭中成员屡屡违法犯罪，这都与家庭教育传承性有着很大的关系。

2.家庭教育的局限性特点

（1）家庭教育条件的不平衡

家庭教育对孩子的成长有着十分重要的作用，但并不是所有的家庭都具备教育子女的有利条件。有的家庭有良好的家庭生活气氛和生活方式，家庭成员关系融洽、和谐。家长文化素养高，有教育能力，并且重视子女教育，也有充裕的时间。有的家庭则关系紧张，经济贫穷，父母文化素养不高，对子女教育不重视、不负责任，缺乏教育子女的能力和时间等。

（2）家庭教育易感情用事

在教育孩子时，家长往往缺乏应有的理智，遇事感情用事。这是家庭教育最容易也是最经常发生的偏向，是家庭教育最不容易突破的难点。大部分家庭教育的失败，都是由于这一原因。父母感情用事主要表现为行为易走极端，或者娇惯溺爱，或者简单粗暴。

（3）家庭教育比较封闭

家庭是一个相对封闭的社会单元。家庭教育是由家长对自己的子女在家庭范围内进行的教育。教什么、如何教、用什么思想作指导，主要取决于家长的意志、兴趣、爱好、思想水平、教育能力等。而一个家庭的生活方式、生活习惯，家长的素质和能力，总是有局限性的，这势必会影响到家庭教育的成效。

（4）家庭教育无监督

家庭是私生活的据点，也是最私密的场所，这样的特点决定了家庭成员在家庭内的言行举止，不可能像其他场合那样受太多的约束。因此，父母的有些言行举止对儿童、青少年的影响可能是积极有益的，有些言行举止对儿童、青少年的影响可能是消极的。比如，家庭成员之间的矛盾与争吵、父母在言行举止上违背教育原则等。这些往往无法回避负面影响，会给子女的发展带来障碍。

（四）家庭教育的功能

家庭教育是教育活动的重要组成部分，同样发挥着多方面的功能，具有社会功能和个体功能。只是家庭教育在社会功能方面表现得没有那么突出，被很多人忽略。

1.家庭教育的社会功能

家庭作为最活跃的社会细胞，把个人与社会联系在一起，它必须适应全球性的变化，这些变化是深远的，它不仅影响人类的物质生活，还将影响人类的价值观念和信仰。

良好的家庭教育能够促进社会的和谐进步和安定团结；能够为社会未来的发展和建设输送合格的各类人才；能够使国家和民族的优良传统通过家庭生活的方式一代一代地传承下去。不好的、失败的家庭教育会影响社会的和谐发展，影响安定团结；由于家庭教育不正确，会使儿童形成不良行为习气，长大后可能成为社会不安定的因素，甚至是危险分子；不良的家庭教育培养出来的青少年，有可能成为社会秩序、社会良俗的破坏者。

2.家庭教育的个体功能

良好的家庭教育首先能够很好地促进个体的社会性发展，使儿童能够很快地适应社会，成为社会优秀成员，促进社会和谐、稳定地发展；良好的家庭教育也能够使每一个儿童的个性得到充分展示，使他们个人的能力、魅力得到充分地表现；良好的家庭教育也能够使个体获得最初的谋生意识和职业意向，在家长的正确引导下树立自己的理想；良好的家庭教育还能够使儿童充分地享受教育过程，乐意接受家长的教诲，主动接受家长的指导，体验到家庭教育的快乐。

三、学前儿童家庭教育概述

（一）学前儿童家庭教育的含义

什么是学前儿童家庭教育？中外学前教育工作者对这个概念做出了不同的界定，提出了不同的观点，主要有以下几种：（1）学前儿童家庭教育是实施学前教育的重要组成部分，主要是指在家庭中对学前儿童实施的非正规教育。学前家庭教育一般由儿童的家长，如法定监护人，养护人或其亲属承担。（2）父母或家庭里的其他年长者自觉或不自觉地、有意或无意地对儿童施行的教育和影响。（3）虽称之为"教育"，但并不是要"教"什么之类的特地有所准备的教育。而是亲子，兄弟姐妹之间在感情的"自然流露"中所进行的教育。学前儿童的家庭教育有广义和狭义之分。广义的学前儿童的家庭教育，主要是指家庭成员之间的相互影响和教育。在家庭生活中，实际上不仅父母或其他年长者要对学前儿童实施教育，施加影响，而且他们还会受到学前儿童的教育和影响。狭义的学前儿童的家庭教育，则指的是在家庭生活中，由家长（主要是父母或其他长辈）对学前儿童进行的教育和施加的影响。不论这种教育是有意识的、自觉的，还是无意识的、不自觉的，但都发生在家庭生活之中，并以亲子关系为中心，从诸多方面积极地影响儿童，把儿童培养成为社会所需要的人。

（二）学前儿童家庭教育的特点

1.全面性和早期性

对于儿童的学前教育来说其本身是完全融入整个家庭生活中的。其中所呈现出的相关内容极为丰富，不仅仅涉及人和人之间的一切知识，还包含了幼儿成长过程中的伦理规范、文明习惯、自然知识、生产技能、社会知识等，而这些有相当一部分都是直接通过家庭教育、家庭生活所获得。家庭教育所包含的内容远远超出了社会教育、幼儿园教育的多方面范围。除此之外家庭教育工作本身也极为普通，能够全员参与其中。和其他教育模式相比较而言，学前儿童家庭教育本身有着极为明显的前期优势性。从孩子出生的第一天开始，实际上家庭教育就对于一个人的智力发展、道德观念形成、性格养成等方面起到了至关重要的作用。

2.自然性和随机性

家庭本身作为儿童生活过程中的一个天然学校，家长也就是儿童天然的启蒙老师。家庭教育的自然性导致了它的随机性。父母究竟应该对孩子进行哪些方面的教育，如何进行这些教育，并没有固定的模式和程序，都是由父母自己决定，自行解决的。其中父母的价值观、职业观、文化观、儿童观和教育观等因素起着关键性作用。家庭教育的随机性还体现在不受时间和空间的限制，可随时随地对孩子进行教育。

3.权威性和专制性

在儿童心目中家长有着崇高的地位，其本身愿意得到家长的表扬和管教，这直接促使家长本身的教育工作具有更好的号召力、感染力。家长是家庭生活的领导者和组织者，处于学前阶段的孩子，身心方面各种需求的满足都不得不依附于家长，家长在家庭中的这种独特地位和作用，决定了他在孩子心目中享有崇高的威望和威信，使孩子能够做到"有令则行，有禁则止"，这是家庭教育的一大优势。家长是否能维护自己的权威，与其是否能严格要求自己，爱岗敬业，时时处处为孩子作表率有关。例如，儿子把邻居小伙伴的脸抓破了，父亲不仅要批评儿子，而且还应带着儿子到邻居家去赔礼道歉，使儿子对自己的过失行为产生内疚感。此外，家长还要注意不通过"家长制"统治孩子，不滥用"权威"吓唬孩子，不动用"家法"体罚孩子，以免形成对立关系，阻碍孩子的发展。例如，家里来了客人，父母不能不管孩子是否愿意，就命令孩子为客人露几手，背了唐诗以后，还要唱英文歌曲等。

4.持久性和连续性

和其他传统教育形式相比较来说，家庭教育是最为稳定的。孩子从托儿所到幼儿园，不论是生活环境、教育内容，还是教师、同伴等都发生了很大的变化，但家庭的生存空间、教养条件、家长等情况，一般来说不会有什么变化或基本上没有变化。家庭生活的稳定性和连续性本身就是在对孩子进行一致性和一贯性的教育，这种持续不断的、反复进行的教育，有利于孩子形成良好的行为习惯。

5.时代性和社会性

家庭是社会的细胞，它随着时代和社会的发展而不断变化，作为家庭主要功能之一的教育也是如此。

首先，在不同的历史时期，由于国家政策、经济水平、家庭结构等因素的不同，学前儿童的家庭教育呈现出了不同的特点。

其次，在不同的国度，由于政治制度、文化观念、教育体制等因素的不同，学前儿童的家庭教育也会表现不同的特征。

再次，在同一国家的不同区域，由于开放程度、生活水平的不同，学前儿童的家庭教育也展现出不同的特点。

（三）学前儿童家庭教育的作用

学前儿童家庭教育的作用是至关重要的，说其至关重要是因为它一方面对儿童本身有着不可替代的作用，另一方面对社会和国家有着不可忽视的作用。

1.对幼儿的作用

（1）保证了儿童机体的正常生长发育

①胎儿教育为孩子的健康出生提供了保障

学前儿童的家庭教育的作用体现在胎儿的保健和教养上。首先，孕妇注意避免对人体有害的因素，可以控制不健康胚胎的产生。其次，孕妇注意摄取各种营养，能够保证胎儿正常的生长。许多营养专家要求孕妇做到：饮食简单而又合理，在一日三餐中，多吃水果（如香蕉、草莓、葡萄）、蔬菜（如西红柿、豌豆、花菜、胡萝卜）、果仁、鱼和瘦肉等，以免妨碍胎儿的发育。再次，孕妇注意进行适宜的运动，能够促进胎儿更好地发育。

②婴儿教育为孩子身体的健康成长提供了保障

学前儿童家庭教育的作用表现在婴儿的养育和训练上。一方面，母乳为婴儿提供了最好的营养品，保证了儿童的健康生长。另一方面，肌体的接触和轻微的运动，提高了婴儿感官的灵敏度和动作的协调性。

（2）促进了智力的发展

儿童智能的发展具有关键期，在不同的年龄阶段，各种智力因素成长的速度不同，对儿童的影响也不同。6~9个月左右是形状和大小辨别能力发展的关键期；1~3岁是计数能力发展的关键期，也是口头语言发展的关键期；4~5岁是发展阅读能力的关键期。因此，适宜的早期家庭教育能促进幼儿智力的最大开发，取得事半功倍的教育效果。此外，家庭教育能预防儿童潜能递减现象出现。

（3）促进了儿童社会化的进程

社会化是个体学习生活技能和行为规范获得社会生活适应能力与创造力的过程，贯穿于人的一生，儿童社会化过程中家庭是第一个教育场，父母是第一任教师。儿童在成为社会人的过程中，社会准则、行为规范和道德意识通过家庭中父母的言行折射进入儿童的内心世界。良好的家庭教育有助于幼儿形成健全的人格，养成顽强的意志、获得幸福快乐的童年，为后继学习和终身发展奠定坚实的基础。

2.对社会的作用

良好的儿童家庭教育关系到社会的进步和国家的可持续发展。学前儿童家庭教育的效果关系到我国社会主义建设人才培养的起步是否坚实，对儿童早期在健康和关爱教育方面进行投入是提高人口素质、减少社会差距、能够产生最高回报率的社会投入，这已经为多个国家的实践所证实。我国社会主义发展和建设所需要的各类人才应该是身心两方面都健康的人才。人才的培养应始于胎儿时期。

第二节　学前儿童社区教育认知

一、社区

（一）社区的概念

"社区"一词源于拉丁语，意思是共同的东西和亲密的伙伴关系。

社区在各种社会学文献中，至少出现了140多种定义，在这些定义中，社区被界定为群体、过程、社会系统、地理区划、归属感和生活方式等。例如，社区就是在一定地域范围内，发生特定的社会关系和社会活动，形成特定的生活方式和文化心理，并具有成员归属感的人群所组成的相对独立、相对稳定的社会实体。社区就是区域性社会，换言之，社区就是人们凭感官能感觉到的具体化了的社会。

概括起来讲，"社"是指相互有联系、有某些共同特征的人群，"区"是指一定的地域范围。所以，"社区"可以说是相互有联系、有某些共同特征的人群共同居住的一定的区域。也可以说社区是由一定数量的人口为主体，按照一定的制度组织起来的，有着一定的地域界限和认同感的人类生活共同体。

（二）社区的特征

1.有一定的地理区域

美国著名社会学家罗伯特·帕克（Robert Park）在社区概念中引入地域性特

征。一条街道、一个村落、一个县、一个市，都是规模不等的社区。在日常生活中，人们常提及的社区往往是与个人的生活关系最密切的、有直接关系的较小型的社区，例如，农村的村或乡、城市的住宅小区等，大家共同生活的这个区域就是社区的基本组成部分之一。

2.有一定数量的人口

人口同地理区域一样是社区重要而基础的组成部分。无论社区大小都有一定数量的人口居住，只是不同社区的规模的大小不同，人口数量差距也较大。

3.人与人之间有亲密的社会交往

人们的生活和工作都是集中在社区里进行的。英国社会学家麦基文认为，社区是广大的区域，任何社区都在风俗、传统、生活方式等方面，具有一定程度区别性的标记和特征。人与人之间会有着一定的共同生活和劳动观念，形成亲密的社会交往，形成共同的社区意识。社区意识就是人们对所在社区的认同感、归属感和参与感，社区意识也是社区精神面貌方面的重要体现。

（三）社区的功能

根据我国社会发展现状，应当重点发展和完善的社区的功能有以下几种：

1.管理功能

管理功能指管理生活在社区的人群的社会生活事务。为了维持社区的正常工作，社区设有各种层次的管理和服务机构。这些机构管理社区的各种事务，为社区成员提供相关服务。各级政府部门、基层管理服务组织都是社区的管理和服务机构。在我国农村，基层社区管理组织是村民委员会；在城市，基层社区管理组织是居民委员会。

2.服务功能

服务功能指为社区居民和单位提供社会化服务。例如，生活服务（家电维修、洗熨衣物、电视电脑网络管理等），文化体育服务（组织文艺表演、举办体育活动、组织外出旅游、组织青少年校外活动等），卫生保健服务（设置家庭病床、指导计划生育、免疫接种、打扫公共区域等），治安调解服务（守楼护院、调解家庭和邻里纠纷、法律咨询、办理户口等）。

3.保障功能

救助和保护社区内弱势群体是社区的保障功能。近几年来，社区对弱势群体的各项帮助与保护也越来越突显了社区的人文关怀。社区创立各种民间服务组织，例如，为"空巢"老人服务的志愿队、为留守儿童服务的学习小组、特殊儿童照看小组等，积极为老人、留守妇女儿童提供帮助。

4.教育功能

教育功能指为提高社区成员的文明素质和文化修养，这也是现代城市社区努力完善社区功能的重要方面。近年来，我们学习了很多国外社区在教育上的做法，例如，开展各种下岗再就业培训班、书法培训班、家庭教育讲座等，这不仅提高了家长的教育素养，还丰富了社区的文艺活动。

5.安全稳定功能

社区还会通过各种组织化解个人矛盾、家庭矛盾、社会矛盾，具有调解各类矛盾、维护治安问题，保证居民生命财产安全的功能。

二、学前儿童社区教育

（一）社区教育的概念

社区教育的概念说法众多。一般情况下，社区教育（Community Education）是指以一定地域为界，学校与社区具有共同的教育价值和参与意识，并且双向服务，互惠互利，学校服务于社区，社区依赖于学校，旨在促进社区经济、文化和教育协调发展的一种组织体制。也有学者认为，社区教育是指在社区中开发、利用各种教育资源，以社区全体成员为对象，开展旨在提高成员的素质和生活质量，促进成员的全面发展和社区可持续发展的教育活动。

归纳这些不同的定义，可以发现概念之间存在着共同点，这些共同点就是社区教育的特质所在，即空间的社区性（社区范围内）、对象的全面性（社区全体成员）、功能的社会性（提高社区全体成员素质和生活质量以及实现社区发展）。

（二）学前儿童社区教育的概念

社区教育对于儿童来讲为校外教育，它承担着促进学校、社会、家庭共同承担教育下一代的责任。学前儿童的社区教育是面向学前儿童的，以社区资源为基础所开展的各种各样的教育活动，旨在促进每个儿童健康快乐地成长、发展。我们认为学前儿童社区教育是指社区与幼儿园互惠互利，特别是社区为学前儿童发展提供帮助，幼儿园依托社区，利用社区资源促进学前儿童发展的教育。

（三）学前儿童社区教育的特点

1.系统性

学前儿童社区教育本身就是一个庞大的系统，其主要由家庭、幼儿园、社区以及其他相关要素构成。这些要素之间是紧密联系的，谁也离不开谁，只要其中一个要素出问题，其他要素也会有连锁反应。

2.融合性

学前儿童社区教育是一个完整的系统，系统中的各个要素是相互依存的关系。在这个系统中，各要素之间需要相互融合和吸收，彼此才能共存。这些要素还要随着时间、环境的变化不断吸纳新的东西，并能融入整个系统中，各个要素也在融入中促进自身的发展。因此，也可以说，学前儿童社区教育不是一个封闭的系统，而是一个开放的、兼容并包的系统。

3.动态性

学前儿童社区教育不是一成不变的，一定会随着整个社会的发展而发生相应的变化，特别是其中还会加入新的要素。这些新的要素成为推动整个学前儿童社区教育发展的力量，原来的要素和新要素之间也会协调并保持一致。

4.丰富性

学前儿童社区教育具有丰富性主要是从内容上讲的。学前儿童社区教育的内容涉及儿童社会、语言、科学、健康、艺术五大领域的全面发展。在进行学前儿童社区教育时可以根据儿童的年龄、性别和发展水平等特征进行选择。

（四）学前儿童社区教育的价值

1.有利于丰富学前儿童的教育内容

社区教育是以社区为依托，以全体社区成员为对象，以提高全体社区成员整体素质为宗旨的一种教育形式。受教育主体是全体社区成员，包括儿童、青年人、老年人，目的是提高全体社区成员的整体素质。幼儿园环境越来越好，教育内容也涉及五大领域和学前儿童的生活，但是和社区相比，显然社区所涵盖的内容更多。社区教育的内容不仅包括当地自然资源，还包括人文资源。这些资源与幼儿的生活紧密结合，为幼儿所熟悉，利用这些资源能极大地丰富幼儿园教育的内容，拓宽学前教育的空间，引领教育空间从封闭走向开放。

2.有利于各地学前教育彰显特色

不同的社区由于地理环境、经济发展水平、文化环境以及社区成员的差异而有着较大的差异，学前儿童社区教育的需要和问题也不一样。因此，学前儿童社区教育的框架体系也会表现出各社区的特点。具体来讲，在社区教育的目标、内容、实施上都显示出该社区特有的需要和文化底蕴，从而形成独特的社区教育模式。学前教育与社区教育是相互联系的，当地的学前教育会受到该地学前儿童社区教育的影响，在教育目标、内容、实施等方面与其他社区有所差别，最终在一定程度上推动形成当地特色的学前教育体系。

3.有利于学前教育方法的多样化

社区教育对象难以实现统一，因此教育对象具有多层次性。社区资源丰富，教师可以因地制宜采用多种灵活的方式来实施教学计划。例如，利用家长不同的职业，采用家长参与式的活动方法，请家长讲讲不同职业的特点；利用社区的博物馆，采用参观访问的方式让儿童了解博物馆的情况；采用举办亲子活动的方式增进亲子感情；采用讲座的形式，请专家为家长讲课，学习如何提高自身的素养，还可以针对某一时期的某个教育问题组织家长展开讨论。

三、学前儿童社区教育的开展

（一）国外学前儿童社区教育

随着社会的发展，社区在人们生活中的作用越来越重要，教育与社区的关系也越来越密切，特别是幼儿的早期教育，具有较强的社会性，与社区、家庭的联系更加紧密。幼儿社区教育越来越受到世界各国的重视。比较而言，国外社区教育起步较早，体系发展也比较完善。

1.美国的学前儿童社区教育

美国受"儿童中心论"的影响，社会对儿童的保护和教育参与意识比较强，非常重视社区儿童教育，并实施了多种关于加强幼儿园与社区合作的措施和活动，其中持续时间最长、影响最广的社区行动计划是"提前开端计划"（Head Start）。其主要目的就是要让许多贫困家庭的儿童受到良好的早期教育，使他们不输在学习的起跑线上。该计划规定至少要给90%以上生活在贫困线以下家庭的3～5岁的儿童提供社区教育服务，利用社区的各种教育、文化、娱乐设施、人文景观和自然环境、各种人力资源，尤其是社区的服务工作人员和幼儿家长，对绝大多数贫困家庭的儿童实施免费的补偿教育。

美国十分重视幼儿教师关于社区教育的培训。美国在居民生活区中设立了社区学院，培训学前教育师资。教师在设计教育活动时，不仅要以学前教育理论、儿童能力为基础，而且还要以社区的价值观为基石。

2.英国的学前儿童社区教育

社区给幼儿园以强力支持已成为英国幼儿社区教育的一大特色。政府官员、社区负责人、社区知名人士参与到社区教育机构的教育活动中。各社区均有"早期教育协会"这一全国性募捐组织的分部，经常同"世界学前教育组织"合作开展活动，宣传、指导社区幼教工作。社区还专门建立了"社区玩具图书馆"，该馆不仅把0～5岁的儿童作为服务对象，而且还把家长纳入教育生活中。为了改善处境不利儿童生活和学习的条件，英国政府还制定"确保开端"社区参与方案，采取了"国家体制、地方管理"的策略。

英国民间发起的幼儿社区教育活动——游戏小组运动也是其社区教育的又

一大特色。英国本土学前游戏小组遍及城乡，深受不同经济条件家庭的欢迎。英国的学前游戏小组一般是在多方的支持下，免费借用成人俱乐部、教会大厅、婴幼儿福利中心、废弃学校和富裕家庭的空房子。儿童家长和社区工作人员自发组织，自筹资金，寻找适宜的设施和志愿工作人员。游戏小组协会负责业务管理，各游戏小组之间的协调与资源共享，并组织专业培训，开展学术交流活动。地方当局负责对设施进行检查，并要求各社区注册登记，以确保幼儿的安全和保教活动的质量。

3.泰国的学前儿童社区教育

泰国借助社区内各机构以及其人力、物力和财力，根据社区内群众的需求，为社区内儿童及其家长服务，他们为发展中国家发展社区幼儿教育服务，尤其是为农村的社区幼儿教育服务提供了很好的榜样。泰国建立了社区学前儿童教育管理网络，发动各个组织参与学前教育管理，广泛开展了为社区幼儿教育服务的活动，向家长提供育儿知识，为学前儿童提供如场地等教育环境以及为幼儿提供体检等卫生保健服务。同时，泰国还重视发挥家长的参与作用，通过各种宣传使家长认识到自己的责任，提高家长的育儿水平。有关部门规定，育龄妇女必须接受育儿培训，尤其注重对 0～3 岁幼儿的父母进行培训。社区的幼儿园还重视充分利用家长这个资源，经常把家长引入幼儿的活动中，为幼儿带来各方面的知识。

（二）当前我国学前儿童社区教育体系的构建

通过学习国外学前儿童社区教育的经验，我们认识到国外对社区教育都非常重视。幼儿园应与家庭、社区密切合作，综合利用各种资源，共同为幼儿的发展创造良好的条件。虽然国内外学前儿童社区教育的具体做法、侧重有所不同，但社区教育的教育途径则是相通的。因此，针对上面提到的我国学前儿童社区教育的现实问题，结合本国社区的实际情况，借鉴国外的社区教育经验，将有助于我国学前儿童社区教育的开展，提高学前儿童教育的水平。当前我国学前儿童社区教育体系的构建可以归纳为如下几点：

1.重视社区教育，建立学前儿童社区教育管理网络

世界各国都非常重视通过建立社区教育网络来进行学前儿童教育。如日本的

学前儿童社区教育就是一个网络化的综合体，它与各行政部门、教育机关共同构成了一个网络式的行政体制，文部科学省、邮政省、厚生劳动（劳动福利）省、农林水产省、环境厅、总务厅等行政部门均以各种形式承担了部分的任务。此外，各种各样的民间教育团体也开展不同的社区儿童教育活动，共同促进学前儿童教育质量的提高。泰国建立了社区学前儿童教育管理网络。该网络从上到下分三个层次：全国儿童和青年发展委员会、各级政府的社区发展部、乡村的发展委员会。每一级管理组织都涉及妇女儿童、大众传媒、商业、交通等部门和相关工作人员，该组织保障了全国城乡社区学前儿童教育的有序开展和持续发展。虽然我国学前儿童教育界早已认识到社区教育的重要性，已开展了许多重视社区教育的活动，但还处于继续探索的阶段，还没有形成一个网络化的整体。因此，借鉴国外经验建立学前儿童社区教育网络是开展学前儿童社区教育的首要任务。

2.深入社区学习，使社区成为学前儿童场景化探索的基地

社会建构主义认为，知识是在人类社会范围内，通过个体间的相互作用及其自身的认知过程而建构的，是一种意义的建构。它强调在社会情景中的学习，认为教学应当强调把所学的知识与一定的真实任务（authentic task）情境挂起钩来，让学前儿童在与真实情景的相互作用中，与同伴合作、交流、共同协商，从而建构自己的经验，实现意义建构过程。美国教育家加德纳也指出：理想的教育不仅要为儿童提供深入社区的学习机会，而且还要"把社区引入校园"，鼓励社区志愿者参与教育，让儿童分享他们的专业知识和技能。国外的学前儿童社区教育正是充分领略了这些思想的精髓，他们普遍认为：社区中蕴藏着丰富的教育资源，其教育价值与作用是幼儿园自身无法实现的。深入社区，充分发挥社区的资源优势，让社区成为学前儿童进行真实的场景化探索的重要基地。这也是国外学前儿童社区教育收获成功的经验之一。

国外主要通过利用社区的各种教育、文化、娱乐设施、人文景观和自然环境、各种人力资源，尤其是社区的服务与社区工作人员和学前儿童家长开展教育活动，把"社区引入幼儿园"，鼓励社区参与教育，让学前儿童在真实的场景中学习知识。例如，美国有为儿童免费开放的社区博物馆、展览馆、图书馆、公园等。各社区图书馆均设有儿童专属区，书架的高度与儿童的身高都是相匹配的。

美国规模宏大的博物馆基本上免费向学生开放，教师可以组织儿童到这些公益场所开展各种教育和实践活动。我国在借鉴国外经验时，更要结合社区的实际情况有效地利用社区资源。教师可以根据学期课程计划的安排选择性地利用社区的物、景和设施，组织学前儿童参观。教师可带领学前儿童参观当地具有标志性的建筑、纪念馆、体育馆，让学前儿童在真实的情景中了解到家乡的一些历史、家乡的物产和家乡人民的勤劳等。请社区里的人员为学前儿童开展活动，如请工人讲解机器操作的技术，请邮递员讲解送信的知识，请军人讲解国防的重要性等。另外，还可以利用节假日带领学前儿童欣赏社区的民俗。在平常的节假日里可挖掘社区中的民间艺人，让学前儿童欣赏剪纸、编筐、唱戏等民间艺术。在民族传统节日里，邀请社区的老人们和孩子一起过节，为孩子们讲过节的事情，让孩子们了解优秀的民族传统文化。

3.动员社区力量，因地制宜地建立社区学前儿童活动机构

为了配合幼儿园的教育，世界各国纷纷通过创办各种教育设施以及开展各种活动来促进社区的学前儿童教育。英国建立了"社区玩具图书馆"，该馆不仅把0~5岁的儿童作为服务对象，而且还把学前儿童家长纳入教育活动中。在日本，社区学前儿童教育的设施中，既有专门为儿童设立的，如儿童馆、儿童咨询所与家庭儿童咨询室、保健所与保健中心等；也有向所有社会成员开放的普通社会教育设施，如公民馆、儿童文化中心、图书馆、博物馆等。社区应经常联系社区内有关企事业单位，让他们在人力、物力上给予学前儿童教育一定的支持。幼儿园可要求社区改善学前儿童公共活动的环境与条件，扩大运动场地和体育游戏器械，增加亲子活动室、阅览室等。

4.服务社区，发挥教育辐射作用

在国外，学前儿童教育不仅要利用社区资源，还要利用各种机会为社区服务，营造对社区的归属感和认同感。国外主要通过两种方式进行：一是利用各种宣传、咨询等机会为家长提供早教信息和教育方法的指导，以提高其育儿水平；二是与社区联合开展活动丰富社区生活。美国和英国都充分发挥自己的优势，积极为社区服务，以促进社区的发展，如学前儿童教师长期利用节假日，为周围居民举办学前儿童教育班、英语班、舞蹈班等，平时还有专门的教师为家庭、社区

上门服务。泰国的学前教育机构通过各种宣传使社区幼儿家长认识到自己的责任，注重对 0~3 岁学前儿童的父母进行培训以提高家长的育儿水平。我国可借鉴国外经验，在社区搭建教育平台，在社区通过教育咨询、晚会、展板等形式，宣传科学育儿方法、幼儿园教育的内容。幼儿园还可积极参加社区的文艺演出慰问孤寡老人等活动，为社区建设做出贡献。

5.培训师资，把社区教育融入学前教育

学前教育师资队伍的素质是制约学前教育质量的关键因素之一。学前教育师资的培养目标、培训机构和培训课程都和社区、家庭有着密切的关系，许多国家学前教育师资的培养目标都把培训机构和培训课程融入了社区内容。例如，美国在居民生活区中设立了社区学院，培训学前教育师资。学院要求教师在设计教育活动时，不仅要以学前教育理论、儿童能力为基础，还要以社区的价值观为基石。这样把社区教育内容自然地融入学前教育中，使社区教育发挥了有效的作用。英国也仿效美国这一做法。因此，我国应该重视师资培训与社区教育的关系，把社区教育融入具体学前教育的内容中。由于文化背景的差异，我国并没有在社区设立专门培训学前教育师资的社区学院，社区教育师资培训的很多想法还不够成熟，师资培训的具体做法还需要进一步总结和探究。

第二章 学前儿童家庭教育的基础理论

第一节 学前儿童家庭教育的目的与任务

学前儿童家庭教育的目的制约着家庭教育的任务和内容、途径和方法，指导着家庭教育的过程和活动，影响着家庭教育的方向和评价，决定着家庭教育的效果和成败。如果没有目的，学前儿童家庭教育的任务就会陷入盲目状态，杂乱无章；而如果没有任务，学前儿童家庭教育的目的就会落空，无法实现。

家庭教育的目的是学前儿童家庭教育活动的出发点和归宿。有了明确的教育目的，学前儿童的家庭教育就有了前进的方向，就能朝着既定的目标努力。

一、学前儿童家庭教育的目的

（一）学前儿童家庭教育目的的内涵

学前儿童的家庭教育是我国家庭教育事业的有机组成部分，学前儿童家庭教育目的是指家庭对所要培养的孩子的质量规格的总的设想或规定，也就是说使孩子在全面发展的基础上，个性得到生动活泼地成长，将来能成为有益于国家和社会的合格人才。

学前儿童家庭教育的目的由两部分构成：一是对家庭教育所要培养的幼儿的身心素质做出规定，即指幼儿在体力、智力、品德、审美诸方面发展的方向及其程度，以形成某种预想的个性结构；二是对家庭教育所要培养的幼儿的社会价值做出规定，使幼儿符合一定社会的需要。

学前儿童家庭教育的目的，是家庭教育中的核心问题，已引起了国际社会的广泛关注。国际 21 世纪教育委员会提出新世纪教育的宗旨是使儿童"学会认知"，善于学习;"学会做事"，具有较强的动手能力、解决问题能力、人际交往能力和冒险精神;"学会共同生活"，能够了解别人，尊重别人，参与别人的活动，与别人进行合作;"学会生存"，发展体力、记忆力、判断推理能力，增强自主性和责任感，提高审美能力，充分展现自己的人格特征。

我国政府也格外重视学前儿童家庭教育的目的这一根本性问题，在不同的历史时期提出了不同的要求。精神文明建设的根本任务是:培育有理想、有道德、有文化、有纪律的社会主义公民，提高全民族的思想道德素质和科学文化素质。特别要把青少年素质作为工作重点。

家庭教育要重在教子做人，提高子女思想道德水平，培养子女遵守社会公德习惯，增强子女法律意识和社会责任感，关心子女的智力开发和科学文化学习，培养良好的学习习惯，要求要适当，方法要正确，培养和训练子女的良好生活习惯，鼓励子女参加文娱体育和社会交往活动，促进子女身心的健康发展，培养子女参加力所能及的家务活动，支持子女参加社会公益劳动，培养子女的自学前儿童自理能力及劳动习惯。

（二）学前儿童家庭教育目的和作用

学前儿童家庭教育目的是学前儿童家庭教育活动的出发点和归宿，制约着学前儿童家庭教育的任务、原则、内容和方法。因此，学前儿童家庭教育目的对学前儿童的家庭教育具有十分重要的作用。

1.决定着学前儿童的发展方向和水平

学前儿童家庭教育中，父母按照既定的学前儿童家庭教育目的对孩子进行教育培养，从本质上讲，就是为了掌握影响孩子发展诸因素的主动权，控制孩子成长的过程，以防止这一过程可能出现的盲目性和随意性，排除不必要的干扰，使孩子能朝着预定的目标发展。

学前儿童家长要明确教育对象的发展方向，它有助于学前儿童家长更好地掌握家庭教育的客观规律，更好地理解教育与孩子发展之间的因果关系，使家庭教育过程更加科学化，为社会培养合格的公民。

2.指导着父母进行科学的家庭教育过程

学前儿童家庭教育的目的是学前儿童家庭教育实践活动的起点，父母按照一定的家庭教育目的去确立家庭教育原则，选择家庭教育内容和方法，组织、开展家庭教育活动以保证家庭教育目标的实施。例如，为了培养孩子的社会交往能力，父母应该注意到在日常生活中，让孩子主动与同伴交往，把一些交往的语言教给孩子，并创设机会、条件进行加以运用，对运用不恰当的及时反馈，使孩子得以及时调整。比如：幼儿在2岁时可以带孩子外出游玩，到社区人群聚集的地方，让孩子同小朋友一起玩，家长也一同陪着孩子玩，这对于幼儿的社会交往能力大有好处。一切教育过程都是实现一定教育目的的过程，学前儿童家庭教育的目的在学前儿童家庭教育的过程中实现。父母总是按照自己设计的教育目的的理想蓝图去从事家庭教育的各种活动。

二、学前儿童家庭教育的任务

学前儿童家庭教育的内容主要由健康教育、认知教育、品行教育和审美教育等部分构成，在各个不同的方面和不同的年龄阶段，家庭教育的任务和基本要求也不同。

（一）健康教育的任务及要求

在学前儿童个体的发展中，生命的健康是保证其发展的物质条件，学前儿童各个方面的发展，都必须建立在身心健康的基础上，否则，学前儿童的发展就会中断或结束。因此，健康教育是学前儿童全面发展教育的重要组成部分，是学前儿童全面发展的前提和基础。学前儿童只有有了良好的身体、健康的体魄，才能进行智力活动、交往活动和审美活动等。

学前儿童家庭健康教育的主要任务是：教给孩子一些简单的生活常识和卫生常识，培养孩子良好的生活习惯和卫生习惯，激发孩子参加户外锻炼的兴趣和愿望，培养孩子独立生活的能力和自我保护的能力，促进孩子身心的健康发展。

孩子的生存是孩子发展的前提，在对孩子进行健康教育的时候，家长要特别注意孩子的人身安全。首先应关注孩子饮食的安全。父母不要给孩子买"吃的与玩的混装的食品"，这种食品既不卫生，也会对孩子的生命构成危险。

其次，应关注孩子游玩的安全。父母在带领孩子到动物园等地游览时，不要让孩子靠近动物等危险物，以免对孩子的身体造成伤害。

再次，应关注孩子脑部的安全。在夏季时，父母不要担心孩子怕热，学前儿童就给孩子剃光头，使孩子的头部皮肤暴露出来，直接受到阳光的照射，这会引发日射病，造成脑部损伤。实际上，头发能够散热，帮助孩子调节体温。

最后，应关注孩子看电视的安全。父母不要让孩子看恐怖电视剧、录像带及广告片，以免使孩子啼哭不止，情绪不定，睡眠紊乱，产生焦虑感和恐惧症。

（二）认知教育的任务及要求

学前儿童家庭认知教育的主要任务是：丰富孩子的知识经验，激发孩子的学习兴趣，培养孩子的动手、动口、动脑习惯，促进孩子智力、能力的发展。

语言是思维的外衣和交往的工具，家长在对孩子进行认知教育的时候，要格外重视语言能力的培养。

首先，应发展孩子倾听语言的能力。面对怀抱中的婴孩，家长可边做面部表情边和孩子说话，日积月累，孩子就能在情感和语言之间建立牢固的神经联系，较早进入牙牙学语阶段，吸入更多词汇，更易掌握语言表达的技巧。

其次，应发展孩子理解语言的能力。家长若国籍、省籍不同，在日常生活中，可用自己的语种或方言和孩子交流。例如，在一个大家庭里，爷爷和奶奶是东北人，爸爸是四川人，妈妈是上海人，成人经常用不同的方言和孩子交谈，就能使孩子轻而易举地学会这三种方言，提高对语言的理解能力。

再次，应发展孩子运用语言的能力。家长不仅要让孩子记忆、背诵一些词汇和句子，更重要的是要让孩子能够在适当的场合加以运用。比如，在节假日带领孩子参观动植物公园、武汉市黄鹤楼公园时，可启发孩子讲一讲动物园或净月潭有什么特点，引导孩子说一说"动物园"与"黄鹤楼公园"有什么相同点，有什么不同点，鼓励孩子想一想北京举办奥运会时将会是什么样子等。

最后，应发展孩子识字的能力。家长可结合生活中的广告牌来和孩子共同认字。在外出游玩或接送孩子入园时随时可以指着路边的广告牌，使孩子在快乐中认识了汉字。另外，孩子所吃的食品，如牛奶、饼干等都有汉字，随时随地地在生活中教孩子认识了汉字。

（三）品行教育的任务及要求

学前儿童家庭品行教育的主要任务是：培养孩子良好的品德，塑造孩子文明的行为，陶冶孩子积极的情感，提高孩子社会交往的能力，形成孩子活泼开朗的性格。

孩子与人交流和合作的能力，对其今后的发展至关重要，家长在对孩子进行品行教育的时候，应给予特别的重视。

首先，应培养孩子的同情心。父母使孩子学会关心别人，站在别人的角度考虑问题，已成为我国幼儿家庭教育的一个十分紧迫的现实问题。

其次，应培养孩子的合群性。孩子的交际能力对今后的发展非常重要，否则，即使孩子具有非凡的智力但不知道如何同别人交往，也是无济于事的。

（四）学前儿童家庭审美教育

学前儿童家庭审美教育的主要任务是：引导孩子感受美，启发孩子表现美，鼓励孩子创造美，塑造孩子美的心灵。

在对孩子进行审美教育的时候，家长尤其要重视让孩子用自己的眼睛去发现美，用自己的心灵去体会美，用自己的双手去创造美。

首先，应加大孩子的艺术投资。孩子的成长既需要物质食粮，同时也离不开精神供给，随着孩子年龄的增长，家长更要关注儿童的心理发展，使其向健康的方向发展。

其次，应尊重孩子的艺术爱好。艺术的天地十分广阔，不同的孩子，对艺术形式的喜爱也不同，家长要予以尊重，只要是发自孩子内心的感受，不论是画画、唱歌、弹琴、跳舞，还是吟诗、折纸、泥塑、下棋，家长都要认可、接受，使孩子在体验独特艺术的过程中，性情变得美好起来。

最后，应鼓励孩子的艺术创造。童年期的孩子无拘无束，思维极其活跃，家长要解放孩子的双手和大脑，让孩子自己想象、自由创造，而不要把成人的意志强加给孩子，限制孩子的活动，强求孩子在技能技巧上的完善，而轻视孩子创造火花的迸发。

全世界的所有最重要的教育方案都由那些能兼顾孩子身体与精神两方面发展的要素组成，家庭教育也不例外，为了使每个儿童均享有足以促进其生理、心理、精神、道德和社会发展的生活水平，学前儿童家长要担负起着孩子身心健康发展的教育任务，全面关心孩子、教育孩子。

第二节　学前儿童家庭教育的原则与方法

一、学前儿童家庭教育的原则

学前儿童家庭教育的原则是根据学前儿童身心发展特点以及个性、品德形成的规律，并以我国教育方针和培养目标为依据；同时，注意继承我国家庭教育的优秀遗产，注意吸收国内外教育科研成果，总结现实生活中家庭教育的实践经验，这些教育原则是家庭教育本质和规律的反映。各条原则之间相互关联和渗透，形成了完整的原则体系。

（一）科学性原则

家庭教育作为人类教育实践的特殊形式理应体现科学的精神。家庭教育的科学化应成为当代中国家庭教育的重要价值取向。学前儿童家庭教育的科学性原则，主要是指在家庭教育中，家长要用正确的价值观、科学的养育观对儿童施加影响，使孩子能够朝着社会所期望的目标成长。

在贯彻科学性原则时，家长要注意以下几点。

1.体现时代精神

只有能培养出满足社会需求、能适应社会的、对社会有贡献的人的家庭教育，才是成功的家庭教育。什么样的人才是社会所需要的？每个时代都有不同的定义。全球化、知识化和可持续发展已成为现在社会发展的主流。当代社会需要的是具有独立能力和创新精神的人，需要身心健康发展的人，需要有终身学习能力的人。

如何体现时代精神呢？首先，家长应该树立开放意识，给孩子提供自由、快乐、信任而支持的环境，给予儿童自己发展的空间，鼓励儿童用自己的方式去体验生活，鼓励儿童发表自己的见解，培养他们成为一个独立的、有个性的人；其次，家长应构建学习环境，通过家庭环境、生活方式、自己的言行去影响孩子，从小培养孩子热爱学习的精神，提高孩子获得知识、更新知识和应用知识的能力。但是现代社会，中国学前儿童家庭教育的现状令人担忧。

2.体现民族特色

在教育内容上，家庭是传递文化的载体，培养21世纪的中国人是当代每一个家长义不容辞的使命。改革开放，加入WTO、承办奥运会……在中国与世界接轨的同时，越来越多的不同价值取向的文化涌入中国，给中国的民族文化带来了极大的冲击。中华五千多年璀璨的民族文化，是我们中国人立足于世界的根基。要想成为世界人，首先得成为中国人。在这样的时刻重塑民族精神，弘扬优秀的民族文化传统极具意义。

3.以科学规律为指导

按科学规律教育儿童应是家庭教育的根本。人的行为肯定会受某种观念的指导，这些观念可能是有意的或者无意的，错误的或者正确的，其会在实践中得到修正。但教育实践不同于其他，它的结果可能是无法挽回的，正如洛克所说："教育的错误比别的错误更不可轻犯。教育上的错误正和错配了药一样，第一次弄错了，决不能第二次、第三次去补救，它们的影响是终身洗刷不掉的。"因此，家长在教育时必须以科学的规律为指导，使孩子健康成长。科学的规律包括教育规律、儿童的发展规律等。例如，许多家长认为"棍棒下出孝子"，迷信体罚，但体罚会严重伤害孩子的人格和自尊心，造成其心理上的创伤。

（二）理智性原则

现代生活是由理性的经济道德、理性的精神以及生活态度的理性构成的。理性的实质是讲求规则，反对随意，提倡独立自立，摈弃相互依赖，保障人的平等、自由与人权，反对权力崇拜与权威崇拜，强调信守诺言，尊重个人，强调为信念而生存，为理想而奋斗。家庭教育离不开理性精神的引领。现代社会，许多家长生活在一个浮躁的世界中，以一种盲目的心态去对待子女教育问题，以成人的优势心理对待孩子，非理性主义在家庭教育实践中泛滥成灾。在家庭教育领域理性精神体现为家长与子女在人格上是高度平等。因此，在家庭教育中，家长既要关心热爱孩子，又要严格要求孩子，做到情感与理智相结合，理性施爱，促进孩子的健康发展。

在运用理智性原则时，家长要注意如下几点：

1.调节情绪

这是教育孩子的前提。心理学研究表明，1岁左右的婴幼儿就已经有恐惧、厌恶、愤怒、快乐、高兴等等的情绪表现；2~3岁时如果能得到亲人的充分关爱，最大限度地获得舒适感，尽可能地减少焦虑情绪便会使孩子形成积极的个性。家人是孩子最信赖的人，家长的负面情绪很容易传递给孩子，家长只有时刻注意调节自己的情绪，克制无益的冲动，才能在教育孩子的过程中，不感情用事，把消极因素化解为积极因素。

2.规定限度

这是教育孩子的基础。家长只有客观分析孩子的需要，满足合理的要求，拒绝不当的要求，才能使孩子明辨是非，体验各种情感，不断取得进步。父母对孩子说"不"非常重要，即便是对出生几个月的婴儿也应该明确规定一些界限，父母如果只说"行"，就会剥夺孩子表达情感的能力，造成"脱离现实生活的幻想和危险的形势"，因为与从父母那里得到爱、亲昵和友情一样，孩子应该学习的还包括失望、愤怒、仇恨、争论和放弃；父母在说"不"的时候，还要选择好适当的时机和方式，并解释说"不"的理由。

3.全面整合

这是教育孩子的关键。家长只有全面关心孩子，爱护孩子，晓之以理，动之以情，导之以行，才能帮助孩子形成良好的习惯，促进个性的完美发展。

4.杜绝溺爱

这是教育孩子的前提。家长只有将亲情和师情融为一体，不娇惯孩子、袒护孩子，才能使家庭教育取得实效。溺爱虽是一种伟大的感情，却会使子女遭到毁灭，"慈母败子"的古训应当记取。

（三）指导性原则

人与动物不同，动物刚出生就遗传了生存本领，而刚出生的婴儿心智和身体都不成熟，需要家庭的养育，但动物的本领是单一的，而我们渐渐长大的孩子却具有多元智能，具有独特的个性。因此，在家庭教育中，家长应承认孩子的主动地位，尊重孩子的独立人格，调动孩子的积极性、主动性和自觉性，引导孩子更好地发展。

在遵循指导性原则的时候，家长应注意以下几点。

1.树立正确的儿童观

这是家长指导孩子的基础。家长要认识到儿童是独立的个体，不仅有着与同龄孩子相似的一些年龄特征，而且还有着与同龄孩子不同的个性特征，应当予以尊重。

抽象的儿童观在家庭教育中如何得以体现呢？赵忠心等提出，家长要主动了解并接受孩子的特点，有针对性地加以指导；对孩子期望适当，根据孩子实际水平提出要求，用孩子父母头脑中的理想化标准要求孩子，拿自己孩子与别的孩子比较，要求孩子和其他人一样或超过他人是不现实的；允许孩子以自己的速度成长，对孩子进行纵向评价：用孩子的现在和过去相比较，应鼓励孩子与自己竞争；同龄孩子的发展也有差异，不管孩子的发展令人满意还是不如人意，最关键的是，父母要喜欢并接受孩学前儿童子，这样孩子才会喜欢并接受自己。

2.给予恰如其分的指导

这是家长指导孩子的关键。游戏是儿童的生命，儿童在游戏中得到发展，家长应该鼓励并支持儿童游戏，也可以通过游戏指导孩子。

3.重视孩子的自我教育

这是家长指导孩子的目标。家长对孩子进行指导的目的就是为了今后不对孩子进行指导，帮助孩子甩掉"拐杖"，使孩子能够学会自我教育。儿童有自我教育的能力，儿童能够自己教育自己，儿童的能力能够通过自己的努力得到发展。诚然，有时候，家长直接告诉孩子"做什么"和"怎样做"，比让孩子自己去做要更迅速、有效、节时、省力，但这只是近期效果，并不能带来远期效果。为了使孩子终身受益，家长要给孩子提供自我教育的机会。

（四）渐进性原则

渐进性原则是指在家庭教育中，家长要循序渐进地对孩子施予影响，由浅入深，从易到难，逐步提高对孩子的要求，让孩子不断体验成功的快乐，最终达到身心健康发展的目标。

所要"循"的"序"，实际上有两个，一是幼儿的年龄特征和知识、能力发展水平。孩子出生以后，随着年龄的增长，从总的发展趋势上看，其身心发展水平和认识能力不断提高。但是，儿童的身心发展同其他任何事物的发展一样，是一个由量变到质变的过程，表现出发展过程的一定的阶段性。不同的年龄阶段,儿童的身心发展都反映出一般的、典型的、本质的特征。这就是人们常说的年龄特征。并且这些特征具有一定的顺序性，前一年龄阶段是后一年龄阶段的基础，后一个年龄阶段是在前一个年龄阶段基础之上。二是知识本身的发展顺序。

在实行渐进性原则时，家长需注意如下几点：

1.具体明确

由于幼儿控制能力差，且主观上不能预定目的和行动计划，也不能预见自己行动的后果，是直观行动思维。家长对孩子提出的要求不能抽象笼统，而要具体明确，简单明了，便于孩子理解和执行。

2.适当合理

家长对孩子提出的要求应是孩子经过自己的努力能够达到的，符合孩子的最近发展区和心理承受能力；既不能过高，以免孩子力所不及，无法实现，失去信心；也不能过低，以免孩子不需付出，故步自封，失去兴趣。儿童的发展有关键期，研究表明，0~3岁是儿童把握一些基本活动方式的关键年龄期；2~3岁是儿童语言发展的第一活跃期；4~5岁是儿童口语发展的第二质变期；5~6岁是幼儿数的概念发展的转折期，等等。家长要根据儿童年龄特点指导儿童的发展。例如，父母教幼儿学习数字，可以用具体形象的数学游戏方式，"一只青蛙一张嘴，两只眼睛四条腿，扑通扑通跳下水。两只青蛙两张嘴，四只眼睛八条腿，扑通扑通跳下水。三只青蛙三张嘴，六只眼睛十二条腿，扑通扑通跳下水。四只青蛙……"

3.螺旋上升

家长对孩子提出的要求应做到横向有序，纵向有列，环环相扣，层层递进，螺旋式地上升，有计划有步骤地增加难度，提高孩子的发展水平。例如，教孩子走路，我们得先让他学会爬，接着牵着他的两只手走，然后是牵着他一只手走，或让他扶着栏杆走，最后才是让其毫无支撑地走，他刚开始也只能走几步，而且还是摇摇晃晃的，接着会越走越稳，以至于能跑。

（五）适度性原则

奖励和惩罚是儿童行为的正强化物和负强化物。奖励可以肯定儿童的积极行为，并使其继续保持，而惩罚可以通过使儿童的错误行为与焦虑或恐惧反应联系起来，使其不得不终止那些违禁行为。不过，奖惩固然具有积极作用，在使用时仍须防止过度使用，否则会出现对奖赏的依赖和惩罚适应现象。如果过分或频繁使用表扬，其激励作用会明显下降，甚至出现弊端；过多的惩罚，会使儿童的自我效能感降低，逐渐产生对惩罚的心理适应，出现"破罐子破摔"的现象。因此，在家庭教育中，家学前儿童长对孩子要该奖则奖，该罚则罚，奖惩并用，奖惩分明，奖惩适度，以强化孩子的良好行为，抑制孩子的不良行为。

在执行适度性原则时，家长要注意以下几点：

1.称赞孩子的努力

家长在表扬孩子时，与其空洞地夸奖孩子的"聪明"，不如言之有物地称赞孩子。父母经常夸奖孩子"聪明"，孩子的挫折容忍态度就会变得较怕失败，这些孩子往往选择较有把握的事情去做；父母经常称赞孩子的努力，孩子的自信心就会逐渐增强，由于不担心失败，这些孩子往往选择有价值的事情去做。因此，父母在赞美孩子时，要具体地指出孩子在哪些方面表现得"聪明"及不断尝试的努力过程。

2.惩罚孩子的过失

家长要牢记惩罚的对象不是孩子，而是其过失行为。在动用惩罚之前，要冷静地分析孩子过失行为产生的原因，使孩子知道自己为什么遭受惩罚、怎样改正错误；在运用惩罚时，要使禁止孩子所做的事与他所犯的错误之间有直接的联系，以发挥惩罚的教育作用，而不应使惩罚变成了体罚；在实施惩罚以后，要给孩子铺设取得进步的"台阶"，以激发孩子的上进心。

3.奖与惩相结合

从对于孩子良好行为的形成和不良行为的纠正来讲，有奖励及惩罚的效果比没有奖励及惩罚的效果要好一些；奖励与惩罚相比而言，奖励的效果又比惩罚的效果要好一些；在奖励和惩罚的运用中，奖惩并用的效果又比只奖励或只惩罚的效果要好一些。所以，在家庭教育的实践中，家长要抓住时机，掌握分寸，以奖为主，奖惩结合，促进孩子良好行为的形成。

（六）一致性原则

由于家庭成员生活经历、对社会生活的体验、思想文化教养、教育思想、教育能力不同，每个成员与子女关系不同，而且家庭教育者不是一个有组织有领导的教育整体，因此在家庭中可能经常会出现对孩子教育各行其是的现象。但是，家庭教育是家长集体的义务，要达到预期的教育目的，必须协调一致，否则，就可能养成子女的两面习惯、市侩作风。因此，在家庭教育中，家长应把来自各方面的教育影响加以协调，使教育内容与要求、手段与方法等能前后一致，左右贯通，保证孩子个性品质的健康发展。

在实施一致性原则时，家长需注意如下几点：

1.互通信息

家庭成员之间要经常联系，及时交流信息，一起商讨孩子的教育问题，对孩子不与双亲同吃同住的家庭来讲更为重要。

2.相互配合

家庭成员之间要团结一致，密切合作，彼此维护威信，建立牢固的"统一战线"，反之，相互拆台，互不协调，有人管得严，有人管得松，就会使孩子觉得有机可乘，有缝可钻，导致人格的扭曲。

3.共同教育

家庭成员要心往一处想，劲往一处使，形成一股强大的教育合力，强化对孩子的教育，提高教育的效益。

二、学前儿童家庭教育的方法

家庭教育方法是家长在对孩子进行教育时所选择和运用的策略及措施，直接关系到家庭教育的成败。即使是普通的孩子，只要教育得法，也会成为不平凡的人。家庭教育的方法体系主要由环境熏陶法、兴趣诱导法、暗示提醒法、活动探索法、榜样示范法等组成，父母要创造性地加以综合使用。

（一）环境熏陶法

环境熏陶法是指在家庭教育中，家长有意识地创设一个和谐的家庭生活环境，使孩子受到潜移默化的影响，以培养孩子良好的道德品质的一种方法。家庭生活包括物质生活和精神生活。家庭的物质生活指物质生活条件、物质生活的安排，诸如家庭经济收入的安排、使用，家庭陈设的布置，家庭环境的美好等等。家庭的精神生活指家庭成员的思想品德、行为规范，家庭成员之间的关系，兴趣、爱好和追求，等等。家庭生活时时刻刻都在对儿童发挥着潜移默化的作用，加上儿童有较强的可塑性，家庭生活对其的生活习惯、思想品德、道德情操、行为规范等方面影响极为深刻，打上深深的烙印。利用家庭生活进行教育的方法看起来是无意识的，但更易于为儿童所接受，教育的效果也更为深刻和明显。

家长在使用环境熏陶法时，应注意以下事项。

1.为儿童创设一个良好的物质生活空间

随着人们生活水平的提高和居住条件的改善，越来越多的家庭有可能为幼儿提供一个小天地，为他们创造一个温馨美好的物质环境。

首先，家长可以为儿童创设一个适合儿童特点的生活空间。从房间的布局家具的设计、摆设的陈列，到色彩的搭配等必须充分考虑和体现儿童的年龄特点、性别、性格和爱好等。其次，可以鼓励孩子参与环境的创设。儿童可以在布置自己的房间的过程中充分表现自己的思想和性格，发挥自己的想象力和创造力，可以在参与过程中体验到父母的尊重与承认，可以在创造过程中培养对家庭的热爱和美好生活的追求。因此，尽管儿童的生活空间是以物质为基础的，而创造这个空间的过程却充满亲情，是他们精神生活的重要组成部分。再次，可以充分发挥物质生活空间的作用。儿童天生好奇、好动，家长应允许孩子对家庭物件的看、摸、摆弄，让其获得对事物更具体更清晰的认识。

2.为儿童创造良好的家庭精神环境

家庭成员之间要构建和谐的人际关系，尤其是父母之间要相敬如宾，相亲相爱，形成教育是孩子的最重要的精神力量。为了充分而和谐地发展个性，应让儿童在家庭环境里，在幸福、亲爱和谅解的气氛中成长。

孩子正处于情感发展的关键时期，有着强烈的情感需要。家庭成员间和睦相处、互相尊重的和谐气氛是儿童形成利他行为、良好性格的基础。孩子正处于情感发展的关键时期，有着强烈的情感需求。家庭成员间的相亲相爱，充满亲情、关怀和爱心的家庭气氛，会让孩子们体会到幸学前儿童福和温暖，产生快乐、满足的情绪，这有利于形成开朗、自信、合作的性格。相反，假如幼儿处在一个充满争吵、紧张的家庭氛围中，极易使他们产生焦虑、不安、恐惧的情绪，性格上容易怯弱、自卑、封闭，让孩子背负着沉重的精神负担成长，必然影响他们的心理健康。因此，为了使孩子长得结实又聪明，父母要相敬如宾，用恩爱的情绪影响孩子，给孩子营造出良好的身心发展的空间。

（二）兴趣诱导法

兴趣诱导法指的是在家庭教育中，家长要通过各种机会了解孩子的特点，发现孩子的需要，捕捉孩子的兴趣，因势利导，使孩子的个性得到生动活泼的发展的一种方法。

兴趣是人们探究事物带有积极情感色彩的认识倾向。幼儿由于受心理发展过程中表现出的心理及行为的无意性、情绪情感的不稳定性特点的制约，他们的认识活动更多地依赖于自身对事物的兴趣，而且年龄越小，越需要依靠直接兴趣来激发学习的动机。

家长在使用兴趣诱导法时，要注意如下事项。

1.了解孩子的兴趣点

孩子天生好奇、好动，对自己的身体和周围的世界都充满了惊奇和兴奋，但儿童的行为很难持久，家长该如何把握孩子的兴趣所在呢?

最简单易行的方法就是对孩子的日常生活进行深入的观察，一般可以从以下几方面入手：一是主动性，在没有家长或其他人的要求、督促下，孩子能否经常积极主动地从事某一方面的活动，具有自发的积极主动性；二是伴有愉快的情绪体验。孩子是否经常带着愉快、高兴的心情去从事自己所感兴趣的事情；三是坚持性，孩子能否坚持较长的时间，集中注意观察或从事自己所喜爱的活动。如果看到孩子经常主动、愉快并长时间地从事某一活动，家长就可以确定孩子对该方面有比较浓厚的兴趣。

家长也可以多和孩子一起活动，用心观察，就能发现孩子的兴趣点。

2.积极支持引导孩子的探究活动

由于幼儿思维的直觉行动性和具体形象性特点，使孩子的求知兴趣往往与具体的探索活动结合在一起，家长应积极支持幼儿具体的探索活动，并引导孩子的兴趣稳定、深入、广泛地发展。

首先，家长应理解支持幼儿的探索活动。

其次，家长应适当地引导幼儿的探索活动。家长可以为孩子配置一些相关的书籍，读给孩子听，或引导他们自己读，以丰富孩子的知识经验；可以经常给孩子的探究活动提一些问题，通过问题引导儿童进行更有目的的探究活动；当孩子提出问题后，应尽量避免把答案告诉给孩子，要想办法引导孩子思索；不仅要在家庭内部，而且还要在家庭外部，如海滩、森林、球场、公园等处，鼓励孩子运用自己的感官进行探究活动。

3.激发孩子的欲望

孩子的兴趣不稳定，会随着环境的变化而变化，家长给孩子提供新异刺激，能引发孩子的探究心理，拓宽孩子的兴趣面。

家长循循善诱，创造条件激发孩子的学习热情，并耐心等待孩子涌现出自发的跃跃欲试的强烈愿望以后，再进行教育的做法是值得我们今天希望孩子有一技之长的家长们学习借鉴的。

4.趣味盎然地教

要使孩子对学习产生兴趣，取得预期的效果，家长就要饶有兴趣地去施教。现在几乎所有的进步教育家都强调早期学习有必要重新引入充满娱乐的愉悦式教学。

（三）暗示法

暗示法是用间接而含蓄的方式对孩子的心理施加影响并能迅速产生效用的教育过程。言语、表情、手势等均可成为暗示的信号。希望孩子做什么，如何去做，或是为防止孩子出现某种错误、过失，家长根据需要给孩子一个"信号"，使孩子能迅速觉察，心领神会，并按照家长的意图去行事，这种教育方法就是暗示法。

运用这种教育方法，充分体现了教育者对受教育者的了解、信任和尊学前儿童重，有利用调动、发挥受教育者的主动性、积极性和自觉性，进一步密切教育者和受教育者之间的关系。

家长在运用暗示提醒法时，需注意以下几个方面。

1.多与孩子沟通

暗示法的使用是有条件的，即暗示者和被暗示者之间关系比较亲密，相互熟悉，在长期的共同生活和接触过程中，形成了双方都很熟悉的传递信息的行为模式。彼此能对对方发出的某种"信号"迅速觉察，心领神会。所以，在家庭教育的过程中，父母要增加与孩子沟通的机会，使双方能够理解对方的心态，看懂对方的动作、手势、表情、眼神所暗藏的含义，听懂对方的话外之音。

2.多种方式暗示

暗示法可以分为多种不同的类别：暗示主要分直接暗示、间接暗示、反暗示和自我暗示四种类型。不同的暗示类型，施授的方式不同，适应的场合和对象也不同。

反暗示是利用外界刺激物的暗示引起相反的反应的一种暗示。就是说，家长利用孩子争强好胜的心理特点，有意从反面提出意图和对子女的要求、期望，从而激起孩子按照家长的意图、要求和期望行事的愿望。这种暗示方式就是人们常说的"激将法"。

暗示法作用的大小和好坏，不仅要受到暗示者本人的地位和威信等因素的制约，而且还受到被暗示者的年龄特征和个性特点等因素的制约。因此，在家庭教育的过程中，父母要综合使用，以获得最佳的教育效果。

除此之外，为使暗示的教育方法收到更好的效果，最好和说服教育结合起来运用。一般情况下，暗示只是要解决做什么、怎么做的问题，不能解决为什么要这样做或那样做。结合说服教育进行暗示，摆事实讲道理，使孩子懂得为什么要这样做或那样做的道理，就可以进一步巩固暗示的效果。

（四）活动探索法

活动探索法指的是在家庭教育中，家长让孩子通过丰富多彩的活动，尝试探索，经受磨难，掌握多种技能，培养顽强意志的一种方法。

幼儿借助于活动而学习。他借助爬行的活动学习爬行，借助走路的活动学习走路，借助说话而学习说话。童年时代的活动与其成年后的情况有着十分密切的关系，如适量的劳动可使孩子感到快乐，因为劳动不仅使孩子的才干得到了锻炼，而且还能使孩子意识到自己的社会价值。儿童有权享有休息和闲暇，从事与儿童年龄相宜的游戏和娱乐活动，以及自由参加文化生活和艺术活动。因此，家长要给孩子提供进行多种多样活动的机会，以保障儿童的各种权利。

家长在运用这种方法时，需注意以下几个方面的问题：

1.家长要适当进行挫折教育

儿童要学会某种技能技巧，要养成某种习惯和品质，吃苦头、受磨难是难免的。家长应对孩子进行适当的挫折教育。小孩子学习走路还都得摔跟头，但从一次次摔跟头中孩子学会了走路。有些家长心疼孩子，孩子刚叫苦喊累，就做出让步，半途而废，这不仅不能使孩子学到什么技能技巧，反而会使孩子养成怕苦怕累、做事虎头蛇尾的毛病。孩子小时候，家长舍不得让他们吃一点点苦、受一点点磨难，应该学会的技能技巧不会，应该具备的能力不具备，等孩子长大离开父母独立生活。会吃更大的苦头，会受更大的磨难。

2.家长要相信并鼓励孩子

家长要相信孩子。孩子刚开始参加活动，由于缺乏实践经验和能力，难免出现这样或那样的失误。家长应该正确对待、我们不可能指望孩子开始学什么就会，做什么就做得很好，实践了就成功。任何技能技巧的掌握，都要经过由不会到会，由不熟练到熟练的过程。成年人尚且如此，幼儿更是如此。当孩子在活动中出现失误，甚至造成损失时，家长不要过多责怪，应当帮助他们分析失误的原因，从中总结经验教训。

学前儿童家长应鼓励孩子。幼儿刚开始探索世界时，还未充分地认识到自身的能力，且缺乏毅力，意志不够坚强，受到挫折时往往愿意回到父母身边寻找安全，因此，父母要鼓励他们勇于活动。这对培养孩子的坚韧不拔、不怕挫折的精神是很有好处的。

3.开展符合幼儿特征的活动

从孩子的实际能力出发，实践的内容和任务不要过难，当然也不要过易。过难，容易使孩子产生畏难情绪；过易，又不能引起孩子的兴趣。实际锻炼的难易程度应当是经过孩子的努力可以胜任的。活动应当由易到难，由简单到复杂，量力而行，循序渐进，逐步提高要求、不能操之过急。

符合幼儿特征的活动有以下几个：

（1）体育活动

父母每天都要让孩子参加适合其年龄特征和生理发展水平的体育活动，鼓励孩子在安全的环境中自由探究，保证孩子获得所需要的活动，促进身体的发育和心理的发展。

（2）游戏活动

家长要为孩子开辟游戏的空间，给孩子提供游戏的材料，保证孩子游戏时间，使孩子能按照自己的意愿进行各种活动。

（3）劳动活动

因为当今独生子女十分普遍，父母过分庇护孩子，虽然幼儿大多非常愿意帮助家长做力所能及的事，但目前幼儿普遍缺乏自立能力和克服困难的精神。家长要重视家庭劳动，利用日常生活对孩子进行教育。

（4）探索活动

孩子喜欢冒险和探索，在成功与失败的大量尝试中，积累了丰富的经验，自信心、进取心得到了增强。

（五）榜样示范法

榜样示范法是指在家庭教育中，家长以自己和别人的好思想、好言语、好行为，形象生动地影响孩子的一种方法。

儿童的思维是具体形象思维，就是说形象对他们有巨大的吸引力、感染力和说服力，易于为他们所理解和模仿，孩子的年龄越小，榜样的感染力越大，而且，儿童的天性爱模仿。自古以来，许多国家都提倡榜样示范，言传身教。以身作则，身教重于言教，既是家庭教育的优良传统，也是家庭教育的重要方法，对于思维发展处在具体形象阶段的年幼孩子来讲，这一方法则更为重要。

家长在运用这种方法时，应注意如下几个事项：

1.父母自身树立榜样

这是最重要的榜样。孩子来到人间以后，最早接触的对象就是父母，父母是孩子最直接、最经常的模仿对象。亲自给子女树立榜样，是一种重要的教育手段。一个家长对自己的要求，一个家长对自己家庭的尊重，一个家长对自己每一举止的注意，这就是首要的、最重要的教育方法。父母要发挥自身榜样的示范作用，就应严格要求自己，希望孩子做到的，自己首先要做到。

2.借助文学作品或卡通榜样

许多优秀的儿童文学作品、动画片等都蕴藏着教育孩子的巨大资源，家长应适时加以开发，利用正面典型形象，感化孩子的思想，引导孩子的行为。

3.利用孩子同伴榜样

这是最有效的榜样。孩子与伙伴的年龄、经历、特点、兴趣等都较为相似，同伴的榜样对孩子有较强的吸引力和感染力，易于为孩子接受和模仿，家长如能正确加以利用，定能达到事半功倍的效果，反之，则事与愿违。

第三章　家长与学前儿童家庭教育

第一节　学前儿童家长的角色与作用

一、母亲的角色与作用

"角色"一词来源于戏剧，是指舞台上由演员扮演的某一特定人物。在20世纪20年代，"角色"一词由美国社会心理学家米德应用于社会心理学中，他用"角色"的概念来说明人在社会生活中的身份和行为。

现今，"角色"一词是一个概念，具有多重含义，它被广泛应用于心理学、人类学和社会学。角色的含义如下：（1）社会角色是一套社会行为模式，这些模式提供给个体适当的行为并在社会生活中起到特殊的作用。（2）角色是由社会地位和身份所决定的，角色行为是社会关系系统中个体地位的真实反映。（3）角色按照社会所规定的责任、义务和行为规范等去行动，并符合社会期望。（4）作为一种社会和个人相连接的概念，角色是指某种规范和行为模式，它与人的社会地位和身份相一致，它是社会组织的基础。

母亲角色这一概念是指有子女后的成年女性所具有的角色身份。社会和家庭生活中，母亲扮演着多种角色，她是集多角色于一身的角色丛。"母亲"这个词蕴含着温柔、勤劳、忘我和牺牲等意义。在我国悠久的家庭教育历史中，一提到母亲，就会让人感到温暖和亲切，眷恋之情油然而生。"孟母三迁""岳母刺字"等母亲教子故事一直被奉为家庭的教育典范。

（一）母亲角色的特征

1.先赋角色

这一类角色是由美国学者哈罗德·凯利（Harold Kelley）划分的。她根据角色扮演者所取得的社会地位是否通过主观努力将其分为先赋性角色和后致性角色。先赋性角色是指建立在血缘、遗传等先天因素基础上自然拥有的角色，如父母角色、子女角色等。这种血缘关系决定了孩子将从一出生就与父母紧密联系在一起，不可分割。这种角色具有无法替代性，即使父母离异或有其他情况发生，父母与子女的关系也不会改变。后致性角色是指通过后天努力获得的角色，如教师、大学生等。

2.生物性参与角色

这一类角色分类理论来源于社会心理学家西奥多·萨宾（Theodore Sarbin），他将角色类型分为七种。以角色参与程度为分类依据，从零度开始向纵深发展。其中母亲与子女的对应角色被编在第四度，即生物性参与。萨宾之所以将其称之为生物性参与是因为母亲对子女的关爱是出于自发性的、本能的行为。人们常说母子连心即是对这种本能的关爱行为的一种贴切的表述。在现实生活中也有许多案例表明母亲对子女的爱是超过自己生命的爱，从本能的角度来解释显得更为贴切。

3.正支配角色

正支配角色和受支配角色的概念来源于冲突理论。德国社会学家达伦多夫关于其理论的解释认为，人们聚在一起所组成的群体或社会中总有一部分人拥有指挥权，而另一部分人则扮演着被支配的角色。能支配他人的人扮演的就是正支配角色，而其余部分的人称作被支配角色。当然，这两种角色在达伦多夫的观念中并不是永恒不变的，而是可以相互转化的。因此，在家庭教育中，当孩子的年龄还很小时，母亲扮演的就是拥有指挥权的正支配角色，孩子则是被支配角色。随着孩子年龄的增长、母亲的年老，这种角色就发生了转变，这时母亲的角色就从正支配角色变成了被支配角色。

4.长久角色

以时间为线索来划分角色扮演，可将其分为短暂角色和长久角色。在角色的大家庭中，母亲角色可以称之为扮演时间最长的角色，它从孩子出生开始至自己生命的结束。母亲角色的持续时间经历了孩子不同的成长阶段，虽然角色内涵随年龄、健康条件等发生着相应的改变，但对于孩子来说母亲这一角色是不会改变的。如托尔斯泰，其母病故的时候，他只有两岁，母亲弥留之际，看着托尔斯泰眼含泪水，带着对孩子无限的不放心离开了人世。正因为这样，母亲成为托尔斯泰的力量源泉。即使年逾八旬，托尔斯泰一旦想起自己的母亲，仍然是热泪盈眶，激动非常。这个例子揭示了母亲角色的持久性和稳定性。

（二）母亲角色的作用

1.母亲是儿童感情的守护者

人类自诞生以来，生儿育女繁衍后代就是社会发展必不可少的行为。由于在性别上的差异，女性接触与教育儿童的本能大于男性。

首先，母亲对子女感情的倾注从怀孕时期就开始了，这就是胎教。母亲的衣、食、住、行，母亲的情绪、情感，母亲身体内部、外部的状况，对胎儿的生长发育有着非常大的影响。通过对新生儿的研究，瑞士儿科医生舒蒂尔曼将孕妇分为两种类型：一是早起型，二是晚睡型。在对两种类型的孕妇进行跟踪调查后，舒蒂尔曼发现新生婴儿的一些习惯，特别是睡觉时间上的习惯与母亲非常相似。

其次，母亲在孩子出生之后较之父亲与婴儿之间有更多的情感交流，如对孩子进行哺育时母亲与婴儿身体的接触，眼神与声音的沟通，对孩子冷、暖、饥、饱等方面无微不至的关怀。母爱对儿童发展的作用是不可替代的，母亲不应该在孩子出生的最初几年离开孩子，而应该守护在他们身边，为他们提供最好的成长环境。

2.母亲是儿童生活的管理者

时代在发展进步，女性在社会生产生活中扮演着越来越重要的角色。她们有自己的事业，同男性一样参与社会工作。然而，由于性别这一生理的特殊性以及传统的习惯，一般而言，在家庭中与父亲及其他家庭成员相比，母亲投入了更多的时间和精力来管理儿童的每日生活。

3.母亲是儿童性格的培养者

母亲的文化素质对子女的思维水平、果断性、灵活性和求知欲四项性格品质产生影响。从作用面和持续程度上看，母亲的影响贯穿子女的各年龄阶段。同时，母亲对儿童在今后的生活中如何扮演性别角色起着潜移默化的作用。性别差异带来了男女的思想与心理差异。比如在情感方面，女性往往更挚爱父母、尊敬师长、关怀同学，在行动上也会给人以更加温柔的感觉。在性格特征方面，女性更多偏向于情绪型和顺从型。她们表现出认真负责、耐心细致、情感丰富，其纪律性、谦虚性、亲切性等特征较为明显。女性的这些个性倾向和心理特征时刻影响着儿童的性格形成。事实表明，许多人的健康成长都是与母亲优良品质的熏陶分不开的。

4.母亲是儿童学习的引导者

随着妇女就业率的提高，女性为教育事业发展做出的贡献也越来越大。20世纪90年代初，我国各级各类学校中女教师占教师总数的30%～44.5%，女性几乎占领了所有托幼机构和小学的教师岗位，在中学阶段，她们也与男教师平分秋色。在婴幼儿时期，母亲是引导孩子健康成长并步入社会化过程中的重要人物。她们职业上的优势，使她们更容易掌握教育方法，更新教育理念，了解儿童的心理和生理发展规律，因材施教。由于生理和心理上与男性的差别，女性更关注与人文科学有关的内容，她们在文学、艺术、医学等领域内的兴趣和能力较为突出，特别是在语言发展上较之男性具有更明显的流畅性和情感性，在培养孩子语言、艺术、观察能力、社会交往等方面占有优势。

二、父亲的角色与作用

20世纪50年代，研究界兴起了对父亲和父亲角色的研究。其原因在于，战争中很多男人失去了生命或浪荡入狱，这使家庭中出现了一个特殊的现象：孩子失去了父亲，成为单亲家庭中的一员。于是科研领域开始将研究方向偏重于"父亲缺席"对孩子所产生的结果及母亲角色与父亲角色的异同。另外一个研究方向是在家庭事务中父亲扮演着什么样的角色。那个时期，科研领域很少研究父亲角色的其他方面，而仅有的单方面研究也来源于母亲角色的信息中。后来，科研领域逐渐开始关注父亲角色的其他方面，如观察父亲与孩子的直接互动等。

父亲是孩子的导师之一。父亲与母亲就像人类存在的两极，缺一不可。父亲更偏重于代表法律与秩序、科学与技术、冒险与阅历等。在教育孩子问题上，父亲往往比母亲要求更严格，这能鼓励孩子，并增长孩子的进取心和求知欲，这些品质是一个人成功的奠基石。英国诗人乔治·格尔贝（George Gerber）甚至有些夸张地认为父亲对子女的教育胜过 100 名老师的作用。

（一）父亲是儿童依恋的重要角色

现代科学研究发现，儿童咿呀学语之时开口说出的第一个词往往是"爸爸"，这似乎表明孩子与父亲之间有着一种不可否认的连接的动力。其实，生活中父亲与母亲一样对孩子的身心发展起着非常重要的作用。父亲与孩子的交往较之母亲有很多不同之处，比如运动性游戏就是父亲与孩子交往的纽带之一。父亲在孩子还是婴儿时就会与其玩"小飞机"的游戏，将孩子一会儿高高举起一会儿放下，锻炼孩子的平衡能力。稍大一些，父亲在夏天会领着孩子爬山下水，在冬天会与孩子滑雪、堆雪人、打雪仗。所以，父亲是孩子游戏时的伙伴，也是孩子依恋的人。随着孩子年龄的增长，他们的注意力会更多地转向父亲，并喜欢父亲粗犷的外形、刚毅的性格和富有逻辑性的思维。

（二）父亲有助于儿童性别意识的形成

从理论上来讲，孩子的性别差异与生俱来，他们的成长过程也是"性别认同"的一个过程，这种认同过程是通过后天的环境影响和教育来实现的，一般在 3～4 周岁之前完成。在性别认同过程中，父亲起到了至关重要的作用，因为在教育中父亲更喜欢区别对待不同性别的孩子，并运用不同的态度和行为来指导和教育他们。父亲的这种教育行为容易让孩子明确自己到底是男孩还是女孩，并给自己贴上性别标签。

有些研究表明，一天与父亲接触两小时或以上的孩子比一天与父亲接触不到一小时的孩子在个性特征、人际关系、进取精神、活动风格等方面占优势。与父亲接触多的男孩子更具有男子气概，女孩子更显得温柔体贴。对于父母离异或其他情况而从小失去父爱的男孩子来说，长大后要么过度男性化，要么被动依赖。一些实验研究揭示，缺失父爱对女孩子的性格形成也有很大影响，因为女孩子的女性化形成与母亲的女性化无关，与父亲对女儿女性化的赞扬有关。

（三）父亲对儿童认知发展有重要的影响

父亲在教育过程中与儿童的互动性可以促进儿童的认知发展。母亲总是愿意陪伴在儿童身边，提供他们的是衣食住行的安全感，而父亲天生的好动性、幽默感和创新能力可以打开孩子探索世界的另一片天空。孩子经常和父亲在一起游戏，可以提高他们的动手能力，培养他们丰富的想象力与创造力，拓宽孩子们的知识面，使他们有更强的求知欲望。

在儿童入学后，父亲的教育参与和孩子的学业成绩呈正相关。也就是说，父亲在家庭中和母亲共同辅导孩子学习对孩子学习成绩的提高有很大的帮助。在许多单亲妈妈的家庭中，孩子缺失父爱使他们的幸福感降低，学习成绩也随之下降。另外有研究显示，接受父亲教育指导的孩子普遍对数学感兴趣，他们的智商更高，进入社会后能更快融入集体也更容易取得成功。

（四）父亲有助于儿童人格与社会性的发展

人们常说"孩子就是父母的一面镜子"。父母的一言一行对孩子的行为发展有着很深的影响。而父亲是一家之长，是孩子最大的榜样。如果父亲是一个性格乐观、积极向上的人，那么孩子也会显得无忧无虑，性格更加开朗。如果父亲是一个性情抑郁，有着不良行为习惯，如抽烟、酗酒、骂人等的人，那么孩子也会以父亲为效仿的对象，逐渐形成扭曲的人格特征。所以父亲应该为孩子树立正面的形象，比如自信、勇敢、独立、坚强等，让孩子从小形成健康的人格。父亲还应该与周围的邻居、同事建立融洽的关系，让孩子懂得如何用正确的方式与人交往，使孩子的社会性得到良好的发展。

三、其他家庭成员的角色与作用

其他家庭成员指儿童父母双方的长辈和亲属，主要指儿童的祖父母。子女的成长期关键期（1~3岁）大多是跟祖父母生活在一起的，即所谓的"隔代教养"。"隔代教养"的成因是多方面的，首先，由于生活水平和医疗技术的提高，人的平均寿命延长，祖父母的身体状况良好，能够承担育儿的任务。其次，父母辈在养育孙代的问题上遇到暂时的困难，如工作调动、身体健康、资金等多方面的原因，祖父母辈愿意主动参与，帮助子女渡过难关。再次，由于居住条件的限制，经济状况不是很好的家庭没有条件与祖父母辈分开居住，所以祖父母被动参与育儿。最后，社会幼托机构供不应求、保姆难觅、欠安全等也是祖父母参与育儿的原因之一。在以上各种情况下，祖父母担负起了育儿的重任，而相应的教育任务也就由他们重点承担。

（一）祖父母参与育儿的优势

1.育儿时间充裕

现代社会，一般家庭小孩子出生之时，正是祖父母即将退休或退休没几年的时候。他们身体好，时间和精力充沛，在内心里也愿意和孩子们在一起生活，即所谓的"隔代亲"。这种祖父母对隔代孩子的关爱是家庭保姆或者幼儿园教师们无法达到的。祖父母们甘心为孩子付出，奉献自己全部的爱使孩子在心理上得到满足并健康地成长。例如对做游戏和讲故事来说，很多父母晚上下班回家后都很疲劳，没有精力和时间与孩子互动，而祖父母一整天都比较清闲，只要安排好时间，随时都可以陪孩子阅读和游戏。这种过程是一个互相陪伴的过程，无论对老人还是孩子都是大有裨益的。

2.育儿经验丰富

由于育儿理念的不断更新，祖父母的育儿方式方法在年轻一代看来有不少"落伍"的地方，但大多数祖父母一代都是自己抚养孩子的，所以，他们的经验非常丰富，对于不同年龄段幼儿的生长发育、容易出现的问题以及处理突发问题的方法的掌握要比年轻父母多很多。祖父母积累了丰富的社会阅历和人生感悟，同样一件事情，两代人的处理方式会有所不同，而祖辈遇事冷静，不急不躁，能够考虑到事情的各个方面，这是有助于孩子情商发展和有效处理孩子教育问题的有利条件。

3.育儿方式健康

很多年轻父母都有晚睡晚起或晚睡早起的习惯，不爱运动，喜欢宅在家里看电脑或玩电子产品，这对于正处于成长阶段的儿童来说有弊无益。0~6岁阶段正是儿童养成良好习惯的关键时期，良好的生活方式一旦形成将受益终身，反之亦然。祖父母已经习惯了早睡早起，每天出门锻炼身体，特别是有良好兴趣爱好的长辈，他们的散步、读书、习字等习惯对儿童都有潜移默化的影响。另外，祖父母对传统的传承教育也是年轻一辈有所忽视的。比如国礼、风俗、传说、小吃，这些都可以由祖父母在平时的生活中传承给孩子们。

（二）祖父母参与育儿存在的问题

1.注重物质与情感上的满足

祖辈在育儿过程中的"隔代亲"容易让教育出现失衡现象，也就是无限制地满足孙辈的要求与愿望，无论是物质上的还是情感上的。调查显示，能尽自己最大的努力来满足孩子需求的老人占整体的75%。有一部分人是因为自己在年轻时经验少、工作忙，育儿过程中留有遗憾，希望在孙辈中有所弥补。这种无原则的溺爱使孩子的虚荣心和攀比心也无限增长，孩子们逐渐养成了爱慕虚荣、追求物质生活等不良的性格特征和生活习惯。

2.容易导致亲子隔阂

父辈与祖父辈在家庭教育方面的观点经常会有所不同。作为父母亲对孩子要求会更加严厉，而祖父辈更多看到的是孩子的优点和长处。平时习惯了祖父辈疼爱和迁就的孩子，一旦得到父辈严格的惩罚，会出现强烈的抵触心理，容易形成亲子间感情隔阂。特别是有祖父辈干预的情况下，正常的教育很难进行，这使年轻父母无法及时矫正子女的缺失，影响了孩子身心的健康发展。

3.忽视个性品质培养

祖父辈在教育孩子的过程中往往更关注情感的投入而忽视孩子个性品格的培养。他们对孩子疼爱有加，也使孩子对他们产生情感依赖。祖父辈对孩子的生活照顾得无微不至，包办代替、百依百顺，无形中助长了孩子以自我为中心、为所欲为、不合群等各种不良的品行。被祖父母百般呵护长大的孩子会表现出意志力薄弱、动手能力差、缺乏责任感等现象，对孩子的成长不利。

总之，为了更好地解决隔代教育或其他家庭成员教育中问题，促进儿童家庭教育的健康发展，一方面家庭各成员之间在教育孩子问题上应当多沟通、多理解；另一方面应当对祖父辈及家庭其他成员在家庭育儿上进行指导，更新其教育观念和方法，扬长避短。

第二节 学前儿童家长的教育能力

一、家长的教育素养

（一）家长的文化素质

家长的文化素质是指家长所表现出的知识理论水平的高低和掌握的人类精神财富的多少，这与家长是否不断学习与实践有关。在一定程度上，文化素质决定了家长的教育能力，经济收入决定了整个家庭的生活环境和生活方式。

1.家长应具备较高的科学文化素质

学前儿童正处于生长发育的关键时期，他们的心中有很多的未解之谜需要家长为他们答疑解惑。父母有一定的文化素质，在家庭中孩子可以毫无顾忌地随时向父母请教、发问。父母正确、恰当的回答，不仅使孩子的求知欲望得到一定的满足，还扩大了孩子的眼界，这种智力的启蒙教育是非常重要的。有些文化素养不高的家长，面对孩子各式各样的提问显得束手无策，要么不懂装懂，要么就是用不标准的答案蒙混过关。孩子正处于懵懂时期，家长不懂得与孩子共同解决难题，而是用错误的答案草草应付，这会对孩子的求知与成长带来负面的影响。知识日新月异，家长应有终身学习的理念，平时多读书看报，多了解最新的科学知识，用自己良好的学习习惯与学习热情影响和带动孩子，为他们创造优良的学习环境。

2.家长应具备一定的艺术修养

文化素质有很多方面的内涵，其中音乐、美术、体育等知识修养也包含其中。家长经常会说，现在的孩子要全面发展，指的就是在德、智、体、美各方面的和谐发展。家长要求孩子做的自己首先要做好，所以家长也应该具备一些科学知识技能之外的素质，至少在体、音、美等方面有自己的兴趣爱好。如家长要求孩子练琴，自己也可以练习，既陶冶情操，又在孩子面前起到榜样的作用；家长要求孩子锻炼身体，自己也应该制订一个良好的运动养生计划，并付诸实践，这样对孩子也是一个促动。无论做什么事情，一个家庭的团结努力胜过孩子自己的孤军奋战。在孩子的成长期，家长的作用就是教育引导孩子，使他们成为爱学习、懂学习、会学习的健康的优秀人才。

3.家长应具备相应的教育理论知识和方法

我国现代著名的教育家、儿童心理学家陈鹤琴先生在他的《家庭教育》一书的自序中写道：小孩子实在难养得很！有时候，你不晓得他应当穿什么衣服，吃什么食物！有时候你不晓得他为什么哭，为什么不肯吃东西！有时候，你不晓得他为什么生病，为什么变得这样瘦弱！有时候，你不晓得他一个活泼的小孩子为什么竟变成暮气沉沉的少年！家庭教育是一门艺术，它涉及很多方面的知识，如教育学、心理学、生理学、人才学等。家长如何能正确地开展家庭教育活动呢？首先，需要家长掌握一些教育科学知识，这能帮助家长了解孩子的身心发展规律和教育规律，对家庭教育有十分重要的意义。父母们可根据自身的需要有目的地选择一些家长学校，学习一些关于幼儿生理、心理、教育等方面的知识，并积极地把这些知识运用于实践中，深入地了解孩子独有的特点，采用适当的方法，因材施教，提高家庭教育的有效性。

不言而喻，家长的文化素质和孩子的学习、品德有密切关系，但也不是绝对的。家长文化素质作用的发挥，和家长其他的素质密切相关，同时，也受到孩子自身主观能动性的制约。不过在科学技术高速发展的今天，家长不断提高自己的文化素养，对子女的健康成长，对家庭的发展都是有益处的。

（二）家长的身体素质

身体素质是一个人体质强弱的外在表现，从人们的生活、学习和劳动中表现出来，也从人们的体育锻炼方面表现出来。遗传、营养和体育锻炼这三方面因素与一个人的身体素质密切相关。合理的饮食调整和正确、适当的体育锻炼，能提高个人的身体素质。

1.父母的遗传基因对儿童健康水平的影响

遗传是孩子发展的物质前提。通过遗传,父母把机体的形态和功能等各种生物基因传递给孩子,为孩子今后身心的发展打下基础。

首先,智力的遗传是十分明显的。据科学家综合评估,遗传对智力的影响约占50%~60%。遗传结构完全相同的同卵双生子,即使在不同的环境中长大,其智商仍极为一致。就遗传而言,父亲与母亲的影响力是有所侧重的。就如萧伯纳说的,母亲对孩子智力的影响力更大。

其次,身体素质和运动能力也受遗传因素的影响。科学家们研究发现,肌肉的相对力量受遗传因素的影响,除此之外一个人的耐力、反应速度、柔韧度等都受不同程度遗传因素的制约。

再次,儿童的心理发展受遗传因素影响。儿童高级神经系统类型的特点,特别是大脑的结构和技能的特点,自出生之时起就通过遗传从父母那里继承了下来。如有的婴儿安静些,容易入睡;有的婴儿手脚乱动,大声啼哭。据心理学家研究,遗传素质在感知觉和气质方面有较大的影响;而在个性品质、道德行为习惯方面,遗传素质影响就比较小。

从年龄阶段来说,遗传素质的影响随着年龄的增长逐渐增加。家长要了解和掌握一些遗传学方面的知识,发扬遗传素质中的优势,促使儿童身体和心理发展水平的提高。

2.父母的健康状况对儿童健康水平的影响

(1)父母的身体健康状况对儿童健康水平的影响

父母如果体魄健壮,无疾病,就可能为孩子身体的健康生长提供良好的条件。反之,父母如果身体不佳,就可能为孩子身体的正常生长发育留下隐患。如父母带有先天性遗传病史会导致孩子的后天生理畸形及智力障碍。一个智障的孩子很难和一般正常的孩子一起参加活动,也很难在一个环境中学习同样的知识。一个生理畸形的孩子也不能和一个生理正常的孩子一样参加体育运动。这些导致了孩子在日后的发展中智力和生理上落后于其他正常孩子。

(2)父母的心理健康状况对儿童健康水平的影响

有很多具体的研究实例证明孩子的心理健康发展很大程度上受父母心理健康

状况的影响。比如几个月大的婴儿通过与母亲的接触能感觉到母亲有紧张、焦虑等心理状况，婴儿会通过哭闹、烦躁、乱动等自身的反应表现出来。相反，如果母亲情绪安定，婴儿也感到舒心、宁静。一个两三岁的孩子在爬上爬下地玩耍，如果突然看到母亲不安的表情，自己就能体验到惊慌与不安。母亲大胆、勇敢，孩子也会拥有敢于挑战的性格；母亲胆小怕事，恐惧与不安全感也会转移给孩子。有些父母在教育孩子的过程中过于情绪化，在自己心情好的时候，就算孩子犯了错误也不会太在意。反之，如果遇到自己压力大、心情不好的时候，即使孩子没有什么过错或问题，家长也会将自己的情绪迁怒于孩子，因为一点小事而批评孩子。

3.父母的生活习惯对儿童健康水平的影响

父母如果拥有健康的生活方式，就能对孩子产生良好的影响。相反，父母（特别是母亲）如果具有不良的生活习惯，如抽烟、酗酒等，则会对孩子造成严重的伤害。研究表明，母亲在妊娠期间抽烟很凶的学龄前儿童比母亲不抽烟的儿童的标准智商（IQ）检测得分要低得多。除父母的不良嗜好对孩子的负面影响外，不健康的生活与饮食习惯，也影响儿童的健康水平。

在中国青少年中，尤其是城市学生中，体检结果显示完全合格的学生不足20%。中国教育科学研究院的调查数据表明，现代家庭普遍存在如下问题：一是过度保护，不限制孩子饮食需求；二是锻炼时间减少，睡眠时间不足；三是休闲方式的改变，电子产品成为休闲主流；四是环境舒适、交通便利、步行不足；五是西方快餐文化盛行，摄入过多高能量食物等。家长应当树立正确的育儿观念，减少对体质健康在认知、行为上的偏差。明确合理的饮食、运动与健康的生活习惯可以促进孩子的身心健康，可以提升孩子社会生活技能，也可以培养孩子的交流与沟通能力，提高孩子智力。

（三）家长的道德素质

道德发展分为四个阶段：规则上从单纯规则到有意义的准则；责任上从客观到主观转变；自身约束上从他律逐渐过渡到自律；服从原则从公正到具有公平和公道的公正。儿童经常以父母为榜样，因此，父母高尚的道德情操和品质修养会感染孩子，使他们的品德发展朝良好的方向发展。

1. 家长的婚姻道德影响着孩子的心灵健康

所谓婚姻道德指男女两性结合为夫妻关系应遵循的道德观念和道德规范的总称，它是社会普遍认可的一种行为规范。婚姻将两个没有血缘关系的人带入了一个家庭，在价值观、生活习惯、生活态度等方面必然会有差异，这就需要夫妻双方在结婚前慎重考虑，在结婚后以家庭为重。那么，应该遵守哪些婚姻道德规范呢？首先，男女双方应是以爱情为基础的婚姻自由，不以金钱、权势作为婚姻目的；其次，实行一夫一妻制；再次，夫妻之间权利义务要平等；最后，夫妻双方都有义务保持婚姻关系。结婚对每一个人来说都是人生中的一件大事，一旦成为夫妻就应该彼此尊重、相互忠诚、同甘共苦。特别是在有了孩子之后，夫妻双方更应该严守婚姻道德的底线，为孩子心灵的健康成长创造良好的环境。

2. 家长的育儿道德影响着孩子的言谈举止

家庭是孩子日常生活的场所，也是孩子从小接受教育的地方。由于小孩子好模仿，又缺乏鉴别能力，家长的一言一行、一举一动都会潜移默化地影响着孩子。家长给孩子的这种影响，就像是给孩子的思想和行为打上的"烙印"，此后很难改变。孔子说："少成若天性，习惯如自然。"有一个说法叫"五加二等于零"，意思是说幼儿园花了五天的时间进行正面的养成教育，可是只要孩子们在家里待个双休日，幼儿园的教育就回归零点了。

有位母亲曾这样描述自己的女儿：女儿就是自己365度的镜子，绝无死角。若是要影像美好，必须24小时、365日的努力、经营、坚持、克制……收获是女儿的成长，或许也可成就更好的自己！所以有人说孩子是父母的影子，家庭是孩子成长的摇篮。

3. 家长的传统美德影响着孩子的行为习惯

经济发展与社会进步给每个家庭带来极为丰富的物质享受，同时也给孩子的思想观念带来一些负面影响。许多家长往往热衷于物质上的给予，而忽视对孩子思想上的教育与引导。文明礼貌、敬老爱幼、团结友爱等都是我们中华民族的传统美德。在日常生活中，父母如能对孩子言传身教，就会使这些美德在孩子身上有所体现。由于父母与孩子特殊的亲缘与家庭关系，一般来说在孩子成人之前不会离开父母亲，所以父母也起着幼儿园老师不可替代的作用。

首先，家长要做到良好环境的营造者。家庭传统美德教育环境的营造主要是家长的"言传"和"身教"。如家庭关系和睦、温馨；家庭环境整洁、健康；家庭成员积极、向上等。

其次，家长要做实践的引领者。家庭传统美德教育必须让儿童成为参与者、实践者，只有亲自体验，才能感受到传统美德的魅力，才能感受到传统美德带给人的愉悦。所以，父母应该以身作则并引导孩子的一言一行。

4.家长的社会道德影响着孩子的文明意识

父母与邻居友好相处，讲究社会规范，遵守交通规则，爱护环境，就会对孩子的成长产生有利的影响，否则，就会对孩子的成长产生不利影响。我们多数父母在教育孩子上都有美好的愿望与理想，这样的家长在工作上积极进取，在生活中与人为善，在家庭里孝敬老人。他们大多有良好的兴趣爱好，业余时间读书看报，结交文友，锻炼身体。我们也经常能看到这样的一幕：幼儿园放学时家长领着孩子过马路，只看看有没有车，没有就直接闯了过去，完全忽视红绿灯的存在。有时会听到孩子在提醒父母十字路口红灯是要停的，可是家长由于各种原因根本不顾及孩子的提醒。

品德高尚的家长，他的孩子也会乐于助人；志向远大的家长，其子女也会奋发图强。但是，也有些家长不注意自身品德修养的提高。自己胸无大志，却要求孩子有出息；自己只顾赚钱发财，却不关心孩子教育；自己不读书看报，却要孩子学习成绩拔尖；自己满嘴脏话，却要孩子文明礼貌。这样的家长自身道德素质不高，必然会影响到孩子道德水平的发展。因此，提高自身品德修养，是每个家长一生的学业。

（四）家长的心理素质

社会生活中人们关注的问题有很多方面，但对心理问题的关注度远远不够。其实，父母的心理素质对孩子成长有很大的影响，如果父母心理不健康，家庭教育的质量会因此受到负面影响而下降。所以，父母应提高心理素质，在家庭日常生活和教育中保持健康的心理状态。

1.具有稳定的情绪状态和健康的情感

现代社会生活节奏快、工作强度高、精神压力大，如果调整不好很容易出现心理上的亚健康状态。身为家长，要及时调整心理出现的问题，避免心理问题演变成心理疾病。因为，一旦有心理上的问题，就会在日常生活中潜移默化地影响孩子。而有心理疾病的家长则无法承担养育子女的责任。在教育子女的过程中，家庭氛围的愉快和谐也是非常重要的，父母应该时刻提醒自己保持心情舒畅、情绪愉快，不要将工作中的不满情绪和不顺心的事情带回家中，这样会影响孩子的学习情绪和身心健康发展。

2.具有坚强的意志和坚持性

一名合格的家长应该为孩子树立良好的榜样，特别是在意志品质方面。例如家长在工作、生活、学习中要有恒心，有毅力，不怕困难，还要勇敢地战胜困难，通过自己的努力让孩子从小懂得无论做什么事情，没有辛勤的付出，就没有成功后的喜悦。教育子女就是一项长期而艰苦的事情，要有长期的计划和短期的安排。同时，还要注意耐心细致，具体周到。现在很多年轻父母都十分重视孩子的教育，有些父母在孕期就开始参加学习班，买各种育儿书籍认真学习，生怕孩子输在起跑线上。其实，孩子的教育是一种持之以恒的长跑，在整个过程中每个环节都需要家长的支持与努力。

常言道，不积跬步，无以至千里；不积小流，无以成江海。生活需要这种坚持，学习也需要一点一滴的积累。父母们都望子成龙，望女成凤，看到别人家的孩子有很多兴趣爱好，也希望自己的孩子在某方面有所成就。舞蹈班、钢琴班、绘画班、小神童班等社会办学满足了家长的需求，同时也使家长和孩子们陷入了进退两难的境地。在家长中间经常流传这样一句话：孩子学琴考十级，家长至少也能考五级。言外之意即孩子年龄小，有些学习任务需要家长坚强的意志力和坚持性才能完成。在教育子女的过程中，家长要针对孩子的个性特点和兴趣爱好选择合适的教育方式，一旦选择就要尽量努力完成。比如每天半小时亲子阅读、背诵几首古诗、做智力小游戏等，有了量的积累才会有质的变化，应避免急于求成，因为欲速则不达。

3.要自觉减轻心理压力

在教育子女成人、成才的路上，家长身负很多艰巨的责任，这将给许多家长带来心理压力。这种压力是双刃剑，一方面可以督促家长更加重视家庭教育，另一方面在过重的压力下，家长有可能导致家庭教育的失误。比如当别人家的孩子在众人面前落落大方，既能表演舞蹈又能朗诵诗歌，而自己的孩子却因胆小不愿意参与任何活动的时候；当别人家的孩子被幼儿园选中参加特殊的节日庆祝活动，而自己的孩子却由于太顽皮而受到老师批评的时候；当孩子受到别人的责怪，说自己管教不当的时候，都会给家长的心理造成压力。如果这个时候家长不摆正心态，就很可能采取简单粗暴的方式解决教育中出现的问题。因此，家长必须从孩子的实际出发，端正教育思想、摆正教育心态，进行自我减压。家长要尽可能地营造宽容的家庭环境，通过循循善诱，引导孩子在原有基础上做到更好。

二、家长的教育观念

教育观念指的是支配教育行为的观点、思想。它和其他观念一样，是客观现实的能动反应，是经验和理论在人们头脑中的积淀。家庭教育观念是实施家庭教育的前提和基础，观念是否正确在很大程度上决定了家庭教育的成败。

（一）正确的儿童观是家庭教育的关键

父母正确的儿童观应该由以下几方面构成。第一，儿童是人，这是儿童的基本属性。作为平等的人，家长应该在教育子女时尊重孩子的人格，平等地与孩子沟通，重视孩子的愿望与需求。父母与孩子之间的关系应该是民主的，而不是自上而下的权威模式。第二，儿童作为未成年人，决定了他们在身体与心理上处于不成熟状态，需要来自父母亲物质上的照料和精神上的关爱。这并不是说父母可以按照自己的想法和要求，逼迫孩子按成人的意志做事情。父母要了解孩子的想法，给孩子足够的空间，允许孩子在失误的过程中逐渐成熟起来。第三，儿童将成为独立的个体。父母教育孩子是为了日后孩子能够进入社会独立生存。所以，父母应该从小培养孩子的自我意识和独立性。

（二）正确的亲子观是家庭教育的基础

家长的亲子观，是指家长对子女和自己相互关系的基本看法。父母与子女之间的关系，既是基于亲情的长辈与晚辈的关系、教育者与受教育者的关系，也应当是亲密的朋友关系。家长不应当把孩子作为私有财产或自己的附属物，希望通过孩子来补偿自己生活中的缺憾，从而实现自己年轻时未能实现的理想和愿望等。同时，家长也不能一厢情愿，自觉或不自觉地将自己的意愿强加到孩子身上，甚至把他们当成炫耀品。例如，在众亲友相聚很热闹的时候，就命令孩子当众表演，背上几首唐诗、儿歌，得到众亲友的一番夸赞后，也大大满足了自己的虚荣心。其实孩子是用来疼爱、关怀和鼓励的，父母要树立正确的亲子观念，育儿之路才能更加和谐，家庭生活才能更加幸福。

（三）正确的人才观是家庭教育的保障

家长的人才观是指家长对子女成长的价值取向和自己对人才的认同感。什么样的人才观决定了什么样的家庭教育目标。常言道，三百六十行，行行出状元。在未来社会，经济发展模式决定在人才培养过程中，既需要大量的高、精、尖人才，也需要在平凡的岗位上工作的人才。因此，作为父母来说，要具有人人都可以成才的观念。要根据孩子的自身特点与优势，引导其自然发展，而不是跟风走，一边倒。在儿童的发展过程中虽然存在个体差异，但每个儿童都有与众不同的优点，父母应该发掘儿童的潜能，通过良好的教育与影响，让孩子们最终走向成才之路。

三、家长的教育能力

父母不仅需要具备科学的教育观念、正确的教育态度，还需要具备进行家庭教育实践的能力。父母的教育能力要包括以下几方面。

（一）父母要有了解子女的能力

为人父母，从心底里都是爱孩子的，但并不一定是从了解孩子的角度在爱孩子。就拿孩子平时的穿衣戴帽来说，有一则小故事讲得特别生动。有一位路人经过幼儿园，看到小朋友们穿戴整齐走进幼儿园。五月的天气，有的孩子穿长袖T恤衫，有的孩子穿了短袖，可有一个孩子穿着厚厚的棉衣。路人觉得很奇怪，走过去问道："小朋友，你这么冷吗？"孩子回答说："有一种冷，叫妈妈觉得你冷。"故事虽小，却反映出现在家长的教育观念与能力。反观自身，有多少父母真正了解自己的子女？有很多家长认为孩子年龄小，处于懵懂阶段，需要大人的引导与帮助。时间久了，家长就养成了一种一边倒的习惯，即以自己的思维判断孩子的想法。童言无忌却吐露心声。儿童有自己的世界，需要家长走进他们的内心，尽量站在孩子的角度换位思考。在与孩子共同生活的过程中，父母最好能认真体会孩子的心理状态，仔细考虑孩子所提出的要求，在对过去的生活进行总结的前提下规划未来的生活，以此更好地成就孩子。

（二）父母要有尊重子女的能力

在家庭教育过程中，父母应采取民主、平等的态度与孩子相处，要尊重子女的想法，通过观察、谈话等多种方式与孩子交流，避免将自己的主观愿望强加于孩子身上。被父母尊重的孩子会有强烈的自尊心，在同伴中间会更充满自信。而强势的父母经常打压孩子的想法和行动，时间长了，孩子会对所做的事情失去兴趣，同时要么变得唯唯诺诺，要么变得倔强，很难管教。儿童年纪小，对周围的事物充满好奇心，什么事情都愿意尝试，父母要尊重和欣赏孩子的想法，对待不同的问题采取多样的处理方法，引导儿童身心健康发展。

做父母的可能会遇到各种问题，比如孩子在家里看动画片，片中的女主角穿了一条特别漂亮的裙子，这时她想起自己也有一条相似的裙子，于是闹着妈妈给她找出来，在大冬天里，一定要穿着裙子和凉鞋到外边玩。作为父母应该怎么处理呢？强势的父母也许会直接回绝孩子，同时会告诉孩子天气很冷，冬天是不适合穿着裙子到外边玩的。无论孩子怎么请求，他们都不会答应，并认为自己的做法是正确的。懂得尊重孩子的父母可能在这个时候也会为孩子会不会着凉担心，但是他们更不会错过一个教育孩子的好机会。他们也许会让孩子穿上裙子和凉鞋，并拿好大衣和他们一同到室外，让孩子亲自感受室外的温度。正常来说，孩子的自我保护意识是很强的，当她真正感觉到冷的时候，家长再适当地加以引导，孩子自然会穿上大衣，或直接同父母回到室内玩耍了。尊重他人的能力需要从小培养，父母以身作则是最好的教育方式。

（三）父母要有善于沟通的能力

儿童的天性是喜欢交流与沟通的，自从他们出生开始就用声音、眼神、动作与父母进行交流，通过哭声告诉父母他们的需要。随着年龄的增长，他们更多地用语言和行为作为自己的交流方式。所以，父母也应该主动了解孩子的内心，根据孩子不同年龄段的心理发展特点运用相应的方法和技巧进行沟通与交流。

首先，父母要放低视线。善于沟通的父母和孩子是在同一个视线上对话。如果没有蹲下来，没有和孩子在一个视线上，就不会和孩子有共同的感受，真正的沟通是彼此理解，所以一定要懂得倾听孩子们的内心世界。

其次，要善于倾听。大部分的小孩都是比较胆怯的，尤其是对自己不擅长的事情，总是担心自己做得不好。学龄前的孩子对自己的认识建立在外部评价上，一旦父母或老师说孩子说得不对，孩子就不敢说了。所以，要让孩子多说多表达。父母作为一个优秀的倾听者，用倾听鼓励孩子克服胆怯，大胆交流。

再次，要假装无知。现在的孩子很多时候不喜欢张嘴说话，很大一部分原因是父母在各方面都做得太好，很多时候不用等孩子说出口，从简单的一个眼神就可以看出他们所需要的，久而久之，孩子就养成了不爱开口说话的习惯。家长不要做得面面俱到，相反让孩子自己说出他们的想法，才会了解到更多的信息。不管孩子的心智有多大，都需要不断地加强个人的独立能力，从相互尊重开始，最终慢慢了解到他们心里的真正想法，及时作出有效的言语沟通，让他们在童年的时光里，养成开朗的性格。

（四）父母要有指导子女的能力

1.父母要有指导子女生活的能力

作为父母能够为孩子带来健康的体魄、乐观的心理是非常重要的。这就需要父母从小为孩子提供一个良好的生活环境和正确的生活指导。首先，父母对孩子的生活指导要兼顾学习、休息、锻炼和娱乐等各方面，不能只重视一点而忽视其他方面；其次，要严格要求孩子的作息时间并养成良好的习惯，比如要按时吃饭、睡觉、起床、读书等；再次，父母要指导孩子讲究个人卫生、家庭卫生，还有自己的事情一定要自己做；然后，要培养孩子多参加一些家务劳动，多为家庭尽义务；最后，要每天坚持体育锻炼。指导孩子如何生活是父母的首要任务，也是终身的任务，所以在指导过程中要循序渐进，不能急于求成。

2.父母要有指导子女学习的能力

在一个提倡终身学习的社会里，如何学习、怎么学习、学些什么已成为每个人谈论的话题。在学龄前阶段，指导子女学习首先就是要培养孩子的学习兴趣。兴趣是最好的老师，带着兴趣学习会让孩子受益终身。美国教育家杜威以生活即教育为出发点，引导教师和家长改变育儿理念，让孩子们从生活和实践中学习，即"做中学"。所以，父母要珍惜和孩子相处的点滴时间，在游戏中开发孩子智力，培养孩子的创造力。

3.父母要有指导子女交往的能力

父母应该在孩子很小的时候就创造机会，让孩子与除了父母之外的人，如亲属、朋友或孩子的小伙伴等进行交往。当孩子进入幼儿园学习，父母还可以利用多种方式，如讲故事、做游戏等教孩子如何与他人交往的技巧；也可以作为倾听者，让孩子讲述一天发生的有趣的事情，帮助孩子分析哪些事情做得好，哪些事情做得不好，这样就可以适时地对孩子进行人际交往的指导。

四、家长的教育知识

教育知识应该包括儿童身心发展的特点和与之相适应的家庭教育规律的知识。有些家长对教育知识了解得并不多，途径也有限，如从朋友长辈那里听说了育儿的一些方法、经验等。他们对科学育儿提不起兴趣，更不愿意主动阅读有关儿童教育学、心理学方面的书籍。其中，有很多家长以工作忙、业务多等作为拒绝科学育儿的理由，他们不知道孩子真正需要的是什么，更多的是盲目地将钱财倾注在子女身上，最终起到了适得其反的作用。

做父母是一个自我学习的过程。孩子小的时候父母想的全是物质层面上的问题，如母乳应该喂多少，尿片选什么牌子，每天补多少钙……但当孩子慢慢长大，家长会发现，那只是最基本的物质层面的满足、身体生理的满足，是教育金字塔的最基础层。教育金字塔的上层应该是用智慧去爱，做科学育儿的父母。家长更需要考虑一些看不见摸不到的问题：如何做，何时做，怎么做，为什么做。例如，在孩子哭闹时第一时间做到有求必应，还是选择忍耐爱心，逐步训练孩子安抚自我的情绪？是积极为孩子补营养素，并深信不让孩子输在起跑线上是千真万确的，还是让孩子参与各类集体活动和体育活动，确信 6 岁前的孩子是用肢体触摸来探索和学习这个世界的？

想做个合格的父母，家长必须从基本的哺育"技术"开始学习，然后升级到养育的层次，最后再上升到教育和培育。这段陪孩子成长的过程也正是家长自我成长、自我超越的过程。虽然养儿育女始于"养"，但却难在"育"。家长要学习新的养育知识，改变已有的不良习惯，丰富自己的人生，做一个更美好的社会人。因此，无论家长的育儿动机是什么，只要想培养教育好孩子，就必须先教育好自己。

第四章　不同年龄段的学前儿童家庭教育

第一节　0～1岁学前儿童的家庭教育

一、0～1岁学前儿童的主要特点

（一）依靠无条件反射的本能活动

新生儿（出生至1个月）适应变化的环境，主要依靠低级中枢实现的本能活动，即无条件反射（也叫生来的反射）。新生儿的无条件反射主要有：吸吮反射、防御反射、定向反射、抓握反射、巴宾斯基反射、惊跳反射、游泳反射、强直性颈反射、觅食反射、眨眼反射、怀抱反射、击剑反射、迈步反射、巴布金反射、蜷缩反射等。下面主要介绍几种无条件反射。

吸吮反射：接触新生儿的嘴唇，就引起吸吮动作。吸吮反射是最强的反射之一，当新生儿开始吸吮时，其他活动都会被抑制。这是永久性的，有利于喂食。

防御反射：新生儿出生后的前几天就能对温度刺激或痛觉刺激产生泛化性的反应，即刺激一处，全身反应。

定向反射：又称探究反射，即"这是什么"的反射。新生儿出生后不久，约在两周左右，就能对强烈的刺激（如强光或大声）产生定向反射，如眼睛转向光源或暂时停止吸吮动作。

以上几种无条件反射具有有关生活适应的生物学意义，还有一些无条件反射，没有明显的生物学意义，但可能在人类进化过程中，它们有过一定的生物适应意义。

抓握反射：又叫达尔文反射，任何物体与手掌有接触时就握住不放，甚至可以借助物体把身体悬挂起来。大约到第 2 个月时，这个反射就消失了。

巴宾斯基反射：轻轻地抓或刺激新生儿的脚心时，就引起脚趾向上张开的动作，5 个脚趾变成扇形。约在 8 到 9 个月时这个反射就逐渐消失了。

惊跳反射：又叫摩罗反射，当新生儿突然失去支持或受到大声刺激时常常表现为惊恐状态，如双臂伸开，又迅速收回胸前，紧握拳头等。这个反射约在出生 4 个月消失。

游泳反射：托住新生儿的腹部，他就会做出游泳的动作。这种反射可能是在种系发生过程中遗传下来的，与个体在母体内的液态环境有关。这种反射约在出生 6 个月以后消失。

强直性颈反射：又称击剑反射，当新生儿躺着时，把他的头转向左侧或右侧，就会伸出与头转向一致的那个手，而把相反方向的手臂和腿蜷曲起来，仿佛摆出击剑者的姿势。实际上，这是婴儿吃奶最好的姿势。这个反射约在生后 2~3 个月消失。

此外，还有其他一些无条件反射，例如，眨眼反射、瞳孔反射、吞咽反射、打嗝、打喷嚏等。

无条件反射是遗传的，是本能性的。它的适应性非常低，是形成条件反射的自然前提。

新生儿的无条件反射，在出生后的几个月里会逐渐消失。新生儿的无条件反射是其最初学习的基础。无条件反射是一种本能活动，不是心理活动。无条件反射是建立条件反射的基础。新生儿的各种心理活动，是在无条件反射的基础上建立的。

（二）条件反射的出现

虽然婴儿出生时已有多种无条件反射，但是，无条件反射对适应新生活有很大的局限性。条件反射的出现，使婴儿获得了适应新生活需要的新机制。条件反射的出现，可以说是心理发生的标志。

新生儿出生后不久，就能够建立条件反射。孩子所获得的一切知识和能力，例如，一切学习，都是条件反射活动。又如，妈妈每次给新生儿喂奶，都是把他抱在怀里，经过多次强化，被抱起来喂奶的姿势，和奶头在嘴里吃奶的无条件反射相结合，新生儿就形成了对吃奶姿势的条件反射。

由此可见，婴儿从出生就开始认识世界，也表现出同人交往的需要，这是人类特有的需要。新生儿和别人的交往，主要是通过情绪和表情来实现的。

（三）动作有规律地发展

这里对0~1岁婴儿动作发育的规律概况，主要是参照了神经成熟理论模型的几种假设。这些假设的主要概况如下：

从反射到自主运动。在神经成熟理论模型中，新生儿运动方式被认为以反射为优势开始，如踏步反射等。这些反射运动是以刺激—反应形式出现，即通过恰当的刺激诱发出一种可预测的、刻板的反应。原始反射被认为是中枢神经系统低水平（位于脑干的皮质下神经核）为主导的表现。这些反射如果超出了整合可以接受的年龄而持续存在，就提示异常，说明大脑皮质成熟不足及对低级中枢抑制性控制缺乏。运动从非控制的反射状态演变为可控制的随意运动被视为是大脑皮质成熟的表现，因此，运动的精确依赖于中枢神经系统的成熟。

从头到尾的动作。推论出运动发育的过程是从头到尾的方向进行的。婴儿首先获得头的自主控制，然后运动的控制能力依次向下发展，经过肩带、躯干、骨盆及下肢。

根据上述假设，研究者在相关的研究中总结出：婴儿动作发展的顺序是遵循着客观规律的，同一年龄阶段的婴儿动作发展的时间也大致相同。

1.从整体动作到局部动作

婴儿最初的动作是全身性的、笼统的、弥漫性的，以后动作逐渐分化、局部化、准确化和专门化。例如，婴儿哭闹的时候，全身都在乱动。

2.从上部动作到下部动作

婴儿动作的发展，先从头部动作开始，然后到肢体动作。婴儿最早出现的是头部动作。婴儿先学会抬头，然后能俯撑、翻身、坐和爬，最后学会站、走、跑、跳。这种趋势也表现在一些动作本身的发展上。

3.从中央部分动作到边缘部分动作

婴儿动作的发展先从头部和躯干的动作开始，然后发展双臂和腿部的动作，再后是手的精细动作。也就是靠近中央部分（头和躯干）动作先发展，然后才发展边缘部分（臂、手、腿）的动作。这种从身躯的中央部位再到远离身躯中央的边缘部位的发展规律，即"远近规律"。

4.从大肌肉动作到小肌肉动作

动作可以分为粗大动作和精细动作。婴儿动作的发展，先从粗大动作开始，而后才学会比较精细的动作。粗大的动作是指活动幅度较大的动作，也就是大肌肉的动作，包括抬头、翻身、坐、爬、走等。精细动作是指小肌肉动作，如搭积木、穿珠子等。从四肢动作来说，是臂和腿的动作先发展，以后才逐渐发展起手和脚的动作。例如，婴儿先是用整只手臂和手一起去触碰物体，然后才会用手指去拿物体。动作发展的这种规律，称为"大小规律"。

5.从无意动作到有意动作

婴儿最初的动作是无意的，以后越来越多地受到心理有意的支配。例如，新生儿已会用手紧握小棍，这是无意的、本能的动作，几个月后，婴儿才逐渐能够有意地、有目的地去抓物体。学前儿童的动作最初是从无意动作向有意动作发展，以后则是从以无意动作为主向以有意动作为主的方向发展，即服从"无有规律"。

（四）心理活动的发生和发展

1.最初活动的发生和发展

婴儿的眼睛视线可以追视物体，特别是红色的球体更能吸引婴儿的注意，会积极地用眼睛寻找带声音的玩具。婴儿会把身体偏向听到声音的方向，并寻找发声的物体，也会表现出喜欢听妈妈的声音等。到接近1岁时，喜欢翻书活动、藏猫猫等游戏。

2.掌握语言的准备

婴儿满6个月以后，喜欢发出各种声音，尤其喜欢模仿动物叫声。这时的声音和以前不同，音节比较清楚，可以发出许多重复的、连续的音节。9～10个月以后的婴儿，能够听懂一些词，并按成人说的去做一些动作。例如，成人说"拍手"，他拍拍手；说"恭喜"，他拱拱手。婴儿开始主动发出不同的声音，来表示不同的意思。

3.情感的发展和最初的社会性萌芽

处在婴儿早期的婴儿，往往主动发起和别人交往的活动。婴儿生活在人类社会，从一开始就表现出和他人交往的需要。出生后第1个月，婴儿就认识了妈妈和爸爸，之后是其他家庭成员。5~6个月的婴儿开始认生，也就是说，他对交往的人有所选择了，比如有的婴儿喜欢要熟悉的人抱，拒绝陌生人的拥抱。将近1岁的婴儿会表现出明显的分离焦虑。分离焦虑，即亲人离去后长时间哭闹，情绪不安。

二、0～1岁学前儿童家庭教育的要点

针对0~1岁婴儿心理发展的特点，父母与婴儿的照料者应注意以下几个方面。

（一）及时关注婴儿的需要

婴儿的需要包括生理和心理的。家长必须及时关注婴儿这两方面的需要，学会分辨他们用不同的哭声表达不同的生理和心理需要。保持婴儿良好情绪状态是婴儿生理和心理得到健康发展的基础。而在现实生活中，有的家长提前实行"消退"的方法，对婴儿的哭置之不理，在这个阶段这种方法是不可取的。

（二）增加高质量的陪伴

家长不要认为这个阶段的婴儿只要吃饱喝足就可以把他们放在一边不理他们，要和孩子进行面对面地对话、玩耍、阅读。家长的高质量陪伴会使婴儿感受到其对自己的关注，增加亲子感情，也让家长积极发现孩子在陪伴过程中出现的各种问题。

（三）支持婴儿的动作发展

家长应每月带婴儿做一次专业的动作测评，根据测评的情况做针对性的训练。支持婴儿动作的发展，要多给他们自由活动的机会，尤其要注意发展"爬"。现在有很多孩子是没有经过爬行就会走路了，当家长意识到这个问题时再让孩子

爬行，因为错过了爬行的敏感期孩子也不愿意爬了。同时，要提供机会发展婴儿手的动作。因此，家长要多创造机会采用游戏的方式，增加婴儿动手的机会，特别是关注婴儿精细动作的发展。现在市面上专门针对这方面的书籍非常多，家长应结合自己孩子的情况进行选择。

三、0～1岁学前儿童家庭教育常见问题

1岁以前的婴儿经常出现吃手现象，我们是否要去阻止婴儿这一行为?

分析：婴儿喜欢吃手是常见的行为，他们早在2个月左右就"发现"自己的手了，他们喜欢把自己的手和脚往嘴里塞，很快乐地吮吸着。著名心理学家弗洛伊德把婴儿出生后的第一年，称为"口腔期"，是人格发展的第一个基础阶段。

专家分析婴儿期的吃手有两个作用：一是为自己减压。婴儿对周边环境的敏感性最强，当婴儿感到不安、紧张时，吃手的频率会增加。有些婴儿在浅睡眠状态时，会用吃手指来寻求自我安慰。国外研究发现，在这个时期若强制性地让婴儿停止吃手，会使得婴儿产生逆反心理，长大后更易形成具有攻击性的性格。二是帮助消除长牙期不适。周岁以内婴儿"吃手"是正常生理行为，是发育中的一个必然阶段。有关专家指出，多数婴儿是从3个月开始吸吮手指，到6个月添加辅食后表现明显，伴随出牙将逐渐形成高峰。3～6个月是婴儿开始萌出乳牙的阶段，这个时候婴儿会用吃手来缓解长牙期不适。因此，婴儿期宝宝有吃手的行为，家长不必过于焦虑，更不能粗暴对待。

第二节 1～4岁学前儿童的家庭教育

一、1～4岁学前儿童的主要特点

（一）1～3岁学前儿童的主要特点

1.动作逐渐完善

1～3岁幼儿身体发育和动作发展的速度都非常快。1～2岁幼儿在转移身体

位置、步行能力、平衡能力、技能等动作方面都发展非常迅速，其中最为突出的动作是学会直立行走和使用工具。在直立行走上，1~2岁的幼儿独立行走还不稳，容易摔跤。但2岁以后逐渐自如，这也与幼儿骨骼肌肉、脊柱的弯曲情况以及两腿和身体动作不协调有关系。在使用工具上，1岁以后幼儿逐渐能稳当地拿起各种东西；1岁半以后能拿起东西摆弄、敲打；2岁半以后能自己端杯子，拿牙刷刷牙，用笔涂鸦。

2.语言和表象思维的发展

1~3岁幼儿语言的发展主要经历了单词句阶段、电报句阶段、简单句阶段和复杂句阶段。具体表现在，幼儿1岁左右讲出第一批能被理解的词开始，如能有意识地叫"爸爸""妈妈"，就标志着幼儿进入了"语言发展期"。1岁后幼儿的自我意识增强，清楚地知道了自己的名字，并在生活中逐渐懂得了物体的归属，也学会了使用"我的"物主代词。2岁半至3岁的幼儿已能使用人称代词"我"来表达自己的愿望，开始把自己看作与别人不同的主体。

同时，这一时期幼儿的表象也发展起来。特别是1岁半至2岁左右的幼儿，当事物不在眼前时，幼儿能在大脑中出现关于该事物的表象。表象的发生使幼儿的认识活动出现重大的变化。幼儿的记忆已经不仅可以再认那些重新出现的事物，还可以回忆起过去感知过的事物。例如，2岁左右，幼儿看到妈妈的照片就会想到要找妈妈。

表象的发生直接让幼儿想象的产生成为可能。2岁左右的幼儿在游戏中经常出现形象性的活动。比如，幼儿在游戏中拿着圆形的东西说是太阳，摆着长长的积木说是火车。在过家家时，经常冒出"我们就假装是某某，这个假装是什么"等想象性行为及语言。

幼儿在这一时期也出现了最初的概括和推理，这都是幼儿思维产生的突出表现。例如，能把年龄大的叫"爷爷""奶奶"，年轻的叫"叔叔""阿姨"。幼儿到2岁半逐渐能区分狗、猫等动物之间的区别。

3.出现最初的独立性

幼儿进入第二个年头，就不像1岁前那么顺从了，开始慢慢有了自己的主意，经常和家长的意见不一致。例如，他们喜欢走斜波、踩水沟，不按家长要求办事，喜欢自己的事情自己做，不喜欢别人的帮忙，如尝试自己吃饭、洗脸、穿衣服、脱衣服等。这一时期，家长经常担心孩子完不成，而限制孩子自己做事。其实这是孩子出现独立性的表现，独立性的出现是开始产生自我意识的明显表现。

4.喜欢探索和模仿

在幼儿独立行走之后，随着活动范围的扩大，幼儿探索的欲望一天天增强。在出生的第一年，幼儿主要通过咬、啃、抓等方式来获得对物品的认识。在独立行走后，他们喜欢到处探索，特别是对细小的事物十分敏感。例如，幼儿会对蚂蚁进行观察，对其运送食物会看上半天。家长应对幼儿的兴趣进行保护，并给予积极支持，多为幼儿提供可以进行探索的空间。

幼儿的学习都是从模仿开始。模仿是幼儿非常重要的学习方式。比如，当幼儿还不会滑滑梯时，家长不妨让孩子去看看别人是怎么滑滑梯的，看多了，孩子自然就会了。幼儿也特别喜欢模仿、观察，特别是模仿大人的行为。因此，家长要多注意自己的言行举止。

（二）3～4岁学前儿童的主要特点

1.动作协调性增强，生活自理能力提高

3～4岁儿童具有一定的平衡能力，动作趋于协调、灵敏，行走自然而有规律，能够双脚灵活交替上下楼梯，对于走平衡木、跑跳、钻爬、攀登、投掷、拍球等活动有兴趣并具备初步的能力。另外，手部动作也趋于灵活协调，能用笔涂涂画画，会用勺子吃饭，用剪刀沿直线剪等。

随着动作协调性的逐渐增强，3～4岁儿童的生活自理能力逐步提高，例如，能在成人的帮助下穿脱衣服和鞋袜，能将取下的玩具、图书等放回原处，能在成人提醒下形成和维持良好的生活习惯，如按时睡觉和起床、早晚刷牙、饭前便后洗手等，因而能够适应幼儿园小班的集体生活。

2.学会听从指令，开始接纳同伴和老师

3～4岁儿童的语言能力逐渐提高，学会听从他人的指令，并愿意表达自己的想法和需要，能注意倾听别人的话并做出及时回应。同时，能够在成人的提醒和帮助下养成文明的语言习惯，如使用恰当的礼貌用语、说话音量适中、在与他人

对话时注视对方等。

在此基础上，3~4岁儿童的生活范围不断扩大，走进大自然、大社会，并开始接纳同伴和老师，愿意和小朋友一起游戏并与同伴友好相处，尊重并听从家长与老师的建议和指令，对集体生活感兴趣，喜欢并适应幼儿园生活。

3.认知依赖行为发展，行为受情绪支配

3~4岁儿童的认知活动带有明显的直觉行动性，记忆及思维等都是在直接与事物的接触或活动中进行的。他们往往先做后想、边做边想，离开了具体事物和具体活动便不能进行。例如，在绘画之前往往说不出自己要画什么，而常常在画出某种形象之后才依据作品像什么而说出自己画的是什么。即3~4岁儿童的认识很具体，只能根据外部特征来认识与区别事物，思维缺乏可逆性与相对性。

另外，3~4岁儿童的行为极易受外部事物及自己情绪的影响，无意性占优势。其注意很不稳定，易受外部环境的干扰。且其情绪发展的明显特征是具有易感性和易变性，如幼儿园小班常会出现这幅场景：某个儿童想妈妈哭了，便有一群孩子跟着哭。他们一吓就哭、一哄就笑，高兴与不高兴都表现在脸上。

4.模仿性强，喜欢重复

3~4岁儿童爱模仿一些具体、简单的外部动作，看见别人做什么，自己也做什么，通过模仿来学习别人的生活经验和行为习惯，因此模仿是这一时期儿童的主要学习方式。例如，在家里模仿成人活动，在幼儿园模仿小朋友和教师的行为。游戏时喜欢与同伴担任同样的角色，因此在"娃娃家"常常出现许多"妈妈"在烧饭。

同时，3~4岁儿童的注意及记忆不固定且短暂，喜欢重复。他们喜欢重复地摆弄物品，喜欢听家长或教师重复讲同一个故事，重复做某个动作，例如反复地喂娃娃吃饭。在往返重复中逐渐认识物体属性、发展语言与动作，并由此逐渐认识事物之间的简单关联。

二、1～4岁学前儿童家庭教育的要点

（一）1～3岁学前儿童家庭教育的要点

1.加强营养保健，增加户外活动

1～3岁幼儿生长发育迅速，要向他们提供合理的、均衡的营养。能继续母乳喂养的孩子应继续母乳喂养，母乳量约600毫升/日，最好能可持续至2岁，让孩子自然离乳。不能母乳喂养的，则最好选择幼儿配方奶粉50～80克/日（相当于350～500毫升液态奶）。从婴儿期到幼儿期，主食也开始逐渐增多。主食一般指谷类，有大米、面粉等，做好的食物总量相当于100～150克/日。主食应根据幼儿体质情况，开始很软，逐步调节，不能太硬。丰富的蔬菜、水果也是需要的。蔬菜水果的量可以150～200克/日，由少到多。蔬菜避免不容易消化的种类，可以选择新鲜的、营养价值较高的深色或绿色蔬菜，同时做到种类丰富。水果也可以适当选择，如苹果、香蕉、橘子等。蛋类、鱼虾、瘦禽畜肉也要适当考虑，瘦禽畜肉可以为25～50克/日，这些都是铁、锌、蛋白质等营养素良好的来源。

同时，由于幼儿动作发展的需要，家长应考虑适当增加幼儿的运动量，加强体育锻炼。而户外活动不失为一种好的方法，既让幼儿接触大自然，呼吸新鲜空气，又增加了运动量。家长还可以结合户外的具体情况开展亲子活动，增加趣味性，用幼儿喜欢的方式开展活动，包括爬、翻滚、走、跑、跳等动作内容，促进幼儿动作发展。在这个过程中，也增加了幼儿对事物的感官刺激，例如，幼儿了解到花的颜色、小草的形状、楼房的高度、路牌的标识等。

2.培养孩子良好的生活习惯

在生活实践中，家长应努力做好生活习惯上的榜样，具体的生活习惯包括睡眠、饮食、排便及卫生习惯等。家长要求幼儿做到的自己首先应做到，而不要认为幼儿小什么都不懂就纵容自己的不良行为。耳濡目染之下，父母的行为态度会对幼儿产生潜移默化的影响。例如，早上起床的时间、午睡和晚上睡觉的时间都应该固定，让幼儿知道到这个时间应该做的事情。在幼儿刚学吃饭的时候，可以把幼儿放在专用餐椅上观看大人吃饭，大人对吃饭的兴趣也会感染幼儿，让幼儿把吃饭当成一件有趣的事情来做。还可以让幼儿看大人晚上是怎么刷牙的，让幼

儿知道每天都应养成刷牙的好习惯，以杜绝龋齿。

3.增加亲子交流和亲子阅读的时间

在幼儿从单词句过渡到复杂句这个阶段，其语言能力在迅速发展。此时，家长每天要多与幼儿进行交流。交流的内容可以是今天你做了什么事情，有什么有趣的事情发生吗？当幼儿还不能说完整的时候，家长可以补充完整。这样，一方面可以帮助幼儿积累词汇，另一方面可以增强亲子感情。

亲子阅读无疑是促进幼儿语言发展和亲子交流最好的方式之一。首先，家长要做好准备工作。书籍的选择不需要过于专业，但要适合该年龄阶段的幼儿，让幼儿在阅读时产生阅读的欲望并发现读书的乐趣。家长需要提前阅读书籍，熟悉内容，还要考虑到阅读过程中由易到难的问题，从少量的字、词到句子。其次，家长要安排一个固定的时间进行亲子共读，每次的时间不需要太长，可以选择睡觉前，让亲子阅读成为一种良好的习惯。

4.1~3岁幼儿的语言发展规律

（1）单词句阶段

1岁至1岁半是幼儿积极理解言语的时期。这时的幼儿虽然自己主动说出的言语不多，但理解成人言语的能力迅速发展。幼儿说的话最初都只有一个词，用一个词表示一个句子的意思，这种句子常称为单词句。如幼儿说"球球"时则表示"我要皮球"，然而在不同的情况下也可表示"这是球球""球球滚开了"等。所以，单词句的阶段只是语言发展期的低级阶段，幼儿只不过是用单词对整个情境做笼统的表述。

（2）电报句阶级

1岁半以后是幼儿积极言语活动时期。幼儿从说得很少发展到说得很多，也很喜欢说。从1岁半至2岁开始出现了双词或三词组合在一起的话句，如"妈妈鞋鞋""娃娃排排（坐）"等，这种句子在表达一个意思时虽较单词句明确，但其表现形式是断续的、简略的、结构不完整的，好像成人的电报式文件，故称为电报句。

（3）简单句阶段

1岁半至2岁的幼儿在说电报句的同时开始能说出结构完整而无修饰语的简

单句。如"他觉觉了"（主谓句）、"妹妹读书"（主谓宾句）。2岁半的幼儿已开始出现一定数量的简单修饰语，如"两个娃娃玩积木""我也要升大班"。3岁左右幼儿已开始使用较复杂的修饰语，如"我玩的积木""小朋友把钢笔交给阿姨""我家住在很远很远的地方"。

（4）复杂句阶段

随着简单句的不断完善，幼儿从2岁至2岁半起开始能说出复杂句，即指由几个结构相互连结或相互包含所组成的单句。例如："小红吃完饭就看电视。""老师教我们做游戏。""两个小朋友在一起玩就好了。"3岁幼儿的话语已基本上都是简单句或复杂句了。

与此同时，自2～3岁起，幼儿语言还出现了复合句的萌芽，即指两个或两个以上的意思关联比较密切的单句合起来构成的句子。

（二）3～4岁学前儿童家庭教育的要点学

1.支持重复，锻炼儿童的专注力

3～4岁儿童经常会反复做同一件事，听同一个故事，读同一本绘本，这种现象称为"重复练习"。细心观察你会发现，儿童每次完成重复体验之后，会像完成某项重大任务一样，脸上充满了喜悦。

其实，3～4岁儿童的重复练习，正是其锻炼和学习的需要。在反复训练过程中，其各种生活能力得以完善，专注力能够得到有效的锻炼，智力也因此得到发展，并能获得成人难以想象的乐趣和满足。因此，成人对于儿童的重复练习，不应加以阻止，而应该提供有效的支持与帮助。

2.学会放权，培养儿童的自主性

3～4岁儿童越来越多地提出"我要自己来""让我自己做""我喜欢/不喜欢……"等彰显自主性的要求。儿童并不喜欢被家长或教师人为地规定，而是渴望自己做决定和选择，体现自己对世界的探索和控制。这种自由选择最能体现其心理的需要和倾向。

因此，家长不妨试着学会放权，在不涉及重要原则的事情上尊重儿童的自主意愿，听从儿童的选择，这既有利于儿童自主性和独立性的培养，也是培养他们乐观性格的一个重要方面。同时，家长也可教给儿童一些基本的规则，让儿童逐渐养成一些基本的生活习惯，如餐饮、如厕、穿脱衣服、洗脸、刷牙、背书包等。

3.赞赏为主，提升儿童的自信心

正面教育的原则已经得到大部分学前儿童家长的认可，"虎妈狼爸"模式中的某些伤害儿童自尊自信的严苛教育方法在当今文明社会是不可取的。对于3~4岁的年幼儿童，家长更应该做到多表扬，多鼓励，少苛责，少打骂。同时，家长要注意与儿童对话的语气和方式，要认真倾听和积极回应，使儿童感到被尊重，进而提升自信心。家长尤其不可当众斥责儿童"不争气""笨蛋""没出息"等话语，这对于儿童心灵的伤害是重大且难以弥补的。

三、1~4岁学前儿童家庭教育常见问题

（一）1~3岁学前儿童家庭教育常见问题

1.帮助"叛逆"儿童度过反抗期

幼儿出现叛逆的情况，家长也不必太过担心。事实上，幼儿在这个年龄只是追求自己的独立人格而已，并不像有些家长想的那样存在很强烈的逆反心理。只要父母指导得法，幼儿完全可以顺利地度过这一危险年龄段。

（1）父母要摆正自己的心态，既不要把幼儿当成是自己的私有财产，要求幼儿对自己的话言听必行，也不要把幼儿作为实现自己梦想的替身，把大人的意愿强加给幼儿，企图要幼儿按照父母安排好的生活模式生活。而应该给幼儿一定的生存空间，尊重幼儿的选择与意愿。（2）在幼儿和父母之间出现抵触情绪的时候，父母可以通过软处理、冷处理等方式，来避免矛盾的激化、化解矛盾，给对方一个反思、缓解的空间。（3）父母对幼儿应该充分尊重和信任，和幼儿建立良好的伙伴关系，建立平等和谐的家庭氛围，让幼儿乐意和父母沟通交流，把父母当成是知心的朋友，而不是认为父母跟他们之间天生就有代沟，难以理解他们，从而导致疏远。（4）父母应该给幼儿创造一个比较民主的家庭环境，有关家庭中的计划、安排、活动等都可以和幼儿商量进行，让幼儿参与讨论与决策，给幼儿发言权，听听幼儿的想法，使幼儿真正享有主人翁的地位，这样幼儿的积极性会很高，对父母的爱会更深，抵触情绪也就少了。（5）幼儿的表现欲望很强烈，非

常乐意帮父母做一些事情，他们觉得那样很光荣。所以父母对于幼儿的这种积极性应该予以支持和保护，而不要觉得幼儿做事是瞎捣乱、添麻烦。即使幼儿做得不好，或彻底做错了，也没关系。父母要跟幼儿一起分析做错的原因，幼儿是在生活中慢慢长大的。（6）父母在幼儿受到挫折，或心情不愉快、受到委屈、遭到冷遇的时候，不要再去用一些话语或行为刺激幼儿，要给予幼儿爱抚与帮助。然后选择适当的时候，耐心地帮幼儿分析原因，找出错误，鼓励并加以指导，增加幼儿的自信心，让幼儿觉得父母是最可以依靠的和信赖的（7）确定合理的、与幼儿年龄相适应的限制，并坚持下去。同时要和幼儿做好沟通，跟幼儿讲明道理，让幼儿真正地从思想上接受这些规矩限制。这样，一方面幼儿在主观意愿上不存在抵触情绪，可以自觉地遵照；另一方面也可以培养幼儿的自制力和自我控制能力，为今后的学习生活打下良好的基础。

2.缓解叛逆期亲子冲突的方法

（1）多项选择法

在亲子间发生对抗冲突的时候，家长不必急于将自己的意见坚决执行。家长可以试试这样的方式：宝宝，必须睡觉了，因为明天我们还要做很多事情。如果你现在还不想睡觉，可以选择再听一个故事或者玩十分钟，你选择哪一个？这种多项选择法在与幼儿打交道的过程中十分有效，很多幼儿即使两个方案都不是他原来想要的，但是他喜欢自己拿主意、做决定的感觉，所以能接受，并且因为方案是自己选择的，所以执行起来十分利落。

（2）约法三章法

幼儿生来就是有秩序感的，可以利用这种心理和他共同商定日常的作息时间及对某些事情的处理方式要共同商定，否则一个外在的规则会被幼儿视作异己加以排斥。一旦他参与了制定，他便会觉得这些规则很神圣，会努力遵守。家长也要认真对待共同制定的规则，在发生冲突的时候，家长可以提醒幼儿遵守规则。

（3）角色扮演法

轻松的亲子游戏能让幼儿明白应该做什么。家长可以装成一个做事拖沓又极不听话的孩子，让幼儿扮演妈妈的角色，看看他是如何来对待家长。有的幼儿会用家长常用的方式，也有的幼儿会用他心目中期望的家长对待他的方式，家长需要细心观察。通过角色扮演，亲子之间的对抗也会减少。

3.1～3 岁幼儿的视觉能力发展情况

幼儿到了 1 岁以后，便能看清物体，而且能够跟踪运动的物体，视觉能力已经达到了成人的水平。

在视觉形成的过程中，视觉方面的主要变化是形成对所看到物体的解释能力，这样幼儿才能依据自己所见到的东西，用词语、图片或是手势表达出自己的观点。换句话说，视觉就是建立起已经成熟的眼、舌、鼻、脑、手和身体其他部分的协调，所以不单纯是一个看的过程。与其他方面一样，应该刺激孩子眼睛—大脑、眼睛—身体之间的联系，使之发挥出最大的潜力，刺激包括良好的思想、良好的书籍、良好的玩具和良好的活动。

如果幼儿属于正常发育，没有必要做眼科方面的检查。但这并不等于说不注意幼儿各方面的变化，一定要注意发现幼儿是否有眼神呆滞、眼睑下垂或者斜视等现象。如果发现幼儿有看不清楚的迹象，一定要积极想办法。例如，幼儿常常撞在家具上，或者是视线跟不住球的滚动，这时一定要及时带幼儿看医生，不能抱有"会自己好起来"的想法。废弃的眼睛与废弃的肢体一样，恶化得非常快，眼睛需要经常锻炼和刺激，所以一定要保证幼儿眼睛的健康。

（二）3～4 岁学前儿童家庭教育常见问题

1.儿童异常多话，令家长难以招架

3～4 岁儿童的好奇心和求知欲迅速发展起来，而"为什么"是他们常常挂在嘴边的词汇，问题数量之多、种类之广常常令成人难以招架。因此，许多家长在坚持耐心解答了一段时间之后，往往会因儿童过于频繁、不分场合且难以回答的"为什么"而伤透脑筋，于是就出现了家长常说的"哪有那么多为什么""没有为什么"等敷衍性的回答。

针对 3~4 岁儿童常问的"为什么"，家长首先要接受儿童这一阶段的多话现象。家长尤其不要抑制儿童说话的欲望，避免"啰唆""闭嘴"等禁止性的字眼，而应对他们的话表示关切，并做出积极回应。

2.儿童任性自私，令家长倍感焦虑

3～4岁儿童经常会表现出看似任性自私的一面，令广大家长感到不满和失望。例如，看中的玩具必须要家长买回家，否则就在商店打滚哭闹；不听大人的劝告，与同伴争抢食物、玩具等。于是，许多家长对儿童表现出来的任性自私而深感失望，又相信"三岁看老"，担心儿童长大以后成为一个品行不佳的人。

其实，真正了解儿童的家长应该知道，3～4岁儿童的心理发展还没有完全脱离自我中心主义，因而难以做到理性的换位思考，难以坚持做到分享、安慰、合作等亲社会行为。因此，家长对于3～4岁儿童暂时的任性自私行为不必过分担心和焦虑，而应了解和接纳该年龄阶段儿童的这一特点，并以儿童可以接受和理解的方式向儿童讲清道理，引导儿童做出正确的行为，养成良好的品行。

3.儿童满嘴粗话，令家长尴尬不已

随着3～4岁儿童的自理能力提高和生活范围扩大，其融入托幼机构的集体生活则是顺理成章的成长阶段之一。然而伴随儿童与同伴、教师等人的日常交往，家长往往会惊讶地听到儿童口中的"粗话"，这令家长感到焦虑和难堪，甚至会极端地切断其正常的人际交往。

当3～4岁儿童口中冒出"粗话"，家长大惊小怪的反应恰恰会助长儿童讲粗话的"乐趣"。其实，这时候家长的正确做法是不必太在意，不妨告诉儿童"这句话不好听，不应该这么说"，然后教导儿童正确的说法。如果以后再听到儿童讲粗话，家长可以故意不做反应，让儿童意识到讲粗话并不好玩，自然而然就会改掉了。

第三节　4～6岁学前儿童的家庭教育

一、4～6岁学前儿童的主要特点

（一）4～5岁学前儿童的主要特点

1.有意性行为开始发展

4~5岁儿童在集体中行为的有意性增加，注意力更加集中。集中精力从事某种活动的时间也较以前延长，例如，小班集体活动时间为15分钟，中班为25分钟左右。他们能接受成人的指令，完成一些力所能及的任务。在幼儿园里，可以学当值日生，为班级的自然角浇水，帮助老师摆放桌椅等。在家里，能够收拾自己的玩具、用具，并帮助家人收拾碗筷、折叠衣服等。这些行为都表明此时儿童已出现了最初的责任感。

2.学习控制自己的情绪

4~5岁儿童的情绪较之3岁儿童更稳定，他们的行为受情绪支配的比例在逐渐下降，开始学着控制自己的情绪。在商场，当他们看到喜爱的玩具，已不像2~3岁时那样吵着要买，能听从成人的要求，并用语言自慰："家里已有许多玩具了，我不买了。"在幼儿园里，同伴间发生争执时，有时也能控制自己的情绪和行为。当然，他们并非对所有的事都能调节好，对特别感兴趣的事物仍然受情绪支配，甚至还会出现情绪"失控"现象，遇到不顺心时仍会大发脾气。

3.规则意识萌芽，道德感初步发展

在集体生活中，4~5岁儿童不仅开始表现出自信，而且规则意识萌芽，懂得要排队洗手、依次玩玩具等。当他们与人相处时，表现得有礼貌了，会主动说"谢谢""对不起"等，此时儿童的道德感开始初步发展，是非观念仍很模糊，只知道受表扬的是好事，受指责的是坏事，懂得喜欢受表扬，听到批评会不高兴或

感到很难为情。

4.社会性交往能力提升

4～5岁的儿童喜欢和同伴一起玩，在活动中他们逐渐学会了交往，会与同伴共同分享快乐，还获得了领导同伴和服从同伴的经验。此时他们开始有了嫉妒心，能感受到强烈的愤怒与挫折。有时，他们还喜欢炫耀自己所拥有的东西。当然，在集体活动中他们也了解和学会与人交往及合作的方式。

5.动作发展更加完善，体力明显增强

4～5岁儿童精力充沛，他们的身体开始结实，体力较佳，可以步行一定的路程。基本动作更为灵活，不但可以自如地跑、跳、攀登，而且可以单足站立，会抛接球，能骑小车等，手指动作比较灵巧，可以熟练地穿脱衣服、扣纽扣、拉拉链、系鞋带，也会折纸、穿珠、拼插积木等精细动作。动作质量明显提高，既能灵活操作，又能坚持较长时间。

6.活泼好动、积极动用感官

随着身心的发展，儿童对周围的生活更熟悉了，他们总是不停地看、听、摸、动，见到了新奇的东西，总爱伸手去拿、去摸，还会放在嘴里咬咬、尝尝，或者放在耳边听听、凑到鼻子前闻闻。他们会积极地运用感官去探索、了解新鲜事物，还常常喜欢寻根刨底，不但要知道"是什么"，而且还要探究"为什么"，例如，鸟为什么会飞、洗衣机为什么会转动等。

（二）5～6岁学前儿童的主要特点

1.身体和动作发展

儿童5岁时脑重量约为成人的75%，6岁时约为成人的90%。这一阶段，脑的结构已相当成熟，皮质兴奋和抑制过程进一步加强，但仍不够平衡，总体上兴奋强于抑制。动作的灵活性增强，能较熟练地做大肌肉运动，如单脚跳、多种方法玩球、玩绳等。平衡能力提高，能攀爬、滑行等。精细动作机能得到较大提高，能较自如地控制手腕和手指，灵活地使用一些工具，如剪刀、锤子等；能用泥捏出造型的精细部分。

2.认知能力提高

5~6岁的儿童无意注意进一步发展，对感兴趣的活动能集中较长的时间。这一时期有意注意有了一定的稳定性和自觉性，注意力集中时间能延长到20分钟左右，有了初步的任务意识。观察的目的性有所提高，能主动观察周围感兴趣的事物，如芽和树的变化、蚕和蝌蚪的变化等，并能掌握一些观察方法。记忆的有意性有了明显的发展，能主动记忆所学的内容或成人布置的任务。抽象逻辑思维开始萌芽，能根据事物的本质属性进行初步的概括、分类，能分析理解事物间的相对关系。求知欲和探索欲强，常常会提出"这是什么""为什么""怎么做"等问题，能使用一些材料和工具进行操作、做科学实验等，渴望寻求科学的答案。喜欢动脑筋和富有创造性的活动，如猜谜等。

3.语言发展

5~6岁学前儿童能条厘清楚地独立讲述所看到和听到的事情和故事，随着言语的发展，形象和词语的相互关系也逐渐发生变化，词语使用能力加强。能发清楚全部语音，语言连贯性增强，逐步摆脱表象、形象的束缚，开始成为思维的工具。内部言语逐渐在自言自语的基础上形成，言语对行为的调节功能逐步发展起来。词汇量迅速增加，言语表达能力明显提高，能较清楚、连续甚至有表情地描述事物，讲得生动、形象。能较好地用语言与同伴、成人进行沟通交流，能自信地表达个人的观点和主张。开始对文字符号产生兴趣，会创造自己想象的文字，能较独立地、专业地看图书，理解能力不断增强。

4.社会性发展

这一阶段的儿童自我评价能力初步发展，当别人的评价与自己的感觉不相符时，会表示反对和进行争辩。多数幼儿有相对稳定的爱好和朋友。自我控制能力增强，初步能控制自己的外部表现，规则意识增强，逐步能遵守集体制定的行为规则。合作意识增强，初步能控制自己的外部表现，能与小组或几个同伴共同玩游戏和完成某些任务。自律意识增强，在劳动中表现出一定的责任感和坚持性。

5.艺术表现欲望增强

5~6岁学前儿童的艺术表现欲望增强，喜欢用多种方式表达自己的认识和情感。音乐感知和表现能力增强，能通过自己的想象，感受和表现几种不同风格的音乐或舞蹈，具有一定的创造能力。能用多种材料和使用辅助工具等进行美术创造，能欣赏不同风格的美术作品。

6.自我评价能力逐步发展

5岁以后，儿童的个性特征有了较明显的表现，其中最突出的是儿童自我意识的发展。这一时期，儿童自我意识的发展主要体现在自我评价的能力上。儿童的自我评价从依从性评价向独立性评价发展，他们不再轻信成人的评价，当成人的评价与儿童的自我评价不一致时，他们会提出申辩。同时，儿童的自我评价开始从个别性评价向多面性评价发展。例如，大班儿童在评价自己时会说："我会唱歌跳舞，但画画不行。"

7.情感的稳定性和有意性增长

5~6岁儿童的情感虽然仍会因外界事物的影响而发生变化，但他们情感的稳定性开始增强。儿童开始能够有意识地控制自己情感的外部表现，如摔痛了能忍着不哭。此时，由社会需要而产生的情感也开始发展，如当自己的表现或作品被忽视时会感到不安，而当让他们照顾比自己小的孩子时会表现得很尽职。

8.自理能力和劳动能力明显提高

这一阶段的儿童在生活自理方面较前更独立了，他们能选择喜欢的、适合自己的衣服，能用筷子吃饭、夹菜，也能在不影响别人的情况下安静地入睡。

学前后期的儿童已能将劳动与游戏分开，对劳动持认真态度，关心劳动结果，也能初步理解一些劳动的社会意义。他们喜欢参与成人的劳动，在家里会扫地、擦桌子、整理自己的用品；在幼儿园里能做一些力所能及的种植、喂养、值日生劳动等，在劳动中表现出一定的责任感。

9.合作意识逐渐增强

在相互交往中，该年龄段的儿童开始有了合作意识。他们会选择自己喜欢的玩伴，也能与三五个小朋友一起开展合作性游戏。他们逐渐明白公平的原则和需要服从集体约定的规则，也能向其他伙伴介绍、解释游戏规则。例如，在小舞台表演游戏中几个小朋友能一起分配角色、道具，能以语言、动作等进行表现，并有一定的合作水平。

10.规则意识逐步形成

大班儿童的规则意识逐步形成，他们开始学习控制自己的行为，遵守集体的
一些共同规则，例如，明白游戏结束了要把玩具整理好放回原处，上课发言要举
手等。大班后期的儿童特别喜欢有规则的游戏，像体育游戏、棋类游戏等。对在
活动中违背规则的行为，儿童常常会"群起而攻之"。但这一时期的儿童对于规
则的认识还没有达到自律的水平。规则对儿童来说还是外在的，因此，儿童在规
则的实践方面还会表现出自我中心的行为。

二、4～6岁学前儿童家庭教育的要点

（一）4～5岁学前儿童家庭教育的要点

1.关注学前儿童心理健康，促进儿童身心和谐

世界卫生组织把"健康"定义为：不但没有身体的缺陷和疾病，还要有完整
的生理、心理状态和社会适应能力。幼儿园必须切实做好幼儿生理和心理的卫生
工作。作为家长更应继续关注孩子的身体健康和心理健康。

相对于3岁的幼儿，4～5岁的幼儿其身体和心理等机能得到快速的发展，他
们对外部世界充满好奇，喜欢探索，喜欢求知。随着他们活动能力的增强，往往
过高地估计自己的力量，似乎不知道什么是累，兴奋暂时掩盖了疲劳。此外，很
多幼儿由于营养不良，挑食、偏食等，容易出现很多疾病，这需要家长引起重视。

另外，家长在关注儿童身体健康的同时，更应重视儿童的心理健康。调查
研究发现，4～5岁儿童主要的心理障碍有行为冲动，动作过多、过度，忧虑、
不乐、嫉妒、独自一人不愿参加集体活动、侵犯、霸占，厌食、偏食、挑食、呕
吐四类。由此可以看出，加强儿童心理健康教育已是迫在眉睫之事，只有及早发
现，及早干预，才能促进儿童健康成长。

2.正确对待学前儿童提问，保护好奇心

我国著名教育家陶行知先生提出的"六大解放"中包括"解放儿童的嘴，使其
能说"。他指出，儿童有问题要允许他们问，从问题的解答中，可以增进他们的

知识，发展其思维、理解能力。

好奇是儿童的天性，儿童好奇好问说明其善于思考、善于发现问题。儿童从1岁半起就进入第一个好问期，喜欢提问一个个"是什么"的问题；3岁以后进入第二个好问期，这时的提问往往以"为什么"为主；4~5岁正处于好奇、好问的关键年龄，提出的问题不仅多，而且问题的内容涉及面广，很多问题使成人也难以回答。作为家长应该正确对待幼儿提问，保护幼儿好奇心。

3.发展学前儿童的思维能力，培养创造型人才

儿童的思维以具体形象思维为主。4~5岁的儿童能根据事物的表面现象来思考，而不能根据事物的本质特点或事物的内在联系来思考。所以家长应向他们提供大量具体、生动的感性材料，在此基础上发展他们的思维能力。家长可通过组织各种活动，有计划地丰富儿童的感性经验。家长可以利用节假日出行的机会，引导儿童有目的地观察和认识周围的环境，可经常向儿童提出如"水的用途有哪些""什么东西是圆的"等这类问题。同时，儿童喜欢做游戏，通过各种游戏来发展儿童的思维，往往能收到事半功倍的效果。比如"变一变""情境设疑""看图改错""火柴游戏""走迷宫""数字游戏""问题抢答"等，长此以往，能使幼儿思路开阔，思维活跃。

（二）5~6岁学前儿童家庭教育的要点

1.培养良好的责任意识

5~6岁学前儿童面临幼小衔接的问题，所以为了帮助幼儿更好地适应小学生活，家长需要注重培养孩子良好的责任感。

责任感是人们对自己的言行带来的社会价值进行自我判断后产生的情感体验。要培养儿童的责任感，必须让他们养成对自己的行为结果负责的习惯。当要学前儿童记住做某事时，与其成人经常提醒，还不如让学前儿童自己记下要做的事情，这样儿童也慢慢地学会了对自己的行为负责。儿童只有学会了对自己的行为负责，才能逐步地发展为对家庭、对他人、对集体、对社会负责。

2.促进解决问题能力的发展

挫折和困难是儿童在成长过程中经常遇到的事情。现在的儿童大多处于

"4+2+1"家庭中，是家庭中的"熊猫宝宝"，时刻受到成人无微不至的关心，因此心理十分脆弱，抗挫折能力比较差。失败和挫折会给儿童带来一定程度的负面情绪影响，因为每个孩子都在保护下长大，在赞扬声中长大，特别渴望体验成功的感觉，失败和困难常常让孩子怀疑自己的能力，也不愿意再去尝试。特别是当别的同伴都会，而自己不会时，儿童更容易滋长不自信的心理。

家长更应该在日常生活中引导孩子培养解决问题的能力，鼓励孩子经过自己的努力克服困难和挫折，完成任务。家长可以利用日常生活中的一切机会对孩子进行引导，让孩子明白失败不可怕，面对失败时更重要的是分析失败的原因，如何在失败中总结经验。例如，孩子拼七巧板时总是拼不好，家长可以给孩子"改变一下摆放的方向试试，看看图纸上是如何摆放的"等建议，帮助孩子分析错误的原因，鼓励孩子做些其他尝试。当孩子摔跤了，鼓励孩子自己站起来，并告诉他下次走路要小心，要看看前方有没有石头之类的东西。这都让孩子学会自己承担责任，知道自己摔跤是因为不小心，没有看路，这样会增加孩子的成功体验。

3.培养学习和生活的适应能力

培养这个年龄阶段孩子的学习适应能力，并不是让孩子小学化，学习文化知识，如背唐诗宋词，学算术，而是要从培养孩子的能力入手，培养孩子心理活动的有意性和稳定性，增强其责任感。例如，让他们独立完成一些小任务，专心看完一本书等。具体来讲，一是培养孩子良好的口语表达能力和听的习惯，家长可以在日常生活中通过各种活动来培养孩子口语表达和专心听话的能力，如打电话、说反话等游戏；二是提供增强孩子小肌肉协调的训练，培养正确的握笔姿势，如涂色活动、手工活动等；三是培养孩子阅读的好习惯，每天形成阅读图书的好习惯，家长每天安排亲子共读时间。

孩子入学后的生活与幼儿园的最大区别之一就是要求孩子有相应的独立意识和生活能力。小学的学校环境和老师都和幼儿园有着很大的差别，小学老师不再会像幼儿园老师那样细致地照顾孩子的生活。很多孩子在入小学阶段不能适应的原因也在于此。因此，家长要提早做好准备，孩子自己可以完成的生活琐事尽量自己完成。例如，收拾自己的书包，整理自己的书籍，用完的餐具要放在固定的地方，自己的手绢、袜子要能自己清洗等。

三、4～6岁学前儿童家庭教育常见问题

（一）4～5岁学前儿童家庭教育常见问题

如果有人问：儿童最吸引人的阶段是什么时候？专家一定毫不犹豫地说：4岁。但是对一般的大人而言，这个年龄是最令他们头痛的。4岁的儿童精力旺盛、话多，同时也有大方、自夸且喜欢吹牛的一些特点。这个阶段的儿童，家庭教育必须留意下列几点：

1.多话现象

父母要接受儿童这一阶段的多话现象。语言的发展必须经过"听与说"的阶段才能完成，所以成人应为儿童确立正确的说话典范，同时也要当儿童忠实的听众。尤其是不要抑制儿童说话的欲望，父母对他们的话要表示关切，多制造些愉快气氛，"啰唆""闭嘴"等禁止儿童说话的态度是最不应该的。如果家中有客人，大人担心他们会影响谈话时，可先告诉儿童：等一下再听你说好不好？让儿童养成等待的习惯。以上的说法并非要父母随时陪在儿童身旁，只要每天抽出三四十分钟耐心地陪伴就够了，其余的时间家长可以一面工作一面应和说：原来是这样呀！并注视着他的眼睛，让他知道你对他的话是有反应的。这虽然只是非常简单的反应，但已令儿童相当满足了。

此外，在母亲为晚餐忙碌时，由父亲代为陪伴孩子也是个好方法，这时候父亲不妨把外界有趣的见闻告诉孩子，更能满足孩子的好奇心以增进亲子间的情感。

2.怕生心理

即使话多的4岁儿童，在外面也不像在家里那么健谈。尤其是面对陌生环境时，这种现象就更加明显，这时候家人也许马上急躁地说：在家不是讲得很好吗？现在怎么搞的？

这种现象，与其说是儿童本身存在的语言问题，不如说是社会性的问题。只要让他们习惯不同的人和环境，自然就可以慢慢克服这种障碍了。

3.粗话行为

4岁的儿童和同伴的社交生活一旦顺利进行，粗话或令人不能接受的字眼就

会经常脱口而出，这时候成人不要太在意。若因他们说粗话而干涉他们的社会化交往，反而等于禁止了他们的生活。

总之，儿童是不断在学习新词汇的，只要家长使用正确的语言引导方法，粗话的新鲜感很容易就消失了，家长不用太在意。

作为家长还要注重和教师保持密切的沟通和配合。当儿童在园的行为有偏差时，家长要第一时间向教师了解事情的来龙去脉，不要采取无所谓的态度。同时要注意和教师保持态度的一致性，不要让儿童无所适从；当家长和教师的态度不一致时，儿童容易产生两面派的想法，甚至对教师的管理有逆反情绪。另外，家长在与儿童沟通时要注意方式方法，不要太过于强硬。当儿童一时想不通，家长不要"强按着牛头喝水"，可以拖一拖，给儿童一段时间思考，进行妥善处理，帮助儿童分析犯错误的原因和危害，教育儿童正确理解老师的批评，并改正错误。

（二）5～6岁学前儿童家庭教育常见问题

目前，"不能输在起跑线上"的教育观念使得很多家长在儿童上大班的时候，会给儿童报名参加各种学前培训班，学习识字、写字，那么儿童在幼儿园时期，是否应该学习写字呢？

学习写字是有个过程的，应该说绘画是孩子学习写字的基础。3岁以下的孩子，是以涂鸦代表写字的；3~4岁的孩子，能尝试以点或线写文字或数字；4~5岁的孩子，进入了直线曲线期，能尝试模仿写自己的名字；5岁以后，孩子已能尝试模仿写简单的字，并乐于学写自己的名字。

这个过程清楚地告诉我们，儿童学写字是要有条件的。

1.认识能力的发展

辨别异同是写字的重要条件之一。找出2张图片或2个物体之间相同与不同的部分，这一类游戏都是很有价值的。父母可以由简到繁地训练孩子辨别异同的能力，将来在认字与写字时，孩子就能精确地区别出字与字之间的细微差异，如田和由、太和大等。

2.大小肌肉发育是否成熟

写字需要控制好手指、手腕肌肉的运动和力量，还需要一些大肌肉的协调。此外，坐姿是否端正也会影响写字的耐力与能力。

3.空间概念的发展

空间概念是指了解上下、左右、前后等相关位置。只有当孩子的空间概念发展到一定程度，才能把字写得端正、比例正确、结构完整。

除了上述三个条件外，记忆力、理解力与注意力的发展对儿童学习写字也很重要。孩子刚开始提笔写字时，家长要注意孩子握笔和写字的姿势，要让他们了解各种基本的笔画，按正确的笔顺书写。家长一定要有耐心，多鼓励孩子，不要一开始就对孩子要求过高。

写字是一种知觉动作的学习，时机适当而不教，会错失良机；太早教会给幼儿过早地造成学习的压力，对视力的影响也非常大。幼儿园大班的儿童最多只训练一些极简单的字形，而不适合学习写字。

当然，在幼儿园大班下学期，儿童需要有一些写字方面的准备活动，以免入学后不知所措。可以让儿童练习"画"字，在比较大的空间内学画不同的字，等画得不错了，再逐渐教他在较小的空间里用较细的笔写字。

第五章 不同类型与特殊儿童家庭教育

第一节 不同类型家庭儿童的家庭教育

一、独生子女家庭儿童的家庭教育

家庭发展发生的诸多变化同时也为家长们的家庭教育提出了新的挑战，如何针对不同类型家庭的儿童进行教育才能促进儿童最大限度的发展，怎样应对独生子女的任性，怎样减少父母的离异、家庭的重组带给儿童的伤害，怎样给留守儿童感受到爱和关怀，都是每一个教育者和家长值得深思的问题。

20 世纪 70 年代末，我国为了控制人口的过快增长，在家庭人口生育方面制定了一项具有深远影响的政策，即计划生育政策。该政策要求汉族城市居民无论生的是男孩还是女孩，都只能生育一个孩子。计划生育政策使城镇汉族居民家庭中普遍出现了只有一个孩子的情况，"独生子女"一词进入了我们的视野。独生子女是指那些终生无兄弟姐妹、其父母只生育了一个的孩子。如果出现老二的出生时间与老大的出生时间间隔较长的现象，家庭或许在短期内只有一个孩子，但只要家长早已准备生育第二个孩子，那么这样的家庭也不是独生子女家庭。

（一）独生子女家庭儿童的特点

随着独生子女数量在全世界范围内的增长，独生子女不再被当成特殊问题儿童对待，对独生子女特点的研究结论基本形成了两派主要观点：一派观点是多数研究发现独生子女问题较多，许多方面不如非独生子女，如独生子女挑剔、不尊敬长辈、不爱惜东西、爱发脾气、自理能力差等。另一派观点认为独生子女有其特殊的优势，如在灵活性、独立性、求知欲上优势明显，总体说来，独生子女具有以下的特点。

1.身体状况较好

通过各省市的儿童身体发展统计数据，可以发现独生子女在身体发展上比较明显的特点是身高体重高于平均数值。上海市对 2~6 岁 1200 名独生幼儿的调查发现，独生子女的身高、体重的平均数均高于标准数值，而且每个年龄组都有一定数量的独生子女超过标准体重的高限值，过于肥胖。安徽省教育科学研究院对 3~15 岁 1000 名独生子女的研究发现，独生子女的体格发育略高于非独生子女，其中，身高增长尤为明显。4~7 岁组、10~11 岁组男童与女童身高平均值均高于标准值。

2.智力发展较好

德国一位儿童心理学家指出：儿童的智力发展，与家长如何对每个孩子分配"智力激励"相关。独生子女独享其父母的"智力激励"，并且父母有时间投入更多的物质和精力去开发幼儿的智力，因而他们的知识面较广，智力发展较好。据研究表明，"独二代"与非"独二代"幼儿的智能特征上存在差异，"独二代"幼儿的记忆力、观察力、思考力都高于非"独二代"幼儿。

3.意志品质较差

研究表明，独生子女的自觉纪律、自制力、坚持性、勇敢等意志品质在幼儿期与学龄期表现较差，经过教育，到了中学逐步有所改变。美国的英瑞·卡布尔门（Yingrui Cableman）教授对独生子女的意志品质作过分析认为：独生子女的父母太过于把注意力集中在子女身上，增强了子女的依赖性，使子女没有独立实践的机会，越来越多地依赖父母去获得新的经验，依赖父母的保护去抵御危险；子女被父母暗示着进行选择，在父母的同意下做出对事物的决定。显然，生活在家长"羽翼"保护下的独生子女，很难形成良好的意志品质。

4.存在较多性格弱点

从现实生活看，独生子女确实存在许多性格弱点。独生子女在现实生活中总会带给他人任性、自私、只顾自己的性格特点。有研究表明"独二代"幼儿与非

"独二代"幼儿相比坚持性低，好攻击、反抗，爱敏感、焦虑，愧疚感和同情感稍有欠缺。在友好行为的表现上，非独生子女明显地优于独生子女。

独生子女性格特点是在家长特殊心态的教育下形成的。随着学校和社会多方面的教育影响，独生子女的性格特点将有所变化。独生子女对社会、对集体、对他人的态度具有某些好的、应予肯定的心理特点，如爱交际、热情、同情、诚实等。而且，这些特征随年龄增长而有所发展。如幼儿期一些否定性心理品质多于良好品质的儿童，进入小学会发生变化，较好的优点远远超过缺点。

总之，独生子女与非独生子女的心理特征并无本质区别的特异性，独生子女某些突出的心理特点和行为表现，可以从各自不同的社会文化背景、家庭环境、家长的教育观念及教育方式方法等方面找到答案。因此，重视家庭教育的正确方法是独生子女健康成长的重要条件。

（二）独生子女家庭教育的特点

随着经济的发展对人才素质提出更高的要求和整个社会对学前教育的重视，现今的独生子女的家庭对学前儿童的教育关注度很高，竭尽全力地使用一切可能的教育资源对儿童进行教育，使其家庭教育呈现了明显的特点。

1.儿童享有家庭集中的教育资源

独生子女家庭只有一个子女，家庭中所有的资源可以集中在一个儿童身上使用。父母将工作以外的大部分时间和精力都放在一个儿童的教育问题上，有强烈的意识和愿望为儿童选择优质的教育平台和甄选更好的教育资源。

父母能够并且愿意付出更多的金钱使儿童上更好的幼儿园，享受更好更优质的学前教育。父母还积极地为儿童进行智力投资和兴趣拓展活动，会购买足够的，甚至过多的玩具、绘本等，并乐于让儿童参加兴趣班和特长班，培养儿童兴趣，提升儿童的能力。

2.承载着父母强烈的成才期望

现在社会是一个竞争激烈的社会，紧张竞争气氛甚至延伸到了学前期，这些年屡次出现了学前期的家长怀着"不要输在起跑线上"的教育理念对幼儿进行压迫式教育的案例，无一不折射出家长们对孩子强烈的成才期待。在这样一种大的氛围下，独生子女在享受家庭集中的家庭教育资源的同时，也承载着父母强烈的成才希望。

3.承受着矛盾的教养方式

因为学前期独生子女生存发展依赖父母的养育和对于父母的唯一性，会导致父母极度的珍爱和保护，这也催生了矛盾的教养方式：一是放任自流的方式。娇生惯养，对于物质需求方面，要什么给什么，形成了自我中心、脾气大、娇气、挑吃挑穿、懒散、自理能力差等特点。二是限制过多过严。父母从幼儿的安全着想，剥夺了儿童活动的自由，限制幼儿的户外活动，不许跑跳，不许攀登，不许同其他小伙伴一起玩。这些过多的限制、干涉和保护，压制了儿童的自然发展，扼杀了儿童的好奇、好动、积极主动、勇敢等特点，形成胆小、懦弱、呆滞、孤僻、爱发脾气、无理取闹、情绪低沉、身体欠佳等一系列的独特表现，和同龄儿童的共同心理特征比较，出现显著的差异。

（三）独生子女家庭的儿童教育策略

学前期的家庭教育对幼儿成长起到了关键作用，独生家庭以其在我国庞大的数量使独生子女的家庭教育问题变成了影响我国千万家庭幸福、幼儿成长的有价值的研究问题，而采取的教育策略是独生子女的家庭教育需要思考和改进的核心问题。

1.弱化独生子女的中心性

独生子女不是问题儿童，也不是特殊儿童，这一观点已经得到了共识。而独生子女表现出来不同于同龄幼儿的任性、怕吃苦、以自己为中心的特点，都是独生子女父母的家庭教育造成的。家人倾向于将幼儿放到家庭的中心地位，给予幼儿充足的爱甚至是过度的溺爱，导致了幼儿自我认识上的偏差。他们认为自己一切需求必须得以满足是必然的，不能够从别人的角度去思考问题，去自我中心化困难。所以，独生子女家庭的父母更应该理性地对待幼儿，将幼儿放在适当的位置上，弱化幼儿的中心性，不要将孩子完全放在家庭的中心地位，让幼儿轻而易举地满足一切物质需求，更不用时刻小心翼翼地保护幼儿。让幼儿独自面对挫折，有利于其人格的完善。

2.提供与同伴交往的机会和环境

同伴交往对于幼儿社会性的发展和个性的塑造起着重要作用,同伴交往对于缺少兄弟姐妹的独生子女来说,就显得更为重要。据研究表明,同伴交往能够弥补独生子女因缺少兄弟姐妹影响而存在的缺陷。同伴间最自然有效的交流方式就是符合幼儿天性的游戏和活动,年龄相近或相仿的幼儿,认知水平、情感态度发展比较相近,能够互相吸引并有相同的爱好,一起游戏和活动成为一种自然而然的事情。幼儿可以在活动中通过频繁的交流丰富自身的经验体验,在共同解决问题或冲突的过程中理解他人,这也是推进去自我中心化的过程。家长应该创造机会让独生子女产生同伴交往,独生子女的同龄的亲戚、邻居、同学都是可选择的好玩伴。同时,提供丰富的游戏材料和不干涉的环境也有利于其交往和活动。

3.给予自由探索的权利

独生子女的家庭教育有着许多先天的优势,能够集中教育资源对独生子女进行教育,提供给独生子女较好的教育平台和成长捷径,但相应地独生子女家长经常犯的错误就是剥夺幼儿自由探索的权利。幼儿是天生的探索者、发明家,在接触世界过程中,尝试操作、犯错改正,自由探索是幼儿应有的权利。所以家长要给予独生子女应有的自由活动的权利,家长应该允许幼儿做自己想做的事情,让他们多动手操作,多实践,并且家长要给予他犯错误的机会,不要说出答案,允许幼儿犯错和探索。

总之,独生子女的家庭教育相对于非独生子女家庭来说,有其明显的优势,同时也存在着教育困难。但只要家长多思考,用适合独生子女的教育方法和策略,就能最大限度地促进独生子女的发展。

二、多子女家庭儿童的家庭教育

多子女家庭与独生子女家庭相对应,是指一对夫妇拥有两个及两个以上的孩子的家庭。这样的家庭可能是主干家庭,也可能是核心家庭或者扩大的家庭。多子女家庭的儿童的家庭教育问题这几年并不太受重视,也主要是由于我国计划生育的政策和独生子女过多的现象,但随着我国相关政策的逐步放开,我国会出现一批多子女家庭,所以多子女家庭儿童的教育具有研究价值和讨论的必要。

（一）多子女家庭儿童的特点

1.社会性发展较好

多子女家庭中父母不是幼儿互动、交往的唯一对象，幼儿还可以和同辈进行互动。

幼儿在家庭中的社会性行为也不仅仅指向家长，更多地会平行地指向自己的同胞兄弟姊妹。在多子女家庭中，幼儿和同辈的交往频繁，幼儿和兄弟姐妹一起经历的生活事件，甚至是冲突和解，都能促进其理解别人的能力，有利于幼儿的去自我中心化。幼儿与兄弟姐妹相处的经验能够促进其社会性品质的发展，在这个关系中幼儿发展出协商、合作、竞争、相互支持以及同伴交往的品质，这些良好的品质会影响到后来的学习和工作生涯。

2.倾向于形成良好的品质

多子女家庭中的子女更易形成关爱和责任的品质。在独生子女的家庭中，父母作为强势者总是在照顾幼儿，而不需要幼儿照顾，幼儿没有太多照顾、体贴别人的经验。而在多子女家庭中，有了兄弟姐妹，幼儿有了照顾弟弟妹妹的意识，担负照顾他人、成为姐姐哥哥的责任，有益于幼儿形成关爱他人和富有责任感的品质。

多子女家庭的幼儿宜形成节俭、珍惜的品质。多子女家庭父母分配给每个子女的资源相对就会减少，幼儿得到食物、衣服和玩具时就会更珍惜。一些家庭在实际生活中，生活资源也不易被浪费。尤其幼儿在小时候成长很快，一些衣物、用具、玩具在多个子女间使用，节约了资源，提高了使用率。老大用了老二可用，在实际生活中培养幼儿懂得节俭和珍惜会比理论上的教育更深刻，更容易教会幼儿怀有一颗感恩的心，懂得珍惜身边的人、事物、资源。

3.容易形成互相比较的心理

多子女家庭为幼儿提供了同辈的交往者和关爱者，但同时也为家长和幼儿提供了一个直观的成长参考系。拥有多个子女的家长会自觉或不自觉地将子女的各个方面进行对比，并且把对比的结果冠以促进落后幼儿发展的目的堂而皇之地表达出来，容易让幼儿形成比较的心理。幼儿在比较的心理之下不仅比较着自己和兄弟姐妹的行为表现的种种差异，而且还会比较父母对他们的物质投入、态度和关爱的差别，甚至还会比较亲戚、他人对待他们的态度和评价。这种比较的心理会促使幼儿间的互相学习，发挥榜样的作用，但也容易让幼儿只在意父母对待不同子女的差别，造成负面的心理影响。

（二）多子女家庭教育的特点

1.教育资源分散不均

多子女家庭和独生子女家庭相比，教育资源的分配相对分散。父母需要将物质资源在多子女间进行分配，导致分配在每个幼儿身上的物质和金钱相对减少；同时，父母对于每个幼儿的注意力和关爱，在幼儿身上所花的时间也需要进行分配。父母在多子女间的教育资源的分配通常也是不均等的，会根据幼儿出生的次序、性别和身体心理状况而有所倾向。比如，在农村的多子女家庭，男孩要比女孩得到父母更多的物质投入和精神关怀，而这种做法对于多子女家庭中的女孩来说极易造成不好的影响。

2.容易产生关爱之争

在多子女家庭中，幼儿渴求父母的关爱与父母的关爱不能只集中在一个孩子身上是必然存在的矛盾，而幼儿由于其年龄发展的限制并不能理解和接受这种必然性，就会出现"争宠"的现象。争宠现象在两个孩子年龄相差不大的多子女家庭中，最容易出现，他们较为注重自己所受到的待遇是否公正，反感父母的偏心，极端的会出现孩子为了争宠而出现恶性竞争的状况。

3.子女间互相潜移默化的影响

多子女家庭中有兄弟姐妹，有其他年龄近似的人可以互相参照，有利于幼儿形成正确的幼儿身份认同和完整的幼儿角色。同辈幼儿还可互相学习和换位思考。幼儿更愿意与自己同年龄的人交流，许多观念知识来自于同伴而不是父母。如果有兄弟姐妹，那么在大多数情况下，孩子可以和自己的兄弟姐妹交流并得到信息，相互安慰或者劝说也会更有效。在父母的教育不恰当或者顾及不到的地方，孩子可以通过相互学习而成长。

（三）多子女家庭的儿童教育策略

1.引导子女间建立和谐的关系

多子女家庭与独生子女家庭相比，面临着更复杂的家庭关系，除了亲子关系，还面临着多子女之间的关系。在多子女家庭，子女之间的关系是否和谐才是家庭关系是否健康的关键，而多子女之间的关系很大程度取决于家长怎样去引导多子女形成和谐的关系。当第二个孩子来临的时候，家长也应关注第一个孩子的心理变化，注意给予关心和爱，不要让第一个孩子因缺少关爱而把新生的孩子当作抢夺自己关爱的"敌对者"。家长还应采取各种方法让多子女之间建立爱和依恋，如让他们之间互相照顾，培养共同的兴趣，共同面对解决生活问题等。

2.尊重幼儿的个性化

多子女家庭的家长往往比独生子女家庭的家长更具有育儿经验，积累了以往的育儿经验去面对下一个孩子的教育问题是非常便利的，但也容易让家长惯性地以固定的眼光和方法看待孩子，不能接受幼儿出现的新问题，扼杀了幼儿成长的个性空间。家长应尊重幼儿的个性化，倾听每个孩子独特的想法，让每个幼儿都能自由地表达自己；家长应尊重幼儿的个性化，允许多子女幼儿有各异的表现；并且家长应该摒弃比较的心理，为幼儿提供空间和条件让其按照自己的成长轨迹去成长。

3.进入幼儿的内心世界

在日常生活中，所有的孩子都渴望父母的关注和关爱，并容易形成情感竞争的局面，处理不好容易影响兄弟姊妹以及和父母亲之间的关系。但这不意味着家长在抚养孩子的过程中要绝对地公平公正，因为这样做不仅没有必要，而且事实上又很难做到。真正重要的是，父母应该进入幼儿的内心世界，一定要具备洞察每个孩子内心需求的能力，知道每个孩子内心的需求是什么，并尽力满足和引导。只要他们坚持将孩子视为独立的完整的个体，视为都需要父母真正意义上的爱和重视，才能在日常生活中游刃有余地处理好他们兄弟姐妹之间的关系。

三、离异家庭儿童的家庭教育

离婚率大大增加的同时，拥有7岁以内幼儿的夫妻离婚率也同比增加，导致离婚家庭的学前儿童成为一个较大的群体。离异家庭是因夫妻离婚而形成的不完整的家庭，除离异家庭外，还有父母一方亡故或双亡的缺损家庭，以及夫妻虽然没有离婚，但是长时间不在一起生活的留守女方（男方）家庭，以及父母因为工作关系，家庭中长期缺少夫妻一方的家庭，这些只有一方教养幼儿的家庭实际上都对儿童的家庭教育带来了与离异家庭相似的影响，在此归于一类问题讨论。

（一）离异家庭儿童的特点

父母的离异会给儿童的生活带来很大的变化和影响，而这种变化和影响大部分都是负面的，在这种负面影响下，儿童身心会受到了很大的伤害从而呈现一些特点。例如与完整家庭的儿童相比，他们会出现强迫、焦虑、敌对、孤独、冲动等心理健康问题和行为问题，甚至有着更高的犯罪率和自杀意念。一般来讲，离异家庭儿童的心理和行为具有以下主要特征。

1.易产生消极情绪

离异家庭的父母由于经历了家庭破裂的过程，会有处于消极的情绪情感状态之中。由于学前儿童的情绪极易受外界的影响，父母的消极情绪会潜移默化地影响幼儿，使幼儿易产生消极情绪。

2.有性格缺陷

儿童心理学的研究表明，人的性格在学前期形成。在性格塑造上，父母是幼儿的第一任教师，幼儿性格的形成需要父母积极的关注和良好的心理氛围。离异家庭父母的积极关注较少，负面情绪情感较多，从而影响了幼儿正常的性格形成。一项以昆明市中班离异和非离异家庭幼儿为调查对象的研究显示，离异家庭在气质上的反应强度、适应度、趋避性、规律性维度上存在着显著的差异。

另外由于家庭的离异，只有父母一方跟孩子生活在一起，缺少了另一方正常的性格影响，会在性格发展上表现出与完整家庭的不同之处，并且学前期就家庭离异的幼儿，其受到的影响持续性更长。通过对父亲缺失家庭和完整家庭的研究对比发现，父亲缺失的男孩比完整家庭的男孩在性别角色定位上缺少男子气，如果父亲缺失发生在儿童 4 岁以前，其对儿童性别定位发展的延缓作用要大大强于 4 岁以后。

3.问题行为频发

离异家庭的儿童由于家庭变异而受到巨大的心理创伤，他们对家人、社会极易产生敌对心理，而他们的情绪又常常处于消极状态，自身也具有一些性格缺陷，对自我的行为常缺乏控制能力，因而常常会出现一些异常的行为。离异家庭子女的行为问题得分显著高于完整家庭，在行为问题的具体内容上，抑郁、退缩、孤僻、交往不良等问题的发生率高。而离异家庭儿童在品德方面的问题行为尤其让人担忧，这种问题行为如果不及时加以矫正，长此以往极有可能发展为犯罪行为。

（二）离异家庭教育的特点

1.较少的教育投入

父母离异会带来家庭经济状况的变化，由父母双方提供教育投入到由一方提供教育投入，对于儿童的教育金钱、物质投入会减少。同时，离异也给父母双方的情绪和心理造成了很大的消极影响，为了家庭的正常运行和幼儿的发展，他们不得不更加努力地工作。因而在儿童的教育精力与时间投入上也大大减少。有的家庭甚至会因为离异，而使整个家庭经济状况变得恶劣，无力对儿童进行充足的教育投入。离异家庭的幼儿与完整家庭的幼儿相比，缺少玩具和父母关心，从而产生负面的情绪和行为。

2.教育方法失偏

在离异家庭，孩子往往成为单亲父母寄托情感的唯一对象，而采取了各异但有偏颇的教育方式。例如有的表现为过于溺爱，过于迁就，对物质要求一味满足，结果导致孩子为所欲为、追求享受、爱慕虚荣的心理；有的表现为对孩子的期望值过高，把孩子作为自己唯一的精神支柱，在如此厚望下的孩子，往往心理压力过大，有些孩子受不了压力，索性走向了反面，不思进取，乃至"破罐子破摔"；有些孩子可能奋发图强，不辜负父母的期望；但是不正常的奋进方式，会损害孩子正常的心理发展。还有的父母把孩子作为出气筒，在孩子身上发泄怨恨，报复对方，使孩子的身心受到极大的摧残。

3.父母之爱不完整

不论是离异还是一方亡故，都会使孩子失去正常的父母之爱。失去了父爱，孩子容易懦弱、多愁善感、缺乏毅力、自卑、优柔寡断等；缺少了母爱，孩子又会形成偏执人格，表现得孤僻、冷漠，缺乏爱心和同情心，没有安全感等。不论孩子缺少父爱或母爱，孩子应得到的爱大为削弱，容易形成不健全的人格。

（三）离异家庭的儿童教育策略

1.保持良好的心态

父母离异，对于核心家庭来说，无疑是一个沉重的打击。孩子模仿力和受暗示性较强，很容易受到父母情绪行为的影响。这就要求抚养孩子的母亲或父亲必须做到保持良好的心态，给孩子最大的帮助。

父母要尽快走出离异的阴影，摆脱离异给自己和孩子带来的痛苦。不同年龄的孩子表现出不同的心理状态，理解他们，对症下药。2岁以内的孩子，要求生活稳定。如果父母离异，会有被抛弃的感觉，表现为哭闹不停、睡眠不安，易惊醒等，尤其是离开母亲的孩子，需要用双倍的爱抚平孩子幼小的心灵创伤。

3~5岁的孩子，要求父母共同照顾，任何一方离去，都感到恐慌，需要加强对孩子的语言交流。告诉孩子，尽管父母不在一起住，但是对他的爱依然存在，让孩子拥有完整的父爱和母爱。要为孩子创造一种愉快的家庭环境和氛围，促进其良好性格的形成和心理健康发展。父母要多和孩子交流，不管工作多忙，也要抽时间带孩子一起游戏和旅行等，弥补亲情不足，让孩子感受到温暖。

2.从有利于孩子的健康成长出发善待离异对方

离异的父母应向孩子早一点说出事实，不要隐瞒。要心平气和地、用孩子能理解的方式告诉孩子，并向孩子承诺对孩子的爱永远不变，不管父母之间发生什么事，我们都会永远爱你。有些父母由于感情破裂，从而怨恨对方，在孩子面前贬低对方，说对方的坏话，在孩子的心灵播下仇恨的种子，对孩子的教育是很不利的。实际上，孩子对父母亲的爱是不变的，即使离异，也很难或不愿意去恨自己的父亲或者母亲。一个正常的孩子，渴望得到父母的爱，这是孩子的本性，只有拥有父母双方的爱，孩子才能健康地成长。因此，离婚后的父母要尽量创造条件与孩子在一起，让孩子依旧拥有父母的爱，让其明白，虽然父母离婚了，但父母还和以前一样地爱他、关心他。为了孩子的发展，离异的父母一定要善待对方，不要再给孩子增添新的烦恼和伤害。

离婚叙事与家庭关系对离异家庭子女有负面的心理的影响相对于离异事件本身，消极的离婚叙事与不良的家庭关系对于离异家庭子女心理的负面影响更加严重。消极离婚叙事通过建构研究者与研究对象的心理放大了父母离异对子女的负面影响，并通过"内化"使离异家庭子女的心理问题得到了强化。不良的家庭关系增强了离婚事件的负面作用，使子女在相当长的时间里甚至是一生都生活在父母离婚的阴影中。如果离婚已经不可避免，可以通过两种途径减少父母离异对于子女的负面影响：首先，建构温和的离婚叙事以取代消极的离婚叙事，给予家庭成员更多的理解与接纳，避免子女产生消极的自我认识与评价而出现心理问题；其次，父母在互相尊重的基础上选择和平友好的方式离婚，同时仍尽力承担作为父母对子女应尽的抚养与教育的责任。

3.注意性别角色教育

在孩子心理成长过程中，性别角色的获得不是与生俱来的，而是一个重要的学习环节。离异家庭的幼儿多数长期和父母单方生活在一起，甚至缺少父爱或缺少母爱，这会影响幼儿的性格发展。因此，离异家庭的父亲或母亲，可以有意识让他（她）多接触一些成熟的男（女）性成年人，叔叔、阿姨或亲戚朋友等，介绍他们的优点，让他（她）注意学习，让其性别角色得到充分的表现和发展，培养完善的性别角色，以适应社会生活的需要。

四、重组家庭儿童的家庭教育

重组家庭是指丧偶或离异后又重新择偶而组成的新家庭。在中国文化背景下，离婚后不再重新组织家庭的人为数不多。换句话说，在中国大多数人最终还是要选择结婚。

（一）重组家庭儿童的特点

1.过度怀念

人际关系中也存在着"首因效应"与"近因效应"。在一些离异家庭、丧偶家庭中，子女易受到"首因效应"作用的影响，难以忘怀旧家庭成员相处的时光、亲情。当家庭重组后，在与家庭新成员相处的过程中，虽然人际关系也受到"近因效应"的作用，但深刻程度与接受度都较低，很难替代和超越以前的关系。因此，在重组家庭中许多继子女容易过度怀念过去的时光，并可能进而增强对新家庭的抗拒感。

2.容易出现性格缺陷

重组家庭子女的性格特征由于父母教养方式的异常，多偏负向。重组家庭的子女缺乏形成正向性格的家庭环境，一些家长因为情绪恶劣，或因经济条件差，或因教育方式方法不当，导致使他们故意或无意放弃了家长的教育责任，放任了孩子的发展，孩子易形成冷漠、消极的性格；有的父母把孩子当累赘，嫌弃孩子，或把对前夫（妻）的怨恨转移到孩子身上，对孩子教养方式粗暴、专断，孩子容易形成倔强、执拗、冲动的不良性格。

3.容易产生不良情绪

家庭重组后，对孩子来说，是一次巨大的生活和精神的变动。重组家庭儿童在新组建家庭中的地位、亲子交往均与自己亲生父母生活在一起时有一定的距离或差异，他们不得不去接受甚至爱另一个或者几个和自己没有血缘关系的陌生人，他们可能会搬入新的居住地，进入新的幼儿园，认识新的邻居、同学、朋友以及一群新的亲戚。这一切对他们来说都是陌生的，他们可能会对新环境充满恐惧，产生忧虑、紧张、压抑、烦恼等不良情绪。

（二）重组家庭教育的特点

1.难以感受父母完整的爱

重组家庭的孩子在情感上常感到孤单、寂寞、无助。一些继父母对他人子女的感情投入严重不足，他们很少像亲生父母那样发自内心地亲吻、搂抱孩子，基本只在物质上给孩子以满足，而亲子的爱是无法用物质的满足来获取的。孩子由于缺少与父母良好的感情交流，情绪、情感常常得不到健康的发展。情感的疏离使得孩子排斥心强，继父母在子女的教育中缺乏说服力，常常造成教育的失败。

2.家庭教育方式混杂

重组家庭中夫妻双方都有着自己的家庭教育方式，在重组家庭后，很难快速地改变自己的教育方式，达成统一，这就导致了对孩子的要求和情感投入的不一致，家庭教育方式的混乱。继父母在面对与自己没有血缘关系的子女教育问题时，难免会心存芥蒂，很难真诚客观地看待孩子的教育问题，经常不知道采取什么样的教育方式，导致了教育方式的杂乱。而有些家庭为了避免教养方式不统一的问题，由原有家长教育自己的孩子，继父母不过问孩子的教育，又极易造成情感疏离的问题。

3.人际关系紧张

相对完整家庭及其他类型的单亲家庭而言，再婚家庭中的人际关系更为复杂，且容易由于家庭成员的变动而导致家长及孩子产生人际适应方面的障碍。由于种种原因重组的家庭，决定了在其中生活的每一个人都要主动适应各种新的人际关系，尤其对于孩子而言，要真正接受继父（母），会有一个很长的过程，而在此过程中，难免会有诸多人际适应难题。

（三）重组家庭的儿童教育策略

1.关爱幼儿

重组家庭对于幼儿来说是一个巨大的挑战，父母有责任去帮助幼儿适应新的家庭。

重组家庭后，家长不应以任何自身的理由，减少对幼儿的关爱，同时，继父母也应该为幼儿投入关爱，帮助幼儿调整生活习惯和身心状态，了解幼儿的兴趣、爱好，多花时间陪伴幼儿，努力在家中营造一个关爱的氛围。

2.要重视对幼儿进行健全人格的教育

在对重组家庭进行教育的过程中，为了培养幼儿健全的人格，首先要教育孩子学会面对现实，如实地向孩子说清楚父母之间的事情，并告诉孩子，离婚和重组是需要面对的现实，但是对孩子的爱不会减少。其次引导他们学会成长，重组的家庭从某种意义上说也给孩子提供了磨炼意志的机会，从逆境中走出的孩子，更容易有所作为。另外，家长与教师应在尊重的基础上关注孩子，避免进入情感性教育的误区和极端性教育的误区，要善于观察幼儿的内心变化，避免自己的言行伤到幼儿，多进行正面引导，并且创造温馨的活动环境，丰富幼儿的精神生活。

3.建立理解的沟通方式

理解孩子、了解孩子不同发展阶段身心发展的特点，才能根据孩子不同的情况采取不同的措施。首先，家长必须把孩子视为朋友，不带自己的偏见（自己的价值观）看待孩子的行为。站在一个朋友的角度，单纯地了解孩子的内心感受，客观地分析孩子行为背后的心理原因，从而找到改变他外在行为的办法。在整个过程中，家长只是一个旁观者，而不是当事人或利害关系人。其次，家长应该以放松的心情来与孩子进行交流，以此来消除孩子的恐惧、烦恼和孤独，使他们鼓起学习、改变、成长的勇气和热情。再次，理解中既没有表扬也没有批评，理解是两个人之间心灵的沟通。

五、留守儿童的家庭教育

留守儿童是指父母双方或一方外出打工或者工作半年以上，孩子留在户籍所在地由父或母一方、长辈、亲戚朋友等监护的未成年人。

（一）留守儿童的特点

1.身体健康状况较差

留守儿童身体健康状况较差的原因有：父母一方或双方外出打工，家庭劳力缺乏，没有充裕时间进行食物制作，并且外出务工家长经济收入不稳定或工作流动性大，在经济上无法稳定地支持儿童的营养需要；留守儿童由祖父母照顾，缺乏对儿童的科学喂养知识和能力。

2.情感生活匮乏

一年中大半的时间里，留守家庭与外出打工者都被地理空间的距离隔离在两个不同的生活世界。外出父母与留守儿童之间无法进行直接的互动，他们只能以间接的方式如电话和网络通信工具来维系着彼此的亲情和关爱，而由于诸多环境因素和经济因素的限制，以及学前儿童语言发展的特点，留守儿童与外出父母沟通是短暂的、频率较低的，无法真正弥补因父母外出打工而造成的对孩子关爱的缺失以及情感的交流的缺乏。

留守儿童与监护人的沟通状况也不能满足儿童正常情感发展的需要。从留守儿童与监护人的聊天情况看，很多留守儿童和监护人的沟通存在着障碍。在 10 个研究社区中，有近一半的留守儿童能经常和监护人聊天，但仍有 1/4 的儿童与监护人很少或从来不聊天。留守儿童与监护人很少聊天的情况主要出现在隔代监护和其他监护类型的家庭里。而对于母亲监护的家庭，孩子和监护人的沟通还是相对较多的。但是从他们聊天的内容看，大多也只是涉及一些琐事，而孩子内心深处的思想与情感则很少会告知监护人，监护人也不会主动去问这些内容。

3.易形成焦虑感和孤独感

幼儿出生后有满足和安全的两种基本需要，如果没有被满足就会形成对父母的敌对心理，幼儿压抑了对父母的敌对心理就会产生基本的焦虑。留守儿童因为缺少父母的关爱，和监护人有隔阂，满足和安全的需要不被满足，会产生焦虑感。留守儿童和非留守儿童对比同伴交往情况较差，普遍感觉失落和孤单。

（二）留守儿童家庭教育的特点

1.容易错失对子女进行最初的人生塑造时机

在人生的最初几年，外界的影响对婴幼儿未来的发展具有决定性的意义。家庭塑造人的力量，远大于人们的想象，尤其是婴幼儿时期的塑造，将奠定孩子一生发展的基础。在幼儿期，父母就与孩子隔离，没有一个健全的家庭，将会使父母错失最初的对孩子进行人生塑造的最佳时机，发挥不了家庭教育的作用，这是以后都无法弥补的，而且容易使孩子出现品行问题、心理问题、社会适应等问题。

2.片面重视孩子物质上的满足感

大多数父母外出务工的主要目的在于为子女的生活和教育提供更好的物质条件，所以倾向着留守子女的物质生活，而对其心理和情感发展等其他方面关注兴趣不大，误认为只要给孩子充足的物质保证，就是对孩子最大的爱。认为父母外出挣钱，让孩子吃好、穿好，由祖父母照顾，孩子就是幸福的，却忽视了父母的教育责任，忽视了孩子的精神需求。由于长期在外，基于一种补偿心理，父母大多采取"物质（金钱）+放任"的方式来对待与孩子的分离。有的父母几年都不回来一次，而且很少与孩子进行交流，难以尽到为人父母的职责。岂不知孩子最需要的不是金钱，而是父母的关爱，这是金钱所代替不了的。

3.临时监护人不能完全胜任对孩子的管教

父母们往往认为把孩子留给祖父母是最放心的，在外面可以放心挣钱，但是没有考虑到孩子的教育问题。隔代教育年龄差距很大，老年人的知识能力有限，不能适应社会发展的需要，出现什么问题，他们不会分析研究、找出原因，也不与幼儿园配合，要么粗暴训斥，要么溺爱袒护，要么冷漠放任，彼此间很难有真正的沟通。也有些留守儿童由亲朋好友等进行代为监护抚养，他们对留守儿童教育责任感很低，只要不犯大错误就行。在这种特殊的教育环境下，留守儿童很难养成良好的生活习惯。

4.孩子成长所需的营养、保健、安全等问题难以落到实处

受经济条件的限制和陈旧的儿童健康观念的影响以及临时监护人的职责不明等原因，留守儿童的饮食营养搭配、疾病预防、安全教育等问题往往难以得到应有的重视。很多临时监护人对孩子的养育理解为只要让孩子吃饱穿暖，冻不着，饿不着就行了。父母不在身边，孩子没有直接的关爱和呵护，其成长所需要的营养、保健、安全等问题无法落到实处，很可能成为不法分子的侵害对象。近年来，留守儿童被拐卖或伤害的案例呈上升趋势，这些孩子的人身权益和身心健康受到严重侵害。

（三）留守儿童的教育策略

1.父母应当避免在儿童早期与其长期分离

鉴于婴幼儿时期在人一生成长中的重要作用，建议父母在做出外出务工决定时，不要仅考量家庭经济方面的压力，也把是否更有利于孩子健康成长因素考虑在内，给孩子一个幸福快乐的童年。以牺牲子女的情感幸福来换取物质水平的提

高或未来教育投资的储备，往往是得不偿失的。人的成长与其他事物不同，不可能发现教育不成功可以任意毁掉重来。

2.改变家长的外出务工方式，把伤害减到最低

建议父母变通一下外出务工的方式，应尽量避免双亲同时外出务工。父母双双外出，对子女影响较大，但如果有一个家长在家，则负面影响相对就要小得多。因此，父母在做出外出务工决定时，最好留一人在家，尤其是母亲的陪伴，对婴幼儿更为重要。母亲无论在照顾孩子饮食起居，还是在孩子情感陪护方面都会更有优势，同时母亲在家会给孩子安全感，有倾诉对象。因此，父母不同时外出，或尽最大可能降低母亲外出率，可保持家庭教育的存在与完整，从而把对孩子的伤害减到最低。

3.寻找合适的临时监护人

家长要减少任意性，尽可能地寻找那些水平高、教育能力强、责任心强、有保护能力和精力的人来充当孩子的临时监护人。留守儿童的临时监护人也是需要具备一定素质的：强烈的教育责任感，能够及时地发现孩子的不良行为，给予及时的教育与引导；能够对留守儿童进行细心的观察与沟通；能够及时与孩子的父母及时交流沟通等。寻找高素质的临时监护人，可以降低孩子成长中出现问题的概率。

4.改变教育沟通方式，并常与临时监护人、幼儿园联系

家长对孩子的关心是解决留守儿童问题的根本，忽视了这一点，其他任何措施都将难以落到实处。因此，如果父母双方都外出，必须要改变与孩子之间的沟通与交流方式：在沟通频率上，最好做到频繁地沟通和联系，并且有一定的时间保证，每年应抽空回家看孩子，尤其是节假日，可以接孩子和父母团聚，让孩子随时随地感受到父母的爱；在沟通内容上，不能只关注物质生活，需全面了解其心理、身体、学习等情况，让孩子感受到父母的爱，减少孩子离开父母的孤独感和无助感；在沟通方式上，除了电话联系外，还可以用互联网，与孩子维持情感联系。同时，父母还要与孩子的临时监护人、幼儿园保持经常性联系，掌握孩子的动态，共同商讨教育孩子的办法，使孩子从小就能在充满爱和关注的环境中健

康成长。

六、隔代教养家庭儿童的家庭教育

由于我国经济社会的快速发展和社会的转型，使得人口及家庭结构也发生了很大变化。一方面，由于人们生活条件的改善和健康水平的提高，我国高龄人口越来越多，老龄化社会提前到来，有相当多的老人不但身体健康，而且时间上、精力上和经济上也相对充裕；另一方面，社会对人才培养的需求，使得教育功能得到了强化，加上"独一代"（独生子女第一代）和"独二代"独生子女时代的到来，隔代家庭教育的功能和作用也受到了高度的重视。

隔代家庭教育，也称隔代教育，是指由祖辈（主要是祖父母、外祖父母）对家庭中的孙辈儿童所实施的抚养、教育及其他帮助性活动。年轻的父母们由于社会压力和工作压力大，加上一些独生子女的父母对老人带有一定的依赖心理，很愿意将自己的孩子交给老人照管，而有不少老人也常怀有着"天伦之乐"和"隔代亲"的传统文化伦理情结，也很愿意带孙辈。城市化进程加快，大量流动人口的增加（包括外来务工人员、出国留学与工作人员、异地工作人员等），也使得大量的留守儿童不得不由祖辈们来照管。

（一）隔代教养家庭儿童的特点

1.身体发展状况不理想

幼儿正处于长身体的关键时期，科学的膳食、营养均衡尤为重要。联合国教科文组织指出幼儿缺少蛋白质、热量很可能导致幼儿身心发展的停滞，如果幼儿期有这种缺失，到了成年再多的蛋白质和热量也不能弥补这种缺失，如果这种缺失在一个国家很普遍，会阻碍这个国家未来各方面的发展。然而有不少隔代教养家庭并没有充分考虑幼儿的营养问题，祖辈们懂得符合幼儿身体发展的膳食搭配的人为数不多，在孩子的喂养问题上他们往往会按照自己以往的喂养经验，不太注意营养搭配。

2.心理健康状况不理想

祖辈家长多数具有充足的时间和精力，能够给幼儿以充分的关爱和照料，但祖辈家长在价值观念、生活方式、儿童的教养观念等方面往往不能与时俱进，与现代社会存在差距，尤其是他们可能会对孩子过度保护、限制，无原则地迁就和溺爱，时时处处以孩子为中心，使隔代教养幼儿表现出更多的心理和行为问题，心理健康状况不理想。调查表明，相对于父母教养、父母和祖父母共同教养的幼儿，隔代教养幼儿表现出更多的情绪问题、行为障碍、性格缺陷、人际交往缺陷，且适应性较差。

3.社会交往能力不强

祖辈往往对儿童表现出更多的溺爱与放纵，为儿童包办所有的事情，限制了儿童独立性的发展，阻碍了幼儿的去自我中心化，影响了幼儿自我意识的发展，容易使幼儿形成自私、任性的不良性格，影响幼儿的正常同伴交往。并且祖辈在照顾孙辈时给予了过多保护的环境，很少给他们与同龄人交往的机会，生活在缺乏儿童伙伴的环境中，影响了去自我为中心的进程，无法发展社会交往能力。有研究表明，在性格和人际交往方面，父母教养幼儿要优于父母和祖父母共同教养幼儿。

（二）隔代教养家庭教育的特点

1.享受祖辈教育优势的影响

祖辈通常有充分的时间和精力陪伴孩子，并且更加耐心和温柔；祖辈比起年轻父母，有抚养子女的实际经验，在处理孩子在不同年龄段出现的问题时更有经验；祖辈积累了丰富的社会阅历和人生感悟，都是促进孩子社会性发展和处理孩子教育问题的宝贵财富。相对于三口之家，和祖辈一起居住的家庭，家庭生活更丰富，孩子能感受到更多的爱和处理更多的人际关系的技巧。有的学者还指出，父辈的教育往往强调竞争性，而隔代抚养能把竞争性教育和祖辈的宽容、平和等传统美德教育很好地结合起来。

2.早期依恋缺失可能影响亲子关系

由于人口的流动性增强和离婚率的增加，隔代教养家庭很多都是只有祖辈来进行教养，这样的隔代抚养会影响幼儿母婴依恋的建立。母婴依恋是婴儿和母亲之间的一种积极的、充满深情的感情联结，它对于激发父母更精心地照顾后代，帮助儿童形成信赖的个性有着重要影响，而只有祖辈进行隔代抚养，幼儿缺乏和母亲的相处，影响了母婴依恋的形成，而且幼儿年龄越小，越明显。

3.接受不一致的教育影响

幼儿的祖辈和父母因其成长的时代背景不同，在教育观念、教育方法、教育手段上都存在着不同，甚至会产生重复和分歧，这就导致幼儿在父母教养和隔代教养双重教养方式下接受着不同的教育影响。现在的父母比较关注幼儿独立性的训练，而祖辈在孩子父母教育孩子时，经常一味袒护和包办，孩子容易找祖辈做保护伞，使父母的教育理念无法实施，从而容易导致父母和祖辈的冲突，并且滋生幼儿依赖祖辈，抵抗父母的心理。

（三）隔代教养家庭的儿童教育策略

1.明确教育责任

父母有抚养教育幼儿的义务和责任，并且父母对幼儿的教育是任何人都替代不了的。父母应明确自身在孩子抚养过程中的责任，让孩子从小感受到父母的爱。父母应重视子女的抚养问题，加强亲子间的沟通与交流。即使当父母由于不可回避的客观原因，不能完全承担抚养责任时，最好向孩子讲明父母离开的理由，是为了生活和工作迫不得已才不能照顾他，并不是放弃孩子或是不爱孩子。父母应尽最大可能地与孩子保持沟通与交流，经常了解孩子的生活状况、生长发育及内心感受，让孩子能够切身感受到父母对他的爱，这对促进幼儿心理健康发展具有重要意义。

2.更新祖辈的教育理念和教育方法

21世纪是知识经济时代，时代的特征要求未来的人们必须具有丰富的知识和实践，才能适应时代发展。而教育是知识经济时代人们最根本、最重要的生存手段和适应方式，因此要跟上社会发展和观念更新的步伐。祖辈父母要在价值观念、知识结构、思维模式、教育方式上强化自身的文化学习，虚心接受教育，学习科学的教育理念和教育方法，遵循新时代的教育规律。更为重要的是祖辈教养者要常和父母沟通，互相理解和认同，达到教育理念和教育方法上的一致。

3.构建家庭、幼儿园及社区一体化的教养机制

为了切实提高幼儿抚养质量，应积极倡导构建家庭、幼儿园及社区一体化的教养机制，一体化的教养机制对当前多数祖辈家长教育知识不足、教育理念易与时代脱节等问题的解决具有重要意义。构建家庭、幼儿园及社区一体化机制的教育机制，幼儿园应起主导作用。因为幼儿园是专职的抚养机构，幼儿教师具备幼儿的身心发展特点及教育规律等知识，能够有针对性地进行指导。建议在一个社区内经常开展由幼儿园牵头，社区组织，祖辈家长共同参与的隔代家长抚养经验交流会。在交流会中，教师向祖辈家长讲解科学的抚养理念及抚养策略等方面的知识，也可以请在隔代抚养方面做得好的祖辈家长介绍他们在抚养孩子方面的经验及心得。

第二节　特殊儿童家庭教育

一、智力超常儿童的家庭教育

智力超常儿童首先是指智力超过一般水平的儿童，一般通过专门的智力测验来测出智商值以区分智力的高低，那么智力超常儿童就是指智力测验中测量结果在两个标准差以上的儿童。智力是一个复杂的概念，仅从智力测验得分高低去判断智力高低是有局限性的，现在更倾向于从多元的视角看待智力。加德纳先生进行了几十年的研究发现，人可以具有不同的智能，包括数理逻辑智能、语言智能、交往智能、运动智能、空间智能、音乐智能、反思智能等。从多元的视角看待智力，智力超常儿童是不仅包括智力发展上显著超过同年龄常态儿童一般发展水平，还包括某方面具有突出发展特殊才能的儿童。

（一）智力超常儿童的发现与鉴别

随着时代的进步，一些研究者发现，用智商测验天才儿童是有局限性的，例如它不能鉴别出儿童的创造力等。因此，许多研究者开始采取多方面的指标，例如考察幼儿学习能力方面、特殊才能方面、个性特点方面等，并且选择合适的测

定方法，如实验法、观察法、测验法和作品分析法等。另外，对于被初步确定为超常的儿童，还要经过追踪研究，对他们作进一步考查。

（二）智力超常儿童的特点

对于那些天赋确实很好的儿童，如果家长能够在他们婴儿时期就及早地发现他们的先天禀赋，再加以正确、科学的教育和引导，那么这些儿童长大后就可能成为出众的人才，对国家做出极大的贡献。因此了解超常儿童的特点，对于家长及时地、尽早地发现自己孩子的先天禀赋有着重要的意义。与常态儿童相比，智力超常儿童具有以下几方面的突出表现。

1.生理成熟较快

智力超常儿童在出生后不久，即表现出与一般儿童不同的特点。比如，一般儿童的大动作发育大多遵循着"三翻、六坐、七爬、八站"的发展顺序，智力超常儿童一般出现这些典型大动作的时间会提前，对于精细动作的发展也是如此，智力超常儿童会更早地表现出抓握和玩弄物体以及手眼协调性。另外，智力超常儿童在生理的各个方面都要比一般常态儿童发育好一些，如身高、体重以及机体的各项机能发育都好于常态儿童。

2.认知能力特别优异

大多数智力超常儿童的感知能力非常强，主要表现在感知觉敏锐；注意力集中时间更长，记忆力强；思维敏捷，想象丰富。智力超常儿童有较强的视、听感受性，能在短时间内迅速而准确地获取大量信息，观察力强，并能有顺序、有方法地进行观察；他们注意力集中，特别是对于自己感兴趣的问题能够高度地注意数小时，他们的短时记忆和长时记忆能力都过人，有些儿童甚至能够做到过目不忘；他们的理解能力很强，思维敏捷，具有一定的逻辑推理能力，且推理比较严谨，反应的速度也比较快，对于许多问题只要一点就能通，想象力非常活跃；大多数超常儿童的语言表达能力也明显优于常态儿童。

3.存在优势的发展领域

智力超常儿童不仅表现为智力的发展超于一般儿童，而且一般情况下，在各个方面都比一般儿童出色，如精力充沛、活泼好动、独立、更有自信心、身心健康。智力超常儿童存在自己明显的优势领域，有的数学才能超凡，有的语言和写作能力非凡，有的特殊艺术才能优异，有的记忆力超强，还有的具备特殊的交际和领导才能。

4.个性方面具有独特性

智力超常儿童兴趣广泛，求知欲望强，进取心强，一旦想学什么或者想做什么，就有一种非得学会、干好的倔劲。智力超常儿童对自己的能力充满自信，富有进取精神，遇事不甘落后，不服输，能积极对待困难与挫折，失败了也不气馁。能自觉排除外界诱惑和干扰，有较强的坚持性和自制力，能主动进行自我调节，表现出坚毅的意志行为。

智力超常儿童性格倾向于发展内向性格。据美国的相关研究，超常儿童性格表现内向的比例占60%，明显高于普通人性格内向者的30%。一般情况下，性格内向者通常不善于与人沟通，不喜欢与人交往。因此，超常儿童的同伴关系往往不是太好，并且内向者喜欢独自思考和反省，表现出较高的学业成就和学术贡献。

（三）智力超常儿童的教育行为策略

在智力超常儿童的教育中，家庭教育的作用是非常重要的。智力超常儿童只有经过特殊的超常教育，才能获得比在普通教育环境条件下更大的成才概率，这样可以防止对儿童天赋的浪费，也是对儿童超常天赋的尊重。

1.客观评判幼儿

在超常儿童的教育中，家长首先要客观看待自己的孩子。如果是智力超常儿童没有被发现，没有相应的教育培养，会阻碍孩子智力的正常发展；相反，如果不是超常儿童，却误认为是超常儿童，则会出现"拔苗助长"的现象，结果会适得其反。超常儿童是客观存在的，但毕竟是少数，一般只占所有儿童的1%~3%，不是所有孩子都有可能成为"神童"。父母应该具备一定的学前心理学知识，知道一般性的幼儿成长规律，才能发现孩子的超常之处，如果发现幼儿具有前文所述超常儿童的行为表现和心理特点，应找专业人士进行鉴别，做到早发现，并对其进行科学的教育，使他们的优良素质得到最好的发展。

2.提供丰富的成长环境

丰富多彩的环境刺激，是智力超常儿童智能发展的必要条件。真正超常发展的儿童，一般都生活在家庭和谐、充满刺激的学习、生活环境中。父母本人可能不具备与孩子一样的天赋，但父母一定要为孩子提供丰富多彩的环境刺激，当在生活中观察到孩子在某方面有明显的优势时，要为孩子提供所需材料和工具，寻找合适的导师，提供活动场地，支持孩子在该领域的探索和发挥创意。在教养方式上应采取民主的方式，宽严兼施，满足其合理要求，也尊重孩子处理自己事务的权利，这对形成孩子的独立个性、适应生活、保持稳定情绪与建立良好习惯有益。父母也要注意营造温馨的家庭氛围，这有利于超常儿童人格的发展，给儿童以安全感，让孩子放心地去从事自己的活动，发展自己的超常才能。

3.注意因材施教

智力超常儿童是独特的，具有与众不同的心理特点和行为表现。父母必须针对他们的特殊心理，坚持因材施教，才能使他们的智力和个性得到充分而健全的发展。父母首先应为智力超常儿童提供能够促进其发展的成长环境，为其智力发展提供支持，还可以针对他们的超常领域请该领域杰出的人士来引导幼儿的发展。其次，为智力超常儿童提供配合其发展节奏的教育内容，但应注意教育内容要符合幼儿身心发展的特点。最后在教育方法的使用上，不能僵死和呆板，要以儿童的发展和适应程度为中心来使用教育方法。

4.重视非智力因素的培养

在智力超常儿童的成长过程中，家长容易过度关注孩子的智力发展，忽视在道德、生活礼仪、人际技能、集体协作等方面的培养，对孩子除了要求其学习，没有别的要求，所有事情都由家长代劳，导致智力超常儿童虽然智力得分高，某一领域突出，虽具有高深学问，但生活技能和社会交往技能很差。

二、智力障碍儿童的家庭教育

智力障碍儿童，根据其界定的不同也称为低常儿童、弱智儿童、智力落后儿童、智力残疾儿童等，是指儿童的智力和活动能力明显低于同年龄儿童的水平，并表现出适应行为障碍的儿童。

对于整个儿童群体来说，这种智力不足的儿童总数很少、比例很低，但一个家庭如果出现了智力障碍的儿童，无疑对于整个家庭生活来说是一种负担。因此，探讨智力障碍儿童的家庭教育问题，指导家长对智力障碍儿童的鉴定，并提早对智力障碍儿童进行适当的干预，使他们能够在多方面获得一定程度的提高就显得非常重要了。

（一）智力障碍儿童的发现与鉴别

在家庭中主要通过观察儿童的特点的方法来发现和鉴别智力障碍儿童，可以选择几个儿童成长的关键时间点来针对一些特点进行观察。对刚出生的婴儿进行观察，包括有无家庭疾病史、母亲孕期是否有特殊的疾病或感染、是否高危产妇生产的孩子、是否早产儿、过期生产、巨大儿等；在幼儿出生后观察哭声、吸吮、心跳、皮肤颜色、呼吸情况等是否正常；在幼儿的学前期观察他们的大肌肉动作、小肌肉动作、适应能力、语言发展等是否正常，有无口吃、吐字不清、动作反应缓慢等情况出现。

一旦发现幼儿有行为和心理发展上的异常和滞后还应借助于智力测验进行鉴定，根据智力量表测儿童的智力发展水平，不同的年龄阶段，测量出的智力与正常的智力进行比较。同时还应借助于医学手段，当观察发现儿童有不良的现象后，可以借助医学，进行脑电图、CT检查，染色体检查，颅骨、腕骨的透视等确定儿童是否正常，有无智力障碍。

（二）智力障碍儿童的特点

智力障碍儿童形成的原因非常复杂，如果能够早期诊断出来并且及时给予训练和干预，在一定程度上是可以使其智商有所提高的。智力障碍儿童在早期通常具有以下特点。

1.认知能力发展较差

智力障碍儿童感觉感受性低，不善于分辨颜色、声音、形状、味道及触摸的细微差别；对周围事物难以获得清晰认识；知觉范围狭窄、速度缓慢、信息容量小、内容不分化；不善于观察、理解、体会他人的情感。智力障碍儿童对周围事物漠不关心；轻度者可有被动注意，对有兴趣的事物也能有主动注意，但注意不稳定，重度者完全没有注意力。在记忆力方面，智力障碍儿童记忆范围狭窄、容量小，目的性差；对词和直观材料的识记都很差，再现时会发生大量歪曲和错误；记忆的保持也很差。

2.言语思维发展低下

智力障碍儿童的言语出现晚且发展缓慢，智力障碍儿童中80%存有语言缺陷，有的甚至终生没有语言。如果一个孩子的发音、吐字、说句子等都比同龄儿童晚四五个月以上，预示他有智力发展落后的危险。智力障碍儿童言语发展低下表现在发音模糊不清，掌握的词汇比较贫乏，表达时语法错乱，不能完全地表达含义，缺乏连贯性，且重度者基本不能掌握语言，掌握书面语言更加困难；智力障碍儿童思维概括水平低，多数停留在具体化水平上，在思维的归纳、推理和概念化上都有困难，不能认识现象本质和事物间本质联系，只能浅显地理解事物表面关系。

3.情绪情感幼稚冲动

智力障碍儿童情绪反应往往与刺激物的力量不成比例；情绪表现很不成熟，情绪没有一般幼儿稳定，波动大，且很容易冲动，容易受本能冲动的驱使，常常感情用事，不能控制感情。情绪的社会化水平很低；不能根据社会交往需求去调节情绪，引起情绪的动因多为一些生理需求。智力障碍儿童一些稳定的社会情感如道德感、理智感层次较低或根本无法建立。智力障碍儿童还通常表现为情感淡漠，对谁都不关心或有时会出现很多不恰当的表情，常紧张不安，易于激怒，对人有敌意。

4.异常的表现

出现智力低下儿童很大一部分原因是脑部出了问题，所以会表现出如眼球水平摆动、喜欢摇头磨牙等脑部病变出现的症状。部分智能不足儿童还存在着反复抽风现象，这只是部分智能不足儿童的表现，如果发现孩子出现抽风现象，要特别引起注意，及时到大医院、正规医院诊断。要及时区分出智能不足与癫痫病、热痉挛等病的不同抽风症状。还有一些智障儿童出现了异常的外貌，主要是先无愚型（也称唐氏综合征、21三体综合征）。这类儿童在容貌上最大的特点包括：头颅呈方形，眼向外斜吊，眼距宽，耳郭小，鼻塌，舌头稍大，舌面上有深的裂纹且往往拖在嘴外，颚高，牙齿尖小，手指往往只有两节，50%是通关手，大脚趾与其他四指中间距离宽等。

（三）智力障碍儿童的教育行为策略

智力落后是当今世界面临的一个重大的医学和社会问题，首先要通过优生优育防止智障的发生，同时也要正确对待智障儿童，不能低估智障儿童发展的可能性。其次对智障儿童应实施早期干预，尽量帮助智障儿童掌握生活必备的能力。对已经确认的弱智儿童的教育，抓住智力发展的关键期，进行早期干预，实施针对性的特殊教育与训练，也能起到良好的效果。

1.进行感知觉和动作训练

感知觉是认识过程的基础，是所有能力的开端。智力障碍儿童都存有感知障碍，进行感知觉训练，可使弱智儿童存在的各种感知觉缺陷得到补偿。感知觉的训练主要包括视、听、触、味、嗅等方面。可以通过游戏、日常生活来训练感知觉。动作训练包括大动作（如俯卧抬头、坐、爬、站、走、跑等）、精细动作（指手和手指动作，包括大把抓，对指捏和一些简单的技巧）、四肢协调、手眼协调、动作的灵活性训练等。家长可以专门开展一些体育游戏，让智障儿童参与到活动中来，使各种感知觉得到良好的刺激，动作得到良好的锻炼。虽然智障儿童的游戏水平比正常儿童低得多，喜欢游戏仍然是他们的天性，在训练过程中，家长对孩子的进步要及时肯定和鼓励，让孩子充分体验成功的喜悦，通过奖励激发智障儿童的求知动机，提高其学习兴趣。

2.进行语言训练

智障儿童除智力低下外，还常伴有语言障碍，表现为语言能力发育迟缓，理解能力、沟通能力较差。对智力障碍儿童的语言训练可以采取多对话、多提问、多讲述等方法。语言是思维的外壳，也是人们交往的工具。语言是需要学习的，2～3岁是幼儿口语发展的关键时机，要抓住机会，利用具体形象的实物，多与孩子交流，增加词汇量。例如，让孩子说生活用品，说自己常做的事，像牙膏牙刷、穿衣服等，并不断鼓励其多发音多说话。对智障儿童进行语言训练难度很大，父母应有充分的思想准备，做到不灰心，持之以恒。

3.进行生活自理能力训练

生活自理能力包括自己能吃饭、穿衣、如厕等。智障儿童生活自理能力差，家长要摆正心态，不要完全地包办代替，也不要失去耐心，可以把一个个生活技能分解成若干个动作，让孩子逐步学习掌握，通过反复地重复纠正使其掌握。比如洗手，可分解为几个步骤：用脸盆盛水—拿好肥皂—先用水清洗手—打肥皂—放下肥皂—两只手搓洗，待肥皂呈现泡沫状把手放进水里再洗双手，把肥皂沫洗净——用毛巾把手擦干。一个步骤一个步骤地训练，直至掌握洗手的技能。还可以用同样的方法，让儿童掌握吃、喝、拉、撒、睡等的基本能力。

4.重视社会适应能力训练

智力障碍的儿童与同龄正常儿童共同游戏有一定的困难，他们无法与正常同龄儿童平等地沟通，所以需要家长创造一些机会和条件，尽量使其有与正常儿童共同玩耍的机会。在与正常儿童玩耍的过程中，通过模仿正确的行为举止，从而培养正常的情绪情感和个性品质。在此过程中家长要参与指导，让智障儿童懂得与同伴共同分享玩具和食物，学会关心他人，相互帮助，尽量让智障儿童懂得社会的基本生活准则，提高社会适应能力。

三、自闭症儿童的家庭教育

（一）自闭症儿童的特点

1.重复刻板动作

自闭症儿童会表现出一定的刻板行为或刻板动作，例如转圈，反复玩弄开关、来回奔走、排列玩具和积木。他们对事物的兴趣具有较强的选择性，感兴趣的事情不多，但会特别迷恋某一种东西，例如喜欢条纹状的图案，爱看电视广告，爱听某一首曲子。往往在某一段时间有几种刻板行为，并非一成不变，并且自闭症儿童对个人生活环境不愿或拒绝做任何变动。

2.语言障碍

自闭症儿童的听力通常是正常的，但大多数自闭症儿童都存在语言障碍。自闭症儿童的语言障碍可以表现为多种形式，如语言发育严重落后于正常儿童，不会牙牙学语，不会说应该说的话，有用手势或其他形式代替语言交流的倾向；有的儿童在 2 岁和 3 岁时仍然不会说话，或者在正常语言发育后会出现语言倒退的现象；少部分患儿具备语言能力，但是很少利用语言去交流，而表现为刻板地重复一些词语，这些词语与他正在进行的活动无关或者与当时的环境无关，或是自言自语，语言内容单调，有些语言内容奇怪，让人难以理解。

3.社会交流障碍

自闭症儿童都存在着交流障碍，交流障碍是自闭症的核心症状。在婴儿期，自闭症儿童不喜欢拥抱，缺乏与亲人的目光对视，不能与父母建立正常的依恋。在幼儿期，明显缺乏社会情绪反应，不能与他人包括父母产生正常的情感交流，不会注视，表情不丰富，甚至没有交往的意愿；总是独自玩耍，完全不参与与其他幼儿的合作性游戏，甚至不会对同伴感兴趣；通常不怕陌生人，陌生的任何事物也不能引起自闭症儿童的兴趣，与父母亲似乎没有特别的情感。

4.认知异常

大多数自闭症儿童存在感觉异常，对一些声音和现象视而不见，听而不闻，表现得很迟钝；对某些声音特别恐惧或偏爱，有些表现为对某些视觉图像的恐惧或偏爱；不喜欢被人拥抱和抚摸，还有的自闭症儿童存在痛觉迟钝现象；有时自闭症儿童会非常敏感，如对声、光特别敏感，听到某种声音就捂耳朵，看到某种光线就捂眼睛等。70%左右的自闭症儿童智力落后，但这些儿童却在某些方面有特殊能力。20%的自闭症儿童智力在正常范围，约 10%智力超常。多数患儿的机械记忆能力超常，例如记数字、年代等。由于自闭症是一种全面的发育障碍，因此，有些孩子的智力有问题，但令人奇怪的是，他们中的某些人又在某些方面有着很好的能力甚至非常优秀的能力。

（二）自闭症儿童的教育行为策略

1.正确面对自闭症儿童

儿童一旦确诊为自闭症后家长要摆正心态，应做好长期教育训练的思想准备。自闭症是以沟通人际关系障碍为主要特征的疾病。作为自闭症儿童的家长，首先必须正确认识自闭症儿童，他们尽管言行与正常儿童有较大差异，但也是我们人类社会的一分子，仍然是正在成长、发育着的儿童。家长以及家庭环境在儿童整体教育当中占据着主要的和不可替代的作用。开展特殊儿童家庭教育，家长在教育训练过程中起主导作用，决定着教育的效果，所以家长应有对待自闭症儿童的积极心态，不要对自闭症儿童抱有过低或太高的期望，持续耐心地对自闭症儿童进行教育干预和训练。

2.接纳自闭症儿童的特殊性

家长应充分认识到自闭症儿童不同于正常幼儿身心发展的特殊性。自闭症儿童表现的差异是很大的，有的自闭症儿童整日无语，完全无法自理生活，而有的孩子能够开口说话，只是社会交往有障碍，所以家长在孩子被鉴定为自闭症之后，要花大量的精力和时间，明确自闭症儿童自身的独特性，尽早针对自闭症儿童开展基本的感觉训练、生活技能、社会适应性能力的训练。

3.增强自闭症儿童的语言交往和社会交往

自闭症儿童与人交往的愿望和兴趣很低，父母必须采取各种方法增加自闭症儿童的语言交往。第一，父母可以通过大量的语言刺激，提高自闭症儿童听的能力，并且通过念儿歌，讲故事，播放童谣、动画片等方式为儿童营造一个有声语言模仿习得的环境，丰富其语言信息量。第二，可以训练自闭症儿童回答他人问题的能力，通过成人提问，自闭症儿童回答，也可以通过主题对话，培养他们的语言思维能力。第三，父母可以创设语言情境，增加自闭症儿童使用语言的机会。针对自闭症者的社会交往能力差的特点，训练他们基本的社会生活技能如打电话、买东西、乘车、社交礼仪、人际交往等。通过训练使他们掌握基本的社会生活技能，缓解其社会交往障碍。

四、听力障碍儿童的家庭教育

听力障碍也叫听力损伤，传统上称之为聋，我国相关法律表述为听力残疾。所谓的听力障碍通俗地说就是双耳听不见或听不清外界声音的这样一种现象。

（一）听力障碍儿童的发现与鉴别

听力障碍是比较容易发现的残疾之一，在家庭中父母负有重要的检查责任，尤其对于发现可疑现象负有不可替代的责任，父母细心能使孩子的问题更早得到发现，并会收到更好的教育效果。在婴儿期父母可以参照正常婴儿对声音的反应，对自己的孩子进行初步的鉴别；在幼儿期，父母可以采取各类对于声音反应的小测验、小游戏来辨别幼儿的听力是否异常。

（二）听力障碍儿童的心理特点

1.感知觉方面的特点

听觉障碍儿童得不到声音刺激，从而丧失大量的感性材料——听感觉、听知觉和听表象。他们对客观事物的反应往往仅限于它们的形象，由于缺少声音信息，对事物的感觉不完整、不全面；听障儿童的视觉形象离开声音的信息，也使视觉形象互无联系、缺少条理；听障学生在视觉空间定向方面发生很大困难，只能看到直接进入视野内的事物，对于视野外的和被眼前物体挡住的许多东西，都无法感知到。同时，他们感知不到声音特点的变化，如声音的有和无、加强和减弱等，不能及时了解事物发生的异常变化，更难以对它们做出适当的反应。

2.言语发展特点

常言说："十聋九哑。"因为听觉障碍会引起言语障碍，而听障儿童的言语障碍多数不是天生的，研究表明即使天生的听障幼儿也会出现牙牙学语的现象，但之所以后来出现了言语障碍是因为听觉发生障碍时儿童就听不到别人的语言，缺少言语刺激，因而也无法模仿学习，学不会说话或说不好话。听障是否致哑，取决于障碍程度、障碍发生的年龄及儿童所处的环境条件。

一般大声说话的声音强度能达 60 分贝。如果听力损失在 40~55 分贝，儿童开始说话可能推迟一年，但其语言发展不会受到明显影响。如果听力损失达到 56~70 分贝，儿童开始说话可能推迟 2~3 年，并带有许多发音缺陷。如果听力损失达到 70 分贝以上，儿童可能又聋又哑。在语言形成的关键期或在此之前丧失听力，立刻就会影响到儿童的语言发展进程，有可能成为聋哑人。五六岁或以后发生听力障碍，儿童已有的语言技能不会完全丧失。

3.思维发展特点

听障儿童思维的发展遵循着儿童思维发展的一般规律：由具体形象思维到抽

象逻辑思维。但思维具有明显的直观性和形象性，由于听力的缺失，听障儿童只能借助除听觉以外的如视觉、触觉等方式来获得事物的表象，借助于手势及动作进行思维。这种思维方式依靠的手段是感性认识材料和手势、动作，具有明显的直观性和形象性。由于缺乏言语的信息的输入，听障儿童很难理解真正意义上的概念，抽象逻辑思维发展水平较低，进展缓慢，难以进行高度概括，往往达不到揭示客观事物本质属性的深度和广度。

（三）听力障碍儿童的教育行为策略

1.关注听障儿童的心理健康

听觉障碍儿童由于听觉器官受损导致听不到或听不清周围环境的声音，从而很难同健听人进行正常的语言交流。听觉障碍儿童与正常儿童沟通方式不同，他们更多地要用非听觉的方式认识世界，沟通效率会有一定的降低，这种方式会对听觉障碍儿童的心理产生一定的影响，所以家长应关注听障儿童的心理健康状况。不要由于有失落感等负面想法有意无意地限制儿童外出，应多鼓励听障儿童参加集体活动，多和同伴交往，帮助听障儿童开展适当的体育活动发展特殊的兴趣爱好等。

2.尽早开展听力训练

听力训练首先是调动聋儿的残存听力，使他听到有关的声音。其次是使他听懂这些声音。听力训练对于听力障碍儿童十分重要，如果训练方法恰当，训练内容正确，残存听力应用得好，孩子又用功，就能使孩子有较好的听力，也能较好地听懂他人说的话。当然，对于全聋的孩子，与人交流时"听话"是靠"看话"来代替的，如果孩子懂手语，可借助手语，如果懂书面语言还可借助书面语与他人交流。父母应该采用各种声音刺激，让听障儿童辨别各种常见的声乐，发展残存的听觉。另外，为了帮助听障儿童学会寻找声音的来源，可以制作大量的图片，如动物的照片、图形，交通工具的照片、图形等，凡是发声的东西能用图形、图片、照片表示的就采用，进行发声体和它发出的声音配对训练。

3.尽早开展语言训练

对于听力正常的孩子来说，出生后是通过有意、无意的方式慢慢地掌握了母语。但对听力障碍儿童而言，这个自然的过程因为听力损失或听力消失而消失了，所以家长必须通过专门的语言训练在孩子语言发展的关键期内使孩子掌握母语。听力障碍儿童的语言训练实际就是说话训练，它训练听力障碍儿童理解和运用语言的能力，尤其是训练他们听懂语言和会说话的能力，包括听话训练（对有听力的听力障碍儿童而言）、看话训练（对有听力的听力障碍儿童和没有听力的听力障碍儿童而言）、说话训练（对所有听力障碍儿童，包括没有任何残余听力的听力障碍儿童而言）。听话训练的内容包括各种音素、音节，但更重要的是听日常生活用语，包括词汇、句子、声调、语气等。开始训练时主要是听懂有关词汇和句子，待年龄稍大、听觉经验较为丰富时再体会语气。看话训练是以唇读训练为主，通过看对方的唇动、表情、手势等读懂对方语言的一种训练。说话训练就是教孩子如何说话，包括怎样用气、怎样发音、怎样说出流利的合乎语法的句子等。

五、视力障碍儿童的家庭教育

视力障碍也叫视力损伤，传统上称之为盲，我国的相关法律叫视力残疾。所谓视力障碍用通俗的话说就是双眼看不见或看不清周围的事物这样一种现象。

视力残疾，是指由于各种原因导致双眼视力障碍或视野缩小，通过各种药物、手术及其他疗法而不能恢复视功能者（或暂时不能通过上述疗法恢复视功能者），以致不能进行一般人所能从事的工作、学习或其他活动。

（一）视力障碍儿童的发现与鉴别

刚出生的婴儿严格来讲是看不清外界事物的，只是在几天之后才能看清约 20 厘米左右的物体，以后看清物体的距离慢慢增加，同时，视知觉的深度、广度、视觉交叉也慢慢发展起来，到 6 岁左右，视觉功能才比较完备地发展起来。视觉的发展特点给早期鉴别视力障碍带来了一定的困难。

（二）视力障碍儿童的心理特点

1.智力发展特点

人依靠感觉和知觉得到必要的感性材料，作为思维发展的直接依据，而视觉是人获得感性材料的主要感知觉。盲童由于视觉缺乏，对事物的感知受到局限，通过其他感觉获得的感性材料往往只能反映事物的局部特征，盲童以此作依据进行的分析、推理就很容易产生错误的判断。盲童的语言由于缺少感性的形象而形成不准确的概念，也使盲童难以做出准确的判断和推理，不容易或不能够完全形成概念。另一方面，盲童失去了视觉，常独自静听默想，进行长时间的思考，使盲童的思维比较敏捷，他们能够很快地捕捉别人话语的含义，并作出反应，这又是其逻辑思维方面的特点。

2.感知觉发展特点

视障儿童由于视力出现了损伤，只能依靠其他感官来获得外界的信息，无形中增加了其他感官的使用强度和频率，使其他感官能力加强，发挥更多的作用。一般视觉有了缺陷，相应地，听觉和触觉等其他的感觉会变得更加敏感，这类感官对周围的变化比一般人的更为灵敏。但这一结论也不完全是确定的。有研究表明，让2~8岁的视觉障碍儿童和正常儿童分别触摸诸如钥匙、梳子、剪刀以及几何体（三角形、十字架）等，未发现明显差异。

视障儿童还有一种"障碍感觉"的感觉能力。"障碍感觉"的感觉能力是指大多数盲人在独自走路时，能发现离自己尚有一定距离的物体，即使它们没有任何声音或气味。依靠这种能力，盲人可以及时避开障碍，以保证行走的安全。

3.语言发展

视觉障碍儿童一般没有智力方面的缺陷，且听力敏锐，他们语言能力能够随着年龄的增长而发展，语言水平可以达到同龄正常儿童的水平。但由于缺乏视觉获得的表象，视觉障碍儿童的语言缺乏感性认识做基础，导致语言与实物脱节，这是视觉障碍儿童语言的弱点。视觉障碍儿童不懂也不会用表情、手势和动作帮助语言的表达，即便是有的话，也是比较粗浅而大概的，视觉障碍儿童的书面语与正常人差别很大，正常人的书面语中各种感觉的表达基本上是相互平衡的，并且以视觉内容和听觉内容为主，而视觉障碍儿童的书面语更多地以听觉和触觉为主，比如"我听到……""我觉得……"。

（三）视力障碍儿童的教育行为策略

1.让视障儿童正确认识自己

父母在发现自己的孩子有视力障碍后，应该对他进行正确认识自己的教育，使之形成正确的人生观和世界观，只有这样他们才能积极地生活下去。首先让视障儿童理解和接受自己与其他孩子的区别。其次，要培养视障儿童积极乐观的心态和正向的个性。最后，也要能让他们认清自己的能力和不足。对于后天失明的孩子，要经历一段由视力正常人到盲人的适应期，这一时期对孩子自己和家人都是最痛苦的时期。但父母应先从悲伤中解脱出来，然后指导孩子尽快走出阴影，重新充满信心地生活下去。

2.引导孩子掌握必要的生活技能

生活技能的掌握对于视力障碍儿童极其重要，生活技能掌握得越早，对视力障碍儿童能力的增强就越有利，能够为视力障碍儿童以后的生活和进行融合教育打下基础。学前期视力障碍儿童需要掌握的生活技能包括吃饭的技能，穿脱衣服的技能，如厕的技能，洗手、洗脸的技能，刷牙的技能，初步洗衣服的技能。引导视障儿童掌握生活技能的方式方法和引导正常儿童没有太大区别，但是需要父母更多的耐心和多次的示范。

3.开展方向辨别和定向行走训练

方向辨别和定向行走是视力障碍儿童必要的生活技能，其能够帮助视障儿童更好地适应周围的环境。盲童的方向辨别必须专门教，尤其是在他3~4岁以后更要从概念上教给他如何辨别方向，然后，进行专门的训练和指导。辨别前后左右对盲童培养独走的技能意义最大，父母要使他尽早掌握这些基本的方位概念。盲童的前后左右是以他的面部及左右手的方位来确定的。因此，教他认识左手、右手、面、背就有重要意义。对于定向行走而言，最理想的状态是视障儿童能够独自行走，家长要注意让幼儿有一个好的行走姿势，为了达到最后使视障儿童独自行走的目的，家长可以引导视障儿童先在家长的照顾下进行行走，从而逐渐过渡到独自行走。

六、其他类型特殊儿童的家庭教育

（一）肢体残疾儿童的家庭教育

肢体残疾是指人的肢体残缺、畸形、麻痹所致人体运动功能障碍。肢体残疾包括，脑瘫：四肢瘫、三肢瘫、二肢瘫、单肢瘫；偏瘫；脊髓疾病及损伤：四肢瘫、截瘫，小儿麻痹后遗症；先天性截肢；先天性缺肢、短肢、肢体畸形、侏儒症；两下肢不等长；脊柱畸形：驼背、侧弯、强直；严重骨、关节、肌肉疾病和损伤；周围神经疾病和损伤。

以残疾者在无辅助器具帮助下，对日常生活活动的能力进行评价计分。日常生活活动分为八项，即端坐、站立、行走、穿衣、洗漱、进餐、如厕、写字。能实现一项算 1 分，实现困难算 0.5 分，不能实现的算 0 分，据此划分三个等级。

1.常见的肢体残疾儿童

（1）脑瘫儿童

脑瘫儿童也称脑麻痹儿童，由于大脑是神经中枢，中枢出了问题就可能带来一系列的外显症状。

一般情况下，脑瘫部位的不同，外在表现也可能不一样。他们有的说话不清——言语有障碍；有的走路有困难——行走有障碍；有的抓推物品有困难——抓推有障碍；有的身体有不自主的刻板动作等。有时一个脑瘫的孩子也可能同时有上述几种症状。在很多情况下脑瘫儿童可能是多重障碍者。造成孩子脑瘫的原因很多，母亲怀孕时的疾病感染、出生时的产钳损伤、窒息甚至出生后的物理化学损伤或煤气中毒等都可导致脑瘫的发生。

（2）脊柱裂或脊神经损伤

脊柱裂是一种先天性的疾病，据称在怀孕初期就已经形成了。它可以发生在脊椎骨的任何一个部位，严重者可导致肢体麻痹、大小便失禁，还可能有不出汗（自主神经系统障碍）的现象，最为严重的是导致缺陷部位以下的感觉丧失。

脊神经损伤则是中枢损伤的另一类型，当然，脊柱裂本身就会导致脊神经损伤。许多脊神经损伤是后天形成的，往往和暴力冲撞有关，如车祸就常常导致脊神经损伤。这些损伤毫无疑问能引起肢体麻痹、大小便失禁、感觉丧失等症状。这要看损伤的部位和程度。许多损伤导致瘫痪的。

（3）小儿麻痹

小儿麻痹是一种神经系统疾病，即脊髓灰质炎，它的表现是肢体障碍。它可能发生的年龄比较广泛。随着我国卫生条件的改善和疾病预防的广泛开展，这种恶性传染病在我国的发病率已大大降低，尤其是在城市，这种病基本上消失了。但是一旦感染上，这种病给人的损伤是非常严重的。症状确定后，它所引起的不仅仅是肌肉萎缩、无力，往往引起肢体（主要是下肢）障碍，使人的外形、走路都受影响。小儿麻痹症不影响智力、视力、听力等，因此，他们完全可以进行有关文化知识的学习和智力活动。

（4）上、下肢缺失——肢体截断

过去老百姓所讲的"残疾人"就是肢体缺失或截断者，这种说法是错误的。这些人往往是上肢或下肢缺失或截断，或者手指头、脚趾、脚掌缺失等。肢体缺失既有先天造成的，也有后天因疾病、外伤等截断的。先天导致肢体缺失的原因并不十分清楚，不过在胎儿各种器官发育、形成的关键期母亲滥用药物或母体病毒感染等都能导致胎儿出生后肢体残缺——包括耳、鼻缺失，唇裂等。后天主要是由外伤、疾病等造成。如交通事故、机器扎伤、暴力击打等，如未能很好地采取措施或事故太严重等都会导致肢体截断。

2.肢体残疾儿童的教育策略

肢体残疾是一系列残疾的总称，包含的类型很广，而且各类之间还是有区别的，并且和残疾的程度也有很大的关系，因此，各类型的教育策略是有一定的差别和倾向的，在这里只提示教育策略和要点。

（1）渡过困难适应期

对于所有后天致残的肢残人，家庭教育最困难、最主要或者最先碰到的问题是如何教育孩子尽快渡过致残后的困难适应期。家长应实事求是地告诉孩子病情，包括病情的程度和对孩子的影响，并树立起孩子生活的信念。家长还应尽快训练孩子的生活能力，使之适应致残后的生活。

（2）开展能力训练

首先家长应培养儿童的基本生活能力，当然这也是需要结合和考虑儿童的伤残程度的，但家长应努力培养儿童吃饭、如厕、穿衣等最基本的生活能力。同时应对肢体残疾儿童开展功能训练，包括各种大小肌肉训练、协调训练等。

（3）培养积极乐观的心态

家长要培养积极乐观的心态，以平和的心态接受现实，不要在孩子面前表现出对他的担忧，父母不要因为孩子的残疾争吵，而且要多用励志电影和故事鼓励肢体残疾的幼儿，并且鼓励孩子正常的同伴交往，经常和孩子到户外散步，和小朋友交流、游戏等。

（二）多动症儿童的家庭教育

儿童多动症，全称为注意缺失多动障碍，是儿童注意力缺乏、唤起过度、活动过多、冲动性和延迟满足困难等一系列心理行为问题的总称。它是儿童期最常见、最复杂的心理与行为障碍之一，对儿童的身心发展会产生十分不利的影响。

1.多动症儿童的心理与行为特点

幼儿的多动行为和环境污染、食物的摄入、外界刺激都有一定的关系，例如汽车尾气中的铅、食物中的人工合成添加剂、可乐中的某些成分、色彩鲜艳的好玩事物等都能促发孩子的多动行为，而且在幼儿期幼儿的情绪和行为带有不稳定性，所以多动行为频发。但是孩子好动、动作多和多动症是两个不同的问题，家长千万不要以为好动的孩子就是多动症，更不能动不动就说好动的孩子是多动症，给孩子扣上多动症的帽子。多动症典型的表现如下：

（1）活动过多

儿童是热衷于活动的，但多动症儿童的不同之处在于从外表上看，这类儿童似乎有一种用不完的精力，基本没有停止活动的时候，手动、脚动或者身子动，总有一部分身体在动。并且这些特点在婴幼儿期就能表现出来，如过分哭闹，难以入睡，喂食困难，常以跑代走，平时老是翻箱倒柜，拆卸玩具等。上学后，在需要安静的场合也表现为明显的活动过度。上课不断做小动作，敲桌子，摇椅子，削铅笔，撕纸条，拉同学的头发、衣服，屁股在座位上扭来扭去。严重的则擅自离开座位，在教室里走来走去。

（2）注意力难以集中

这是多动症儿童的典型表现，他们极容易被无关的刺激吸引注意力，而且注意力集中时间较短。一般情况下，3岁正常幼儿注意力时间能够集中5分钟左右，5 岁幼儿最多能集中 20 分钟左右，而多动症儿童的注意力集中时间远低于正常幼儿。多动症儿童在幼儿园表现为总是东张西望，心不在焉，注意听老师说话的时间很短。即使是看漫画书或卡通片，也只能够安坐片刻，便要站起来走动。干什么事总是半途而废，甚至做游戏也不例外。

（3）情绪不稳

多动症儿童情绪不稳定，冲动任性；情绪反应强烈，高兴时手舞足蹈，不能控制，不高兴时会大喊大叫，甚至咬人、踢人或自虐；情绪反应不稳定，两种对立化的情绪会在短时间内转变；多数不能遵守规则，往往冲动任性，遇事不考虑后果，经常是行动先于思维；在课堂上大喊大叫，甚至离座奔跑，抢同学东西或袭击别人；也经常破坏东西，但出现这些行为并非故意捣乱，而是没有考虑行为后果，想到什么就做什么；意志较差，不能坚持去做一件事情，经常频繁变换活动内容。多动症儿童的情绪不稳定、冲动任性的坏脾气常使同学伙伴害怕他、讨厌他，而不与之交往，因此这类儿童一般不易合群。

（4）动作协调困难

几乎半数的多动症儿童的动作协调有困难。在大肌肉动作和精细动作方面显得笨拙、不自主，并有习惯性的抽搐等表现。其中有的是平衡方面的问题，如不易学会骑自行车，体操动作不准确、不协调。有的是手眼协调差，如投球、使用剪刀时，手眼配合不好。

2.多动症儿童的教育策略

多动症儿童的教育不同于正常儿童的教育，它属于特殊儿童教育。家长与教师要学习了解有关多动症的知识，要做好持之以恒长期教育与训练儿童的准备。对多动症儿童的教育要注意以下几点。

（1）提出实际的要求

家长和教师应学习多动症儿童的特点，对于多动症儿童的要求不要完全和对待正常孩子一样，应该要求他们的多动能控制在一个不太过分的范围内。对多动症儿童的注意力集中的时间和行为也不要完全做严格的要求，而要以鼓励为主，引导多动症儿童逐渐达到较好的水平。

（2）增加活动

增加一些户外活动，如打球、跑步、滑板及各种需要身体各部分协调活动的游戏。这样做一方面有利于多动症儿童释放过多能量，另一方面可锻炼儿童动作协调能力，促进其脑功能全面发展，增强其自控能力，就像弗洛伊德所说的，特定的能量用在一个方面就不会用在其他方面了，用于建设性的活动上就没有机会消耗在破坏性活动上了。

（3）培养社会化技能

多动症儿童大多表现为孤僻、任性、脾气暴躁、做事不顾后果、不善于与他人沟通，在游戏中稍不顺心就哭闹、发脾气、动手打人。这些行为会导致同伴孤立他，不与他交往，因而多动症儿童一般都在社会化过程中出现问题。教师和家长应尽量为儿童提供与同伴相处的机会，教儿童如何与同伴友好相处。在平时多给儿童说话的机会，使其学会表达自己。另外还要为儿童提供一些榜样，供儿童模仿。

（三）感觉统合失调儿童的家庭教育

感觉统合失调症又称为"神经运动机能不全症"，是一种中枢神经系统的障碍问题，是指外部进入大脑的各种感觉刺激信息不能在中枢神经系统内形成有效的组合，使机体不能和谐地运作而产生的一种缺陷。儿童感觉统合失调意味着儿童无法控制身体感官和支配身体协调活动，会在不同程度上削弱儿童的认知能力和适应能力，会严重影响儿童的健康成长，在学龄期时，极易出现学习障碍。到了青年期，社会交往和社会适应能力都会出现问题，影响一个人正常的生活和工作。

1.感觉统合失调儿童的心理和行为表现

（1）内部感觉失调

感觉统合失调的儿童一个显著表现是平衡功能失常，表现为爱多动，不能安静，走路易跌倒磕碰，原地转圈会眩晕；注意力很难集中，上课不专心，很爱做小动作，调皮任性，易兴奋，经常违反课堂纪律，常与人发生冲突。感觉统合失调的儿童通常感觉痛觉过分敏感或过分迟钝，容易出现冒险行为，自伤自残，不懂总结经验教训，或者少动，孤僻，不合群，做事缩手缩脚，缺乏好奇心，缺少探索性行为。感觉统合失调的儿童方向感很差，容易迷路和走失，闭上眼睛易摔倒，玩不好捉迷藏等游戏，体态发展不良，站无站姿、坐无坐相，容易驼背、近视，过分怕黑。

（2）外部感觉不良

感觉统合失调的儿童视觉感发展不良，表现为尽管能长时间地看动画片、玩玩具，但无法流利地进行阅读，阅读时经常出现跳读或漏读或多字少字；绘画多反映事物的局部特点，不能反映事物的整体和主要特征。感觉统合失调的儿童听觉感发展不良，表现为对别人的话听而不见，记忆的内容丢三落四，经常忘记老师说的话等；触觉过分敏感或过分迟钝，表现为害怕陌生的环境、吮手指、咬指甲、爱哭、爱玩弄生殖器、过分依恋父母、容易产生分离焦虑，或过分紧张、爱惹别人、偏食或暴饮暴食、脾气暴躁等。

（3）动作不协调

感觉统合失调的儿童动作协调不良，表现为大动作发展如走、跑、跳发展较差，动作协调能力差，走路容易摔倒，动作没有平衡感和协调感，不能像其他孩子那样正常地滚翻、骑车、跳绳和拍球等。而且感觉统合失调的儿童精细动作不良，手指动作发展不精，表现为系鞋带、扣纽扣、用筷子等活动都进行得不好，手脚笨拙，手眼能力差等。

2.感觉统合失调儿童的教育策略

（1）注重孩子全身协调性及平衡能力的锻炼

在孩子出生后就利用一切条件和机会发展孩子的感知觉，尽可能地让孩子多翻身，多爬行。对稍大一点的儿童家长应给予其和邻里小伙伴一起游戏的自由，并且多带孩子进行户外活动，为孩子提供充分的视觉、听觉和触觉的锻炼机会，使大脑接收到更多的感觉输入，综合各种感觉，作出适应性反应，逐渐完善大脑功能。

（2）进行感觉统合训练

感觉统合训练实际是一种游戏治疗，它将感觉统合失调的儿童用"游戏"的方式加以组织，让他们置身于色彩丰富、花样翻新的活动中，在轻松和快乐的游戏中改善症状，感觉统合治疗的适用年龄是 4～12 岁，可以让患儿在精心的计划与合理的安排下，进行如走平衡木、剪纸、摆积木、走迷宫、溜冰、各种球类运动及滑板这些能够促进身体和大脑之间的协调反应的运动。

（3）给予情感支持

家长首先自己要进行心理调适，不要再给孩子压力，以免过重的心理压力加重感觉失调的现象。对有感觉统合失调的儿童，家长、教师要多在情感上关心和爱护他们，对他们表现的一点点进步也要表扬和肯定。对于暂时的状况不能讽刺和责骂，尽可能给儿童创造一个宽松的活动环境，让儿童感觉到有信心、有能力完成训练和进行学习。

第六章　社区与学前儿童教育

第一节　社区教育与儿童发展

一、社区在儿童早期发展中的价值与责任

社区是儿童社会化的非正式环境，在儿童成长过程中扮演非常重要的角色。

（一）社区在儿童早期发展中的价值

社区作为同一地域内，具有特定的互动关系和共同文化维系力的人类社会生活的共同体，影响着社区中居民生活的方方面面。同时社区作为儿童的主要生活活动场所，在儿童的成长中价值极大。

1.有益于儿童身心的全面发展

社区资源包括社区中的物质资源和精神资源。社区中的物质资源主要有社区公园、社区体育馆、社区游泳馆、社区医院等。由于儿童的生长发育会经历两次高峰期，第一次生长高峰期是在 1~3 岁，第二次生长高峰期在青春期，在儿童生长的这两个关键期，教师和家长有效地利用社区的物质资源陪伴儿童进行体育锻炼，会更好地促进儿童肌肉、骨骼、身体系统等各个方面的生长发育。

社区的精神资源主要指社区利用各种媒体资源为社区中的居民提供文化资源，也包括社区中的邻里关系。例如社区展板中的文化宣传、新闻广播，社区中的图书馆资源、社区服务中心提供的社区服务、社区中和谐的邻里关系等。儿童生活在社区中，社区文化会对儿童产生潜移默化的影响，对儿童的心理发展产生影响。由于儿童的心理发展不成熟，思维判断力相对较弱，生长环境的不同会影

响儿童的性格、为人处世的方式等。因此，如果社区能够提供良好的物质资源，就会对儿童的身体发展产生促进作用，而良好的精神资源则会对儿童心理的发展起到促进作用。

2.有益于培养儿童的主人翁意识

儿童的生长活动主要是在社区，尤其是还未进入幼儿园的幼儿，他们的活动场所主要就是在社区。社区可以为儿童提供资源，组织各种活动。例如社区工作人员组织不同年龄段的儿童对社区中的垃圾进行分类整理，帮助清洁阿姨一起打扫卫生，去社区中的医院做小小志愿者等。这样儿童在利用各种社区资源进行活动的过程中，不仅促进了自身健康、认知的发展，还在与其他儿童的活动中锻炼了人际交往能力。应在不断参与社区活动的过程中，培养儿童的主人翁意识，让儿童逐渐意识到自己是社区的一员，可以为社区做力所能及的事情。

3.有益于儿童幼儿园课程的学习

社区作为居民的居住生活场所，提供的社会资源具有更多时代的特征，比如社区的建筑风格、活动场所中机械的配备、社区中的文化宣传等，都会紧跟时代的潮流。因此社区作为儿童回家之后的主要活动场所，会从各个方面持续不断地扩大和丰富儿童的现实生活经验。儿童在学校中学习的课程，都以儿童的生活经验为主要依据，所以儿童在社区中的生活经验越丰富，越容易理解在幼儿园学习的知识内容，越容易产生知识的迁移，从而有益于儿童幼儿园课程的学习。

（二）社区在儿童早期发展中的责任

儿童生活在社区内，社区势必对儿童各方面的发展产生不同的影响，尤其在儿童发展的早期阶段。社区会通过各种正式或非正式的方法，为社区居民提供一些知识、生活技能、道德教育等，以及提供影响儿童认知和价值观的一系列机会。

1.提供游戏场所

儿童早期的生理发展是非常迅速且多变的，更多的物理刺激可以促进这种发展。社区有责任为儿童的生理发展提供更多的物质条件。例如环境优美和空间宽阔的社区公园可以为儿童提供良好的活动场地，以便接受更多的日照和新鲜的空气。社区体育馆或体育场的塑胶跑道或地板可以为儿童提供相对安全的探索空间，以便儿童发展大动作。社区医院更是为儿童身体的健康发展提供全面的保障，从新生儿出生后开始，通过家庭定期检查、打疫苗等系列健康护理系统促进儿童身体健康发育。

2.提供认知刺激

儿童的认知与思维发展需要较多的因素刺激，尤其是处于感知运动阶段的儿童。每个社区都会通过各种媒体（例如板报、广播、电视等）来提供新闻和信息。这些新闻和信息对儿童的认知发展产生不同程度的影响。公园和体育健身场所为儿童提供了锻炼身体的场所和体育运动类的相关知识。美术馆和展览馆等机构为儿童提供了欣赏美的机会和知识。图书馆提供图书，为儿童拓展认知视野。社区学校为儿童的语言发展提供了练习的场所。居委会和社区服务中心提供大量的信息资源，帮助儿童健康、安全地成长，同时这些信息资源也为刺激儿童的认知发展提供了多元的途径。

3.支持儿童情感和社会化发展

3岁以后的儿童已经能够很好地理解自己和他人的情感，能够更好地掌握情感表达的技能。社区为儿童的情感发展提供了安全感、归属感和身份认同感。例如，社区内的安保设施为儿童的健康成长提供了安全基地。社区内的居委会等组织机构可以为儿童和居民提供本地归属感和身份认同感。娱乐健身场所可以为儿童提供混龄玩耍的机会，对促进儿童社会化有良好的促进作用。

二、社区教育与社区学前教育

在对儿童的教育过程中，仅仅通过幼儿园教育无法完成对儿童全面教育的任务，还需要家庭教育和社区教育的合作与协助，才能保障幼儿教育目标的最大化实现。无论是幼儿园还是家庭，都是生活在社区中的，都受到社区文化、社区环境等各种因素的影响，幼儿园教育和家庭教育只有联合社区教育，才能最终实现对人的教育目标。同时，社区教育与区是幼儿走向社会的重要场所，社区教育亦是幼儿教育的重要组成部分。

（一）社区教育

关于社区教育的概念，国内外有多种界定，多数从"教育"的角度而言，也有从"社区、社会"的角度来界定。社区教育，顾名思义是"社区"与"教育"的有机结合。我国学者普遍认为，社区教育是反映和满足社区发展需要的，对社区全体成员的身心发展施加影响的教育活动和过程，是实现社区全体成员素质和生活质量的提高以及社区发展的一种社区性的教育活动和过程，实施社区教育，街、镇组织是行为主体，街、镇组织将社区内各种教育因素集合、协调，形成合力，使之发挥整体作用。

无论对"社区教育"下何种定义，社区教育的范围都是社区内部，教育对象是社区全体成员，教育目的是提高社区成员的素质和生活质量，从而整体提高社区居民的国民素质和水平。社区教育的内涵可以简单总结为三个方面：社区教育是在社区中的教育；是为了社区的教育；是关于社区的教育。

（二）社区教育的特征

社区教育首先立足"社区"，是以社区为依托的全民化教育，同时也是一种教育形式，因此，它既具备社区的特性，也具备教育的特性，这是社区教育区别于其他教育形式的特殊性。具体来说，社区教育主要表现为以下几种特征。

1.区域性

社区是社区教育的基本构成要素，社区教育是以社区及其居民为中心开展的。然而，不同的社区有着不同的特点，其所在城市、地理位置、文化背景甚至经济发展水平都不同。在社区教育过程中，居民的需求也相应地有所不同，教育的内容亦有所不同。因此，社区教育就突显出区域性的特点。

2.全民性

既然社区教育的对象是社区内的全体居民成员，从年龄跨度上来说，包括从婴儿到老年人；从居民户籍上来说，既包括本地居民，也包括外来人员；从经济地位上来说，既包括经济状况好、社会地位高的人，也包括经济状况差、社会地位低的人。因此，社区教育具备全民性的特点。

3.多样性

由于社区教育的区域性以及教育对象的全民性，社区教育的内容呈现出多样性的特点。社区教育的内容是根据本区域内居民的特点进行设计的，无论是胎教、学前阶段教育、中小学阶段教育还是成人教育、老年教育，其内容都依据其对象年龄的不同而不同；也可以依据居民的特殊需要进行特别设计，例如音乐、舞蹈等兴趣类教育课程，或烹饪烘焙等技能类教育课程。

社区教育的学制可根据内容的不同延长或缩短；社区教育的地点可根据实际需要的不同而设置在室内、室外等任何地方；社区教育的人数可根据居民报名的实际状况进行调节；社区教育的形式可以是正规教育模式，也可以是非正规教育模式；等等。

4.互补性

社区教育作为一种教育形态，可以成为家庭教育和学校教育的互补形式。社区教育与家庭教育和学校教育不同，它具备更灵活、更具有针对性的优势。同时，社区教育作为终身教育的一部分，可以弥补家庭教育和学校教育所不能涉及的范围。

（三）社区教育的内容

社区教育的内容非常丰富，可根据居民的年龄不同进行分类，也可根据居民的实际需要进行分类。我们从人类全面发展的素质教育观点出发，可以将社区教育的内容划分为：社区德育、社区智育、社区体育、社区美育、社区劳育。

1.社区德育

德育是培养人的道德品质的教育。社区德育则是通过各种途径来对社区内的居民进行道德品质教育的一种方式。所有涉及道德教育的内容基本上都可以通过社区教育来潜移默化地深入居民内心。例如基本道德品质教育可以教育居民学会诚实、勤劳、勇敢、尊重、正直等基本品质；例如公民道德教育可以教育居民学会爱国守法、明礼诚信等，通过社区组织的爱国主义、集体主义教育等活动，让居民们学会将爱国主义认识深化为爱国主义情感，进而上升为爱国主义行动；再例如社区内的家庭美德教育，可以让居民认识到家庭稳定和幸福对于孩子、个人、社区和国家的重要性，学会尊老爱幼、夫妻和睦、育儿有道、邻里和善的美德。

德育不仅仅是学校对学生的教育任务，而且更是全社会对全体公民的教育任务。因此，社区德育是学校德育的延续和补充，是社区对其成员进行教育的基本内容之一。

2.社区智育

智育是开发人的智力的教育，通常以学校的智育为主。社区智育则是依据社区居民的需要，利用社区资源来促进居民智力和智能发展的一种教育方式。主要包括向社区内的居民传授相关知识和技能，以提高其智力发展水平。学校智育主要以学科知识和技能的学习为主，而社区智育则主要以生活知识和技能的学习为主。通过对生活知识的学习，居民可以改善生活质量、提高生活品位、实现自我发展。通过对生活技能的掌握，居民可以适应社会生活，提升社会竞争力。

常见的社区生活知识的内容包括传统文化知识宣讲、养生知识传授、理财知识宣传、消防常识储备等；常见的社区生活类技能包括多媒体技术运用、各类职业培训以及文化礼仪学习等。社区智育作为学校智育的补充方式，可以极大地弥补学校智育的不足。

3.社区体育

体育是提高人的体质和体能的教育。社区体育则是以社区内的体育场所和设施为依托，满足社区居民提高身体素质需要的一种方式。在国家提倡全民健身的号召之下，人们越来越关心自身的健康，同时随着社区的发展，有越来越多的锻炼身体的方式可供居民进行选择。社区组织者也提供更多具有趣味性、公益性、服务性的活动项目来丰富居民的文化生活。

社区体育常见有技能培训类，诸如篮球、足球、乒乓球等球类培训，亦有游泳、跆拳道等培训；也有竞赛类活动，诸如居民运动会等，可以以个人为单位，也可以家庭为单位；还有健身类活动，充分利用室内及室外的体育器械，甚至周围的自然环境，为居民提供强身健体的机会。

4.社区美育

美育是促进人对美的事物感受和欣赏能力的教育。社区美育则是充分利用各种资源，提升社区居民对美的事物的认识能力、鉴别能力、欣赏能力的一种教育方式。社区美育帮助居民从自然环境、美术作品、音乐鉴赏中去发现和感受自然美和艺术美，增加对美的体验，感受美的含义，营造美的氛围，从而提高生活质量和水准。

社区美育常常通过举办各种艺术活动、讲座、展览、演出等来深入居民生活，例如社区儿童画展、社区乐队表演等形式。同时，社区美育也承担着引导居民树立正确的审美观的责任，要帮助居民掌握正确的欣赏美的标准，形成高尚的审美情趣，提高审美水平。

5.社区劳育

劳育是劳动教育的简称，是帮助人树立正确的劳动观念和劳动态度的教育。社区劳育则是在社区范围内，通过生产劳动和公益劳动的形式，帮助居民正确认识劳动，树立良好的劳动观，培养热爱劳动的情感，养成劳动习惯的一种教育方式。通过社区劳育，帮助居民形成以劳动为荣的观念，抵制好逸恶劳、不劳而获、奢侈浪费等不良观念的影响。

社区劳育可以采取社区或街道生产厂来进行生产性劳动，同时也可以解决社区内部分居民的就业问题。当前城市内更常见的是社区公益劳动，诸如社区卫生清洁、社区内孤寡老人生活看护等，既能解决社区中存在的一些困难问题，也能帮助居民形成正确的劳动观念。

（四）社区学前教育

社区学前教育是社区内为0~6岁学前儿童或全体居民设置的教育设施和教育活动，是多层次、多内容、多种类的社会教育。社区学前教育是社区教育的重要组成部分，其对象不仅仅限于社区中的幼儿，也包括他们的家长及社区全体成员。

当代世界各国的社区学前教育正以多样化的形式发展着，如美国的"提前开始计划"，在社区里让家长参与教育并共享经验。英国又出现"确保开端"项目，为改善处境不利儿童的生活和学习提供服务，该项目采取以社区为依托的跨领域、跨部门协作方式，其服务内容涉及医疗保健、儿童保育、早期教育以及对家庭的支持。日本20世纪90年代中期以来的"天使计划"等方案，致力于"建立社会共同支持援助、面向社会开放的儿童教育新局面"，社区根据当地实际情况和需要，制定规划和发展保育服务事业，建构社会育儿支援系统。

我国目前的社区学前教育主要包括正规的和非正规的学前教育活动。正规的社区学前教育是为3~6岁未入学的儿童所办的社区托儿所、幼儿园、学前班等机构开展的教育活动;非正规的社区学前教育则是组织学前儿童,特别是未进入托幼机构的散居学前儿童开展的教育活动。在实施途径上主要形成了以幼儿园为主导和以社区为主导的两种合作模式。通常正规的社区学前教育活动采用以幼儿园为主导的模式进行,而以社区为主导的模式常常用于非正规的社区学前教育活动。

近年来,我们提倡幼儿园、家庭、社区"三位一体"合作共育的观念与模式,建议社区学前教育可以采用以社区牵头、以幼儿园为主体、以家庭教育为基础的方式进行。社区牵头联合社区内各部门包括妇联、计生委、居民科、医院保健科,并吸收社区的有关单位参加。明确各成员单位分工,协调各部门向社区儿童服务,动员幼儿园向社区儿童开放,鼓励家庭积极参加,组织社区学前志愿者服务队等,其他有关单位提供相应的人、财、物力和场地支持。这种管理与组织形式能很好地保障社区学前教育的开展。在以幼儿园为主体的情况下,也可以向那些因各种原因没有入园的儿童发放联系卡,让他们定期参加幼儿园的活动,给他们提供参加集体活动的机会。在以家庭教育为基础的前提下,社区和幼儿园还以开办家长学校、保姆学校、爷爷奶奶班等形式,向对孩子有直接影响的人进行集体培训,免费发放有关教材;也可以提供讲座与咨询服务,向家长宣传科学的育儿知识,幼儿的心理发展及规律等,提高家长对科学育儿的认识。

(五)幼儿园与社区的关系

幼儿园是社区的组成部分,是社区的小环境。与社区学前教育合理结合是幼儿园工作的重要方面。同时,社区文化、社区环境和社区资源同样对幼儿园的其他工作有着潜移默化的影响,并可以为其带来诸多便利。

我国幼儿园与社区合作的主要途径包括:通过社区教育委员会的指导和协作,与社区内的各种社会机构配合,一起展开活动,鼓励家长参与,加强家长间的沟通与交流;利用教育资源,发展以幼儿园为核心的社区幼儿教育,优先照顾社区儿童入托,请家社区里的桥:长听幼儿教育讲座,为社区提供学前教育服务;为社区的精神文明发展服务,优化社区;形成富有地域特色的社区文化体系。

三、以社区为主导的家庭教育指导模式

我国家庭教育指导的对象主要包括新婚夫妇、孕妇和其丈夫、0～18岁孩子的家长。一般在较大的城市，对各类人群的指导工作往往有着较为明确的分工。

在这些指导中，由街道、乡镇等社区组织的对本区居民的家庭教育指导日渐受到重视。未来的社会将是一个开放的社会，一个合作的社会，通过社区，可以加强不同家庭之间的交流与沟通，优势互补，资源共享。今后，社区在家庭教育指导中将发挥更大的作用。街道可以利用现有物质和文化资源，建设家长指导中心和亲子活动园地，为指导活动提供场所。一般的做法是以街道、乡镇内的社区文化站、托儿所和幼儿园作为开设讲座、召开交流会、组织讨论的场所；以儿保所、居委会作为咨询中心的服务场所；以托儿所、幼儿园的场地在添置婴幼儿活动设备后作为社区开展亲子活动的场所。这些场所定期向社区婴幼儿和父母开放，并有指导人员进行现场指导。

在有些国家，法律规定某些人群必须接受相应的家庭教育指导，如巴西的法律就规定要登记结婚的年轻人，一定要首先到政府专门组织的婚前教育机构接受训练，主要学习如何处理婚后生活和子女教育等方面的知识，集训结束时参加考试，及格者发给证书，准许登记结婚。如果考试不及格，则必须继续学习，直到及格为止。

社区开展家庭教育指导的具体形式有以下几种。

（一）知识讲座

知识讲座是以往各级指导部门在开展家教指导时最常选用的方式，也是社区指导家庭教育普遍采用的方法。街道或乡镇应该善于利用社会上的人力资源优势，有计划地邀请一些著名的儿童保健专家或心理专家、家庭教育专家等，来社区举办一些科学讲座或报告，系统介绍有关儿童发展及教育方面的知识、方法和技术；也可以发挥社区优势，聘请本区内有经验的教师或家长，开设与家庭教育相关的系列讲座。

我国大多数城市家庭教育方面的公益性讲座举办得并不多，可是从家长们的热烈反映来看，他们十分需要家庭教育方面的专业指导。在一些欧美国家，大部分社区都有类似社区学校的指导中心。每个周末，指导中心会开展许多种类的讲

座，而家庭教育是其中重要的一部分。

社区组织的家教知识讲座最好利用晚上或周末等非工作时间进行，以保证有更多的家长参加。通过这种短期内集中培训的方式，能够有效地使家长了解到最新的家庭教育观念和方法，意识到自己教育中的问题，找到解决与改善的途径，提高家长的家教水平。

（二）社区亲子活动

社区建立"亲子学苑"，开展亲子活动，增进亲子关系，使家长在与儿童的共同活动中了解孩子，同时，指导人员可以通过观察亲子互动的过程，有针对性地进行指导。

亲子活动主要包括以下几种。

1.运动游戏

家长和婴幼儿可以开展此种游戏，使孩子在身体活动和动作训练中得到锻炼，同时增进相互的情感。如：举着 1 岁的孩子在天上"开飞机"，和 2 岁儿童一起学"小乌龟爬行"等。很多幼儿园为社区 0～3 岁的儿童开设"亲子班"，组织一些运动游戏。

2.角色游戏

通过扮演生活中的某种角色，来发展儿童的想象力和模仿能力。这是 3～6 岁儿童最典型的游戏，家长可以和这个年龄段的孩子一起玩，比如"医生和病人""营业员和顾客"等。

3.规则游戏

父母和年龄较大的儿童可以进行这类游戏，在游戏中形成共同规则并遵守。如"下象棋"。

（三）社区媒体宣传

社区可以利用舞台、电影、电视、广播、录像、书籍、刊物、报纸等宣传工具向家长传授教育子女的科学知识，用正确的教育思想和科学的教育方式方法来武装家长的头脑。这种指导方式的优点非常明显，不仅受教育的对象相当广泛，而且宣传内容具有形象、具体、生动的特点，更容易吸引家长并为家长所理解、接受。

此外，社区还可以组织家庭教育经验交流、专题讨论，或者邀请学前教育工作者、卫生保健人员、营养师或医务人员，在节假日举办有关家庭教育方面的现场义务咨询活动。

四、社区促进幼儿发展的实践范例：以方案教学为例

方案教学承认儿童的潜能，强调教师要尊重幼儿的兴趣，以幼儿为中心，满足幼儿的需要，鼓励幼儿自主自发的探索，重视环境的组织，让幼儿通过与环境的互动获得第一手经验，并通过各种各样的方式进行知识建构和自我表达。它还鼓励学校、家庭和社区之间的互动交流，在此过程中使幼儿获得身心的全面发展。在家、园、社区合作背景下的幼儿园教学是我国学前教育的重点所在，幼儿园应与家庭、社区密切合作，充分利用自然环境和社区的教育资源，扩展幼儿学习和生活的空间，同时幼儿园应为社区的早期教育提供服务。

（一）关于方案教学

方案教学是以某一主题为核心向四周扩散编制主题网络，制作主题网络程序，然后根据儿童的兴趣、需要让儿童对主题网络中的不同小主题进行探索、研究的教学活动。因此，方案教学最为突出的特点是强调儿童的兴趣以及儿童的自我探索和自我发展，一切成人的配合、环境的利用、活动的展开都将本着这样的出发点。

（二）方案教学的实践以某汽车城幼儿园为例

在方案教学中，孩子能自主地创作和探索，他们充分感受到自己探索的乐趣。这样的互动包含着智慧的激发与碰撞、经验的交流、情感的共享，幼儿一直在找寻生命真正的意义，能力也得到不断提高。

1.方案教学资源阶段

研究选取的幼儿园地理位置优越，幼儿园地处汽车城，社区内汽车产业发达，汽车文化氛围浓郁，幼儿家长中也有许多汽车城员工。同时，针对汽车城这样一个社区氛围，许多社区机构，如博物馆、同济大学等都逐渐形成了独特的文

化资源。这些为方案教学的实施奠定了丰富的物质资源、人力资源和文化资源基础。

2.方案准备阶段

（1）主题的产生

方案教学强调学习活动对幼儿的意义，幼儿的学习动机可以是自发的，也可以是经由教师诱导所引发出来的，所以教学的第一个步骤就是引发幼儿的学习动机。在方案实施初期，教师发现"汽车"这个主题与幼儿的生活息息相关，且幼儿生活在上海汽车城这样一个大的社区环境，探索"汽车"主题有着比较充足的条件，因此，教师通过在班级投放汽车玩具、在区角设置汽车相关活动来吸引幼儿的注意，同时带领幼儿参观汽车博物馆，以具象的视觉冲击来引发幼儿的活动兴趣。

（2）主题网的编制

在参观汽车博物馆的过程中，教师引导幼儿用纸和笔将自己的疑问和发现记录下来，同时完成亲子学习单，内容包括"我的问题、我的发现、我的兴趣点"，最后再经由集体交流讨论，得出大部分幼儿的兴趣点都集中于汽车的零部件和结构，由此初步得出"汽车结构"探索的主题网。

3.方案探索阶段

对于幼儿在参观汽车博物馆时遗留的问题，教师首先鼓励幼儿用各种各样的方法尝试解决，如向父母咨询、与同伴讨论、寻求网上的答案等。经过一系列的"答案查找"后，幼儿解决了一部分较为简单的问题，而一些相对专业的问题仍没能得到解决。此时教师引导幼儿思考：什么样的人可以为大家解决疑问？最终，以"某大学汽车工程技术学院研究生进课堂"的方式，为幼儿进行汽车知识的宣讲和答疑，幼儿在与大方案探索阶段学生互动的过程中，得以解决关于汽车的疑问，同时拓展新的知识。

方案教学强调活动的意义，强调"做中学"。通过前期的初步探索及知识拓展，幼儿对于汽车的外部结构有了一定了解。因此教师与幼儿共同商讨以小组合作"制作"汽车的方式的进一步开展方案。制作过程中，出现了许多新问题，如：幼儿的汽车设计图与实际制作的汽车大相径庭、同一辆汽车的轮子大小不

一、汽车的轮子不能转动、汽车没有窗户……为了让幼儿意识到这些问题，教师组织幼儿参观某大学汽车工程技术学院的汽车制造室，同时向制造室里的大学生提问。这一次的参观和答疑给了幼儿许多新的观念冲击，幼儿对汽车的研究更加深入和专业了。经过师幼共同商讨，幼儿对自己所制造的"汽车"进行修改和完善工作。经过一次次的集体讨论、分享经验、交流建议后，每个小组都完成了汽车制作。

（1）回顾方案

教师整理出方案教学活动历程中的照片，从一开始参观汽车博物馆，到产生问题，到同济大学汽车工程技术学院的大学生来解答，再到小组合作画设计图并制作汽车模型，直到最后完成了五个汽车制作，通过照片的形式再次带领幼儿一同回顾了这次方案教学所经历的全过程，让幼儿对过程中自己的学习和研究进行回忆和巩固。由于是第一次进行方案教学，考虑到幼儿对主题网还不太熟悉，因此教师通过罗列出完整的主题网，向幼儿展示与第一张主题网的对比来让他们回顾自己兴趣的发展和研究工作的历程。

（2）举办展览

展览分两次进行，一次是针对幼儿园的大班幼儿，另一次则是对家长、社区人士及专家。在展览之前，每组幼儿对于展览进行了分工：谁负责主讲？谁负责补充？谁负责答疑？在第一次展览之后，教师和幼儿结合实际展览中出现的问题，一起思考展览的哪些细节需要调整，如各个展区位置的摆放、主讲人讲解内容的选择、时间的控制等。经过改进，幼儿第二次的展览有了较大进步，来参观的家长、社区人士及专家对幼儿建构的作品和本次方案教学中孩子们的改变都给予了很高的评价。

（三）方案教学的实施效果

1.幼儿的成长

方案教学所注重的并不是幼儿掌握了多少知识和技能，而是在活动过程中幼儿积极的情感态度、良好的社会性行为、对周围世界探索的好奇心以及良好的问题解决能力的培养。从此次方案教学的实施效果来看，幼儿在读写和语言能力、认知能力和社会性上都有一定程度的发展和提高。

2.家长的成长

方案教学的实施使家长有机会参与幼儿的学习过程。在方案教学活动开展的过程中，研究者和教师尽力将家长纳入教育资源，请家长参与到幼儿的学习过程中。担任过志愿者的家长在后期访谈中表示在参与方案教学的过程中，家长得以观察到幼儿的学习过程和方式，看到幼儿在参观中兴奋的脸庞和出色的学习能力，看到教师与幼儿相处的技巧，自己也在其中收获良多。

在方案教学的实施中，家长感受到孩子的成长。在后期访谈中，当研究者与家长提到幼儿在过程中的成长与改变的时候，家长都显得十分高兴和兴奋，对于自己孩子在一些方面明显的进步表现出欣喜，真心表达了对于此次方案开展的支持和赞扬。家长们明显观察到了幼儿在对汽车的兴趣以及在分享、合作和协商、动手能力、语言表达、思维方式和探究精神等方面的提高。

方案教学也使家长更理解了幼儿园的教育理念。在方案开展前期，家长对方案教学的支持和认可停留在比较浅的层次，大多数家长认为"方案教学课程感觉很好"或"与传统教学不同，可以让孩子有更好的发展，想尝试让孩子参加方案教学"。而在结束了整个方案教学的流程后，家长对幼儿园的方案教学有了更直观和深刻的认识。大家分成一个组，然后几个人合作做出一个成果，不管是好的坏的，大家一起开动脑筋设计出一个东西，做成以后站在前面跟大家分享、交流、提问，这种方式有点类似国外大学课堂的主题讨论活动。家长表示愿意支持幼儿园继续开展方案教学，并愿意持续提供人力和物力上的帮助。

3.社区的收获

在方案教学的实施过程中，社区也建立了社区资源库，并建立了与幼儿园（学校）合作的机制，社区成员参与儿童成长的热情也更高，社区与幼儿园一同在更广范围内探索教育资源，并积极贡献于社区。

（1）建立了社区资源库

与社区合作，幼儿园成立"教育资源调查小组"，对幼儿园周边的企事业单位、居委会、博物馆、书店、公园、学校等设施进行调查和统计，了解社区中遍布的自然资源和人文资源，建立起社区环境、设施、人际关系资源的资料库，使社区资源更系统、可用。

（2）与社区机构建立合作机制

为了能持续获得一些优良社区资源的支持并与之合作，幼儿园与相关单位和社区机构签订教育合作条约，共同建立合作机制，建立社区教育资源基地，规范和建立一系列的合作项目、事项和流程，为幼儿园和社区将来的方案教学开展提供便利。

（3）调动社区人士的参与热情

在方案教学的实施过程中，幼儿园积极邀请社区人士参与，采取各种积极的措施调动社区人士参与幼儿园教育活动的热情，让他们更乐于参与幼儿园的活动，意识到社区对幼儿教育的促进作用，继而愿意投入到幼儿教育中去。例如幼儿园在举行各种大型活动、各类与社区资源相关的主题方案活动时，邀请相关的或是有合作关系的社区人士来园进行观摩，融入幼儿之中，体会其中的乐趣，引发参与的热情。

（4）充实了社区文化建设

幼儿园除了单方面从社区里寻求和索取教育资源和支持外，也要为社区的发展和建设添砖加瓦，为社区内幼儿和家庭的成长和教育贡献力量。幼儿园和社区的关系只有基于如此双向的互惠互利关系上，才能保证双方长久地成为教育合作伙伴，作为教育共同体，为幼儿教育带来长远的效益。

幼儿园可以将方案教学活动主题展览扩展至社区，将展览办进小区内、敬老院、公园、福利院等地，请社区内的居民来参观，丰富他们的生活，为社区带来欢乐；也可以在社区内举办公益讲座，进行关于育儿主题的科普讲解或知识问答，在幼儿教育领域内为社区中的居民提供服务；同时也可以将受众群体定为社区中的学龄前或托班幼儿，在周末举行各种有趣的活动，邀请社区内的幼儿一同游戏、玩耍，为社区间的同伴交流创造一个良好的机遇和环境。

第二节　社区的教育资源及其利用

一、社区的教育资源

家庭和幼儿园存在于社区这个生态环境之中。儿童的成长不可能脱离社区的影响。个体发展的环境是一个由小到大，层层扩散的复杂的生态系统。"家庭—幼儿园—社区"是对儿童发展影响最大也是最直接的微观环境，它对幼儿发展所起的作用是其他任何因素不能比拟的。社区资源主要指自然资源、人力资源、物力资源、信息资源。那么如何发现、挖掘社区中的有用资源并加以利用呢？

（一）社区自然资源

在幼儿园可触及的范围内，教师可以找到很多自然资源，如商业区、购物中心、运输系统、仓库、建筑工地、警察局、消防局、公园、娱乐场所、教堂、动物园、博物馆等等。

一个儿童生活的地方可能在城市、近郊或农村。不同的环境可用的资源有所不同。无论是城市还是农村，随着生活水平的提高，环境保护意识的增强，人们对居住环境的要求也越来越趋于自然化，居住社区甚至办公园区的绿化率不断增大，假山、池塘、小河逐渐增多，且向花园式发展。教师和家长可以充分开发利用家园所在社区的自然资源，让儿童通过花草树木了解一年四季的变化，通过小河、沙坑、假山了解物质的不同形态，通过花鸟鱼虫了解生命的各种过程，在锻炼儿童观察力的同时增加知识储备。教师和家长也可以充分开发利用社区周围的乡间农田资源，让儿童学习观察认识不同种类的农作物，了解农民的劳作过程，在增长知识的同时学会珍惜粮食。教师和家长也可以充分开发利用社区周围的山川和河流资源，让儿童了解大自然的美丽与神奇，在拓宽视野的同时学会保护环境。

（二）社区人力资源

每一个社区都由其独特的社区经济和文化构成。对幼儿园而言，社区人力资源主要包括两类：家长资源与社区志愿者资源。

1.充分发挥家庭优势，开发家长资源

教师可以通过了解儿童家庭的特点，发挥家庭优势，让儿童的父母或祖父母充当志愿者，利用家长的个人爱好、职业特点以及工作的便利条件等，与家长一起协作为促进儿童发展创造条件。

教师开发家长资源应本着"自愿"的原则。不是所有的家长都愿意或者都有时间来参与幼儿园活动，所以建议教师应提前与家长联系，针对家长志愿者的时间来安排各种活动，最好能将一个学期或者一个月的时间表安排好，这样也利于家长提前做好准备。同时，利用家长资源也要让家长明确幼儿园教育的目的和要求，以及需要家长配合的方式和方法。

教师也要关注儿童的祖父母辈，也许他们没有最新的教育理念，也可能知识程度不高。但祖父母们可能有着更传统的文化背景，他们对本地区的风俗习惯，历史传说，民间艺术技巧，传统游戏、儿歌等内容更加了解，这些也是一种重要的教育资源，可以开发与利用。

2.鼓励社区志愿者，充分利用社区资源

社区中有大量的人力资源。幼儿园可以和社区合作，鼓励社区中一些感兴趣的人一起投入到幼儿教育中，成为社区志愿者，比如社区公务员、居委会、离退休干部等。可以欢迎他们到幼儿园参观，帮助他们了解

幼儿园的教育过程，同时也能达到拓展幼儿与成人交往的广度与频率、促进儿童的社会化的目的。也可以与志愿者一起带小朋友们进入到社区中，参观社区机构，如社区医院、体育活动中心、社区剧团等；也可以参与各种社区活动，如社区养老、助老活动，社区文化节等。

教师可以充分利用社区志愿者加强幼儿园的教育，全方位了解志愿者的性格特征、职业特点、工作范围、生活方式和文化民俗等，通过向他们介绍幼儿园所需要的各种服务，吸引他们参与到教育中来，充分利用社区的人力、物力、财力资源，使儿童有机会去分享成人的知识、经验、兴趣，加快儿童社会化的步伐，

形成优异的社会性品质。

（三）社区物力资源

社区有很多配套设施，教师可以发现社区中有大量可以在教室中使用的材料，以及可以给幼儿园提供物资支持的机构，如小区快餐店可以给幼儿中心捐赠杯子和餐巾纸，木材厂会提供废弃了的木头块和戏剧表演的道具，电话公司可以提供旧的电话装置，等等。

社区中的许多场馆设施可以作为幼儿教育的物力资源加以利用。社区作为人类聚集居住地，更加具备生活性的特点，同时也是社会交往比较密集的地方，周围通常都会配备公园、图书馆、医院、体育活动场所、超市、菜市场、展览馆、邮局、银行、商场等其他公共设施。在什么地点进行何种活动则需要教师和家长发挥创造力和想象力，有目的、有针对性地引领儿童进入社区里的不同场所，深入实地去观察某一场所的设施安排以及社会生活规律，以拓展儿童视野，促进其社会性发展。

社区中的公园可作为物力资源的首选。通常公园较之幼儿园有更加开阔的空间，可以促发儿童的探索欲望，锻炼运动技能，以及在与他人互动中提高社交能力等。

社区图书馆通常都有儿童读物，教师也可以引导儿童熟悉图书馆的借、还书流程，学习遵守馆内读书要求，体验社会生活规则。同时，图书馆的大量藏书也会激发儿童的阅读兴趣和求知欲，培养儿童好学的态度。

社区医院是对儿童进行健康教育的良好场所。教师可以通过体检、打预防针等活动，扩充儿童健康知识，形成健康生活观念；也可以通过请医生讲解生病原因、卫生知识等教育儿童要养成良好的生活卫生习惯，同时也为幼儿园中医生角色扮演游戏提供更加真实的素材。

社区体育活动场所可以说是幼儿园活动场地的外延。球类馆、游泳馆、草坪球场以及运动器械等都为提高儿童运动技能开辟了广阔的天地。儿童在摸爬滚打中发展认知世界、感知世界的能力，发展自我控制的能力以及与同伴协调、合作的能力。

社区必备的超市或菜市场也是丰富儿童知识储备的教材库。带幼儿去超市或菜市场购物，小、中班幼儿教他们认识各种商品和蔬菜，学习怎样挑选自己需要的东西，大班儿童甚至可以尝试让他们自己计算购物费用，学会合理运用钱财。

社区中的展览馆、博物馆、科技馆等也是丰富的知识源。教师可以利用馆藏资源，进行主题式教育活动。可帮助儿童上知太阳、地球、月亮及行星的活动规律，下知地球板块、四季变化方式，博传统久远之历史，通科技发达之现今。在扩大儿童知识面的同时，培养其热爱科学和积极探索的精神，满足其好奇心和求知欲，提高实践动手能力。

社区中的邮局、银行及工厂等其他公共设施也分别可以达到不同的教育效果。教师可以尝试根据教学内容带领儿童进入其中，让儿童在看、听、摸、玩、做的过程中，加强感官体验，增长见识，丰富社会知识，同时也认识到社会分工的不同，加深对职业的理解。

教师开发利用社区内的自然、人力和物力资源，可以把幼儿园内的学习与幼儿园外的实践活动有机地结合起来，让儿童通过体验和探索获得知识与成长。社区中的任何人和任何场所都会为儿童提供学习机会和学习经验，教师加以合理利用则有可能把这些隐性的知识显性化，从而提高儿童学习的质量。

（四）社区信息资源

社区信息资源来源于关于教育和商业的电视节目、网站及印刷广告材料等媒体，这些资源给儿童展示他们所能直接接触的社区之外的世界，从而拓展儿童的视野。社区中各类信息资源也为幼儿提供了认识世界和接受教育的机会。教师运用社区的信息资源可以将幼儿园和社区教育融合起来。

儿童通常在无意间接受信息，同时帮助他们接触媒体信息资源的成年人常通过各种活动、谈话和反馈帮助儿童获得潜在学习的机会。因此，作为教师，应正确及恰当地运用信息资源，避免儿童花太多时间沉迷于各种媒体，使儿童的学习机会达到最大化。

我们建议教师要合理选择利用这些资源中的有用信息，并及时向家长进行传递。这样做可以增强家长的教育能力，提高教育质量，促进儿童的学习与发展，巩固幼儿园与家庭和社区以及家庭与社区彼此之间的友好关系，让家庭和社区都融入儿童教育范畴。教师也需要帮助家长从众多的社区活动中获取有益信息，指导家长掌握运用社区信息资源，提高教养子女的能力，帮助家庭和社区理解幼儿园在社区中的作用以及社区对幼儿园的贡献，鼓励家长适时回报社区，为社区提供力所能及的服务。

二、家庭对社区资源的利用

儿童总是生活于一定的情景之中，所以我们研究儿童不能脱离他们所生长的家庭，家庭又受到所生存的社区文化环境的影响，一个社区的自然和社会环境对家庭和儿童的身心发展有着正面和负面的双重影响，儿童不仅会观察周围社会的成人行为而且还会加以模仿，这种结果对儿童发展的影响也是较为深入持久的。因此，我们建议家庭尽可能在社区中获得对儿童的正面影响，减少负面作用。社区亦需给家庭更多支持，以利于儿童的发展。

（一）建立一个广泛的家庭支持基础

儿童来自于家庭，而家庭又存在于一定的社区。家庭要以健康的方式来教育并实现孩子的社会化，就需要获得很多资源支持。家庭不能完全自给自足，所有的家庭都需要社区和社区资源，家庭可以利用周围的邻里、社区以及更大的社会关系网为其发展建立一个广泛的支持基础。有些家庭比较容易发现资源并加以利用，有些家庭则稍显逊色。对于家庭来说，了解周围什么是资源，怎样找到资源，自己更容易利用哪些资源是非常重要的。

更细致点说，家庭对资源的寻求来源于每个成员对资源的寻求。在一个健康的家庭中，每个成员都需要一个广泛的支持基础，并且应该学会如何从别人那里得到支持。缺乏支持的家庭很容易感觉到压力并无力应对，家庭能量很容易枯竭。因此，学会寻求支持，特别是除直系亲属外的社区资源的支持，对于家庭和个人来说尤为重要。

如何建立一个广泛的家庭支持基础呢？建议每个成员先分析总结自己已有的社交网络，然后分析家庭的社交网络，进而寻找可以发展的潜在社交网络资源。不同的家庭中，个人社交网络形式也不一样，这与成员性格特征和家庭风格有关系。有些家庭，每个成员都有自己的个人社交网络，且甚少交错；有些家庭，成员除个人社交网络外还有共同网络可以分享，这样被认为是一个更强大或者是可以延伸的家庭网络。无论是个人社交网络还是家庭社交网络，除了建立在直系亲属的基础上外，应尽可能发展家庭外的社交关系，这样的支持范围将更加广阔。因此，寻找潜在的社交资源就尤为重要了。

（二）各种形式的社交网络对家庭的支持

家庭需要在社区中建立广泛的社交网络以便扩大自己的支持基础。哪些社交网络可以为家庭所运用呢？如何寻找潜在的社交网络资源呢？

1.亲戚朋友关系网

家庭中最常见的社交网络当属直系亲属提供的资源，比如孩子的祖父母等。据媒体报道，上海 0 ~ 6 岁的孩子中有 50% ~ 60% 是由祖辈养育；在广州，祖辈养育的孩子占总数的一半；在北京，接受祖辈养育的孩子多达 70%；孩子的年龄越小，与祖父母生活在一起的比例就越高。所以，家庭中的直系亲属是最容易获得的支持基础。除此之外，非直系亲属与亲密的朋友也常常作为家庭支持的源泉。在某些家庭中，被孩子认为是"干爹和干妈"的特殊朋友，他们虽然没有血缘关系，却可以像家人一样提供所需要的支持。

如果一个人或一个家庭的社交网络主要来源于亲朋好友，一旦亲朋好友离去或暂时性离开，又或者由于某种原因不能再给予支持的时候，那么这个人或家庭就将面临失去支持的危险。扩充支持基础对于家庭和其成员来说都是非常必要的。

2.邻里社区关系网

俗语说，远亲不如近邻。同一社区的邻居有可能是家庭社交网络中的重要组成部分，因为邻居能够构成互相援助的社会团体，实现资源共享，他们可以通过定期或者不定期地举办家庭聚会或外出活动，让孩子们在休息日、节假日也可以与其他小朋友玩耍或学习。由于现在中国的孩子多数为独生子女，缺少玩伴，社区邻里家庭组成社交网络，可以推动儿童的同伴互动，为孩子建立多维朋友关系，促进儿童社会能力的发展。

社区居委会等也会定期组织类似春游、夏令营、冬令营等活动，使其成为一种为社会生活做出贡献的、联系紧密的、有助于引导孩子的组织。这种形式在为家庭扩充社交网络提供机会的同时也为儿童提供了安全的交往环境，能够有效促进儿童的主动交往，推动家庭合作交流，实现资源共享。在安全的家庭和邻里关系中成长的儿童更容易成为健康、自信、能干的成年人，在这类环境中他们可以玩耍、探险、建立人际关系。

聪聪家所在小区几个同龄孩子的家庭组成了一个"休息日合作团队"，由每个家庭轮流担任负责人来组织活动，共同商议活动计划、活动内容、活动方式等，利用休息日组织聚会或外出活动。家长们常常一起探讨交流育儿经验、教育方法等，互相借鉴、互相学习，孩子们则从同伴身上学会更多的社交技能和语言技巧。

家长所建立的社会关系广泛地影响着儿童能否从邻里社区获益。随着孩子的成长，他们在同龄群体中建立起额外的社交网络。在学校和社区里，儿童从同辈身上得到更多关于自身认同和社会行为准则的概念。

（三）为家庭提供服务的社区机构

社区中有许多正式与非正式的组织和机构，是社区社交网络的组成部分，这些机构能够为家庭提供多种短期或长期的服务。无论正式与非正式的支持，都是家庭发展过程中或多或少所需要的。通过正式或非正式的方法，每一个社区都提供了一种生活方式、发展技能，影响儿童感知并提升特定态度、价值、道德教育、审美标准的机会。但是，每个家庭如何充分使用可用的社区资源是存在差异的。作为教师，应尽可能帮助每个家庭了解自己的社区有哪些服务机构，可以提供何种服务，在需要的时候如何寻求这些机构的帮助等。

社区中由政府提供的公民服务类机构，如学校、消防部门、警察局、居委会、妇联以及民政局福利机构等，这些服务为社区的稳定和安全提供了基础保障。如社区文化活动中心可以为家庭提供文化娱乐、体育活动、艺术赏析、幼儿教育等多种长期服务，儿童可以通过这些机构了解到社区组织性的意义所在以及社区居民间相互依赖的关系。他们也会学到社区服务如何影响他们的生活，以及作为个人，社区如何为他们服务。如社区卫生服务机构，基本上每个社区都配备相应的社区医院或医疗中心，以确保社区居民的身体健康及就医方便。儿童必须保持身体健康才能有良好的发展，因此家长和教师应充分认识到社区卫生服务机构的重要性。

为提高家长的家庭教育能力，我国政府也在部分城市组织开设街道社区学校。该类学校会开设家长学校的学习内容，通常都以提高家长育儿能力为宗旨，以传播科学育儿的理念和方法为目的。家长的素质直接影响到孩子，家长的人生观、日常道德规范、待人处事的方式都会对孩子成长起着潜移默化的作用。社区家长学校的学习，可帮助家长提高科学育儿的能力和水平。

前面提到的月儿妈妈生下月儿后，租住在北京最便宜的地下室，在用光所有的钱，没有人支持她们母女的情况下，月儿妈妈选择了带着女儿一起自杀。被救后送至警察局，警察在为母女二人提供一定的衣食补给后，联系了民政局的救助站为其提供帮助，同时，其所属的镇政府也免费为她们母女提供司法援助，社会上的爱心人士也为小月儿捐钱捐物。得到诸多帮助的月儿妈妈感觉自己有了继续生活下去的能量。

社区中也有与日常生活密切相关的一些非正式服务机构，如商业类机构，商店、超市、汽车加油站、菜市场等。当儿童熟悉了当地商业情况后，他们会对所在地的经济情况十分了解——人们在哪工作，他们生产什么，产品去了哪里。当他们进入工作世界后，他们也会了解到许多专业的需求，以及每个机构与社区生活的相互影响及相互作用。如学生托管中心，指为父母不能及时照顾的孩子们在放学后或假期里提供食宿和学业指导服务的机构，当同龄的孩子在一起生活时，经过老师正确引导，孩子的人际交往能力、处理矛盾能力、独立生活能力、解决问题能力都有所促进和提高。

三、幼儿园对社区资源的利用

家庭、学校和社区在儿童社会化和教育过程中扮演着重要的角色。在学校（幼儿园）教学过程中，与家庭和社区的合作是促进儿童全面发展的需要。

（一）利用社区资源的重要性

幼儿园争取社区参与对幼儿的教育，社区的参与程度也因社区的不同而有所不同：从最低程度的交流到积极的倡导者。教师和学校管理者承担着使社区与学校建立起合作伙伴关系的责任，同时帮助家庭参与幼儿园与和社区的合作，达到幼儿园、家庭与社区对儿童合作共育的目的。因此，对于教师来说，理解社区参与幼儿园教育的重要性是非常必要的。

1.使用社区自然资源增强教育的广阔度

社区自然资源相比幼儿园狭小的地域空间而言给了儿童更加广阔的活动范围和探索空间。儿童生活的地区不同，自然环境就不同，生活的社区不同，环境设施就不同。但无论是农村还是城市、南方还是北方、东部还是西部，教师都可以利用自然资源的不同方面使儿童观察到不同的内容。农村的儿童更容易看到树林、小鸟、动物和晚上的繁星，而城市里的儿童可以感受到阳光的温暖、雨后的湿润，也能欣赏到矮小的草地和在钢筋混凝土的石板缝隙里苗壮成长的小树苗。南方的儿童能了解热带水果的生长，北方的儿童则可以欣赏下雪的美景，东部的儿童可以看到博大的海洋，西部的儿童可以了解广袤的沙漠。不同地区的气候也同样提供了很好的学习素材。有些儿童知道发生台风的条件，见识过台风的猛烈；有些儿童知道沙尘暴形成的原因；有些儿童经历过酷暑的难耐；也有些儿童清楚干旱的痛楚。

2.使用社区人力资源增强教育的参与度

相比于社区中大量丰富的人力资源而言，幼儿园的人力资源则是极其有限的。幼儿园可以采用"请进来"和"走出去"的方式吸纳社区人力资源，在促进幼儿教育发展的同时，增强社会各界对教育的参与度。同时，教师也会发现，社区的人力资源能够更好地丰富课堂教学内容。

我们建议教师采用"请进来"的方式引进社区人力资源。可以请家长入园来做志愿者，也可以请社区各界的社会志愿者。最好在学期初，教师能够设计好整个学期的教学志愿者计划，然后向志愿者介绍幼儿园的各种需要，让志愿者有可选择的活动时间和活动范围，让志愿者根据自己的实际情况入园，协助教师进行课堂教学。让家长和社会人士进入幼儿园内，亲历幼儿的日常生活，了解园内的真实状况，会更加促进各界人士对幼儿教育的热情参与。

我们也建议教师采用"走出去"的方式利用社区人力资源。教师组织幼儿进入社区志愿者工作的地方或参加志愿者组织的活动等。比如，邮局工作的志愿者可以带领幼儿们体验收集、分拣信件的过程，训练儿童思维中的分类能力；福利院的志愿者可以带领幼儿们体验照顾残障儿童的过程，体会身体健康的重要性等等。

社区人力资源应该作为幼儿园重要的拓展性人力资源来开发，以此将儿童的学习过程与生活活动融为一体，发挥社区人力资源的教育价值，让更多的人分担教育、融入教育、参与教育。

3.使用社区物力资源增强教育的容纳度

社区物力资源作为幼儿园资源的延展应予以最大程度的利用。幼儿园的教学目的就是将幼儿从家庭生活逐渐带入社会生活中，因此，无论哪种主题教学都与社会的真实场景有关联。幼儿园的物质条件往往无法满足所有的教学要求，因此应带幼儿进入社区，最大限度地发挥所有物力资源对儿童的教育作用，增强社会对教育的容纳度。

建议教师可以特别尝试采用与家庭合作的方式，指导家庭积极利用社区的物力资源，开展各种亲子类教育活动，在家长学会充分使用社区资源的同时可以促进亲子合作，优化亲子关系。教师也可以采用和家庭一起与社区合作的方式来充分发挥社区物力资源的教育作用。

4.使用社区信息资源增强教育的共享度

幼儿园和家庭举办活动的频率无论如何都无法与社区相比，幼儿园应该收集并利用社区活动中的各种有关教育文化的信息，合理安排园内与社区活动有关的主题教学活动；也应该及时向家长公布社区活动的信息，帮助家长针对儿童的实际情况进行选择性的参与。由此不仅可以增加儿童参与各种活动的频次，而且还大大拓展了儿童的学习范围和生活空间，丰富了儿童的知识储备，同时幼儿园也在家庭和社区之间起到了沟通桥梁的作用，实现幼儿园、家庭与社区教育信息资源的共享。

（二）利用社区资源开展教学活动

开展教学活动时，应将幼儿园融入社区，也将社区融入幼儿园，对社区资源的利用的程度体现了二者互融的程度。在高速发展变化的当今时代，合理利用社区资源是幼儿园为适应儿童发展要求采用的必要途径，让儿童从身边熟悉的事物开始，逐步提高品德、智力、身体、社会性及科学思维等方面的发展，在满足儿童发展多方面需要的同时，也丰富了教学内容，深化了教学内涵。

1.品德教育

对儿童品德的教育不仅仅是家长的责任，更是幼儿园和学校以及社会的责任。幼儿园对儿童的影响具有特定性和可控性，而社区对儿童的影响则具有普遍性和开放性。"社区环境与作为学校德育宏观环境的社会经济、政治、文化和心理要素不同的是它既有后者一定时空的沉积，对学校德育传递后者的诸种影响，构成学校德育的中介环境，又因不同于一般社会宏观环境而具有自身的社会文化特征从而具有环境影响的独立个性，成为学校德育的直接影响源"。因此，幼儿园可以从所在社区的实际情况出发，因地制宜地运用社区的各种资源，充分发挥社区大环境对幼儿德育的影响作用，让社区渗透到学校，使儿童的品德发展处在一个全方位的影响之中。学生对社区学习资源的利用与他们对幸福安康的社会观有很高的相关，与道德推理也呈正相关，而且叙述利用社区学习资源的水平越高，道德推理水平也越高。

幼儿阶段儿童的道德发展处于他律阶段，作为品德发展的起点，其发展水平受到来自家庭、幼儿园和社会各方面因素的综合影响。有研究证明，学校、家庭和社区的合作伙伴关系能够为学生提供支持并在学业成就和品德发展上起到重要的作用。作为教育最基础阶段的幼儿园教育，有责任和义务将家长与社区联合起来，主动架设各种合作桥梁，使幼儿园的德育工作与家庭和社区紧密结合，形成一体化的育人机制，只有这样才能真正实现教育的一致性。

2.社会教育

幼儿园作为儿童进入社会的第一步，社会教育是幼儿园教育的重要内容，它以发展幼儿的社会性为目标，以促进幼儿社会认知、发展幼儿社会情感、培养幼儿的社会行为，以及促进幼儿社会领域的学习为主要内容。换句话说，社会教育就是要让幼儿逐步成为社会人。但儿童的社会教育是建立在成人与儿童交往的基础之上的，是以社会、文化为背景的，离开儿童熟悉的社会生活，离开了儿童自然发展的基础，设计得再好的社会性教育课程也会失去其存在的价值和意义。因此，幼儿园的社会教育仅仅通过说教的形式是难以实现促进儿童社会性发展、促进他们社会领域知识学习的目的的。只有把生活融入课堂，让课堂进入社区，把课堂教学与日常生活结合起来，这样儿童才可能在日常生活中形成社会化品质。

幼儿社会教育应该由家庭教育、学校教育和社会教育共同承担。因此，幼儿园需要联合家庭和社区，充分利用家庭资源和社区资源，帮助儿童在社会认知、社会情感和社会行为等方面有所提高，增强适应社会的能力，促进社会领域的学习。研究表明，幼儿园利用社区资源进行社会领域教育，可以培养幼儿的社会综合能力、并有效地提高幼儿园的教学效果。家庭和社区资源对幼儿园在民俗传统节日教育方面具有支持、补充和深化的作用。

幼儿园利用社区资源对幼儿进行社会教育可根据其主要内容做进一步细化。

（1）利用社区资源促进社会认知

社会认知主要指对自己的认知、对他人的认知、对社会关系的认知。社会文化理论认为，认知发展发生于社会文化环境中，社会文化深刻地影响着认知发展的形式。因此，对儿童社会消防员进幼儿园认知发展的促进必须进入到社会、社区之中。虽然社区的各种资源对促进儿童社会认知有综合性的交叉作用，但是教师的教学过程仍可从中找到落脚点，比如利用社区资源中的自然资源和物力资源来促进儿童对社会环境的认知，利用人力资源可促进对自己、他人以及社会活动、社会行为规范的认知，利用信息资源可促进对社会文化的认知。

（2）利用社区资源发展社会情感

3岁以后，儿童能够更好地理解自己和他人的情感，更好地掌握情感表达机能。同时儿童自我的发展又促进了自我意识情感的发展，如羞怯、尴尬、罪过、嫉妒和骄傲等。儿童在语言、表达和自我概念上的发展一定程度上促进了早期的情感发展，如果把这作为社会情感发展感恩节主题活动的内部驱动力，那么利用社区资源进行主题教学则可以作为外部驱动力。特别是在利用社区人力资源的时候，为儿童创造了大量的与他人交往（包括与其他儿童和成年人）的机会，这样有助于帮助儿童发展识别情绪、推理情绪、理解情绪，还可以提高儿童管理情绪的能力。3岁以后的儿童道德情感开始萌芽。特别是移情的产生，它是亲社会行为或利他行为的重要推动力，也是儿童道德发展的基础。幼儿园利用社区资源的方式有很多，诸如儿童福利院或养老院等可以促进儿童移情能力的发展；诸如"社区是我家"等环保宣传活动可以培养儿童爱国、爱家、爱园等社会道德情感；诸如社区绘画展等活动，可以培养儿童对美的体验等。

（3）利用社区资源培养社会行为

社会行为指儿童在与他人互动时所表现出来的行为，社会行为既包括个体在投入交往时表现出来的社会行为，也包括作为一个社会人对社会生活的参与，如购物等。在儿童发展的过程中，儿童需要学习如何更好地与他人互动，从而更好地适应社会生活，被自己所在的社会文化所接纳和赞许。儿童的社会行为主要可以分为两类：亲社会行为和反社会行为中的攻击行为。能够做出有利于他人的亲社会行为的儿童更能够被周围的人所接受和喜欢，利用社区资源开展教学活动，可以提高儿童的交往、分享、合作、谦让、助人等技能，对儿童亲社会行为的发展具有潜移默化的作用。

从婴儿后期开始，所有的儿童都不时地表现出攻击行为，而且随着与同龄人交往的增多，产生摩擦的概率上升，攻击更加频繁地发生。在社区活动中，更多地需要与同伴及他人的沟通、合作，只有这样才能使活动顺利进行，同时可以帮助儿童获得人际交往（包括同伴交往）的知识、技能和技巧。

儿童社会行为的培养有赖于成人的正确引导，这不仅是家长、教师的责任，更多是社会的责任。将幼儿园教学活动融入社区可以极大地发挥社会的作用，有助于扩大儿童的群体生活经验，有利于儿童亲社会价值观的树立和内化，为儿童在以后的社会生活中妥善处理人际关系打下坚实的基础，有利于儿童更好地将自己融入集体中。

3.体育教育

户外活动是幼儿园教育中必不可少的形式之一，而户外活动需要足够的空间资源与优良的文化资源。幼儿园内的空间资源和文化资源是相当有限的，把社区的各种资源纳入到幼儿园资源体系中，为幼儿的户外运动和幼儿园的体育教育拓展了更大的空间。

（1）扩展运动空间，发展儿童运动能力

公园里的草坪、儿童玩乐区，社区中的健身区、游泳馆、球类馆等，可以缓解幼儿园资源紧张、幼儿活动不足等问题。社区内不同类型的各种设施，可以发展儿童不同的运动能力，同时也可以刺激幼儿神经系统的发育，增强身体协调性和灵敏度。诸如儿童最喜欢玩的秋千、滑梯、攀登架、蹦蹦床等游乐设施，在晃动过程中控制自己的身体，可以发展身体平衡的能力；在球场中穿梭，锻炼腿部力量，可以发展儿童的奔跑能力和身体灵活性；游泳锻炼儿童全身肌肉，可以发展身体协调能力和柔韧性等。

建议幼儿园根据社区内的不同类型的资源，因地制宜地为儿童创设各种有趣的运动游戏，使其形式多样，吸引幼儿主动参与，让幼儿体验运动的乐趣，从小培养他们的运动兴趣。比如带领幼儿在草地上翻滚、在山坡上进行攀爬游戏、在花坛上进行平衡走的比赛等，利用社区内形状特殊的树木教学生攀爬，既能起到很好的锻炼效果，又能陶冶孩子的性情。当幼儿在社区大型活动区域游戏时，也是加强自我保护能力教育、环境保护意识教育的良好时机，让幼儿在与人、与物、与环境的互动中学会自我保护，调节自身行为，顺应环境，养成良好的运动习惯。幼儿园也可以充分利用社区体育管理者和社区体育指导者等人力资源，给予儿童较幼儿教师更加专业的指导，弥补幼儿教师体育专业技能的不足，让幼儿学到更多的体育知识和锻炼方法。

（2）运用不同材质，发展儿童感知能力

社区中不同类型资源的材质是儿童发展感知能力的材料库。自然资源中的草地、泥地、沙地；物力资源中场馆里的橡胶垫、地毯、拼塑、瓷砖地，健身区里的卵石地、塑胶、水泥地等不同材质的地板，都给儿童的脚部和腿部不同的感觉，幼儿体会到不同材质赋予身体的弹性和摩擦程度有所不同，促进了知觉的发展。除此之外，抓握不同质地的沙子，例如干沙、湿沙、颗粒大小不同的沙粒等，可以刺激手或脚的触觉，既利于神经系统发育又利于感知能力的发展。

建议幼儿园可以选择适合孩子动作和认知发展的运动器械或场地，有针对性地设计游戏。比如"不走寻常路"的游戏，可以带领幼儿在社区广场内，光着脚丫走走细细的沙质路和圆圆的鹅卵石路，通过询问及讲解来说出二者的不同，训练幼儿学会用准确的语言表达出自己的感觉和感受，在提高感知能力的同时，也提高了语言表达能力。当幼儿脚底走痛了，鼓励他们坐下来揉一揉后继续前进，让幼儿体验到痛觉后尝试学习应对方法，既丰富了知识，又锻炼了意志力和忍耐力。

（3）接触不同人群，提高儿童社交能力

社区是个开放性、综合性的区域，参加社区体育活动的人群也不尽相同。

在社区中，儿童得到了与更多人交往的机会，有助于其社会交往能力的发展。比如，与来自不同家庭或幼儿园背景的儿童一起玩耍，儿童可以尝试互相合作、交流经验、分享快乐，甚至可以在产生冲突后尝试学习解决冲突等社交技巧；与中小学生一起运动可以学会服从与合作等；与成年人一起运动则可以学习模仿与接纳，与老年人一起运动可以学习尊重与照顾等。

建议幼儿园在以达到体育锻炼为目的的前提下，充分考虑幼儿的身体和心理的承受能力，努力利用一切可以利用的方式和手段，积极加强与家庭、社区间的互动合作。例如开展一些社区表演活动、亲子活动、幼儿园小学合作活动、社区间运动会等，增加儿童与社区中其他人群接触的机会，丰富知识、积累社会经验。

人们长久以来一直认为幼儿的教育在入学前来自家庭，入学后来自幼儿园，却往往忽视了社区资源在幼儿教育中的重要作用。利用社区资源开展各类教学活动，能够为幼儿提供更真实的教学场景，更广阔的教学空间，更自由的教学氛围，更灵活的教学方式，发挥着幼儿园和家庭所不应忽视的作用。应充分发挥社区资源的教育功能，促进幼儿园、家庭、社区一体化观念与模式的进一步确立，借助幼儿园、家庭和社区三方的力量共同促进、保障幼儿教育目标的最大化实现，推动幼儿身心体智能等综合素质健康、科学与全面发展。还应加强幼儿园、家庭、社区的协调配合，实现教育各层面的互补作用。

第七章 幼儿园与家庭、社区环境的构建

第一节 家庭环境的构建

一、家庭环境概述

（一）家庭的含义

《说文解字》释"家"："尻也，从宀。"家庭一词是后起的，基本含义是指一家之内。

家庭是被婚姻、血缘或收养的纽带联合起来的人的群体，各人以其作为父母、夫妻或兄弟姐妹的社会身份相互作用和交往，创造一个共同的文化。

家庭有狭义和广义之分，狭义的家庭是指一夫一妻制个体家庭；广义的家庭则泛指人类进化的不同阶段的各种家庭形式。

著名家庭教育专家赵忠心在《家庭教育学》中指出：家庭是人类社会的一种基本群体，普遍地存在于所有民族和国家之中。家庭是以婚姻为基础，以血缘为纽带而形成的社会生活的基本单位，是社会最微小的细胞，是个体最早接触的、与个体终生密切联系的重要环境。

（二）环境的含义

环境是相对于某一事物来说的，是指围绕某一事物（通常称为主体），并对该事物会产生某些影响的所有外界事物（通常称为客体），即环境是指相对并相关于某项中心事物的周围事物。

（三）家庭环境的含义

在一个人的成长过程中，家庭是其出生后的第一环境，这个环境由家庭物质条件、家庭教养方式、家庭结构、家庭文化氛围等要素构成，它是幼儿人格形成和发展的基石。由于家庭是对幼儿进行社会化教育的最初环境，家长是幼儿成长所接触的最主要的人，可以说家长对孩子的影响绝对不亚于任何一所学校。因此，家庭环境对人的成长起着举足轻重的影响和作用，这已是社会学、心理学领域研究的共识。

家庭环境内涵丰富，不同的研究者有不同的界定。有学者认为家庭环境是指一个家庭所处的情况和条件，包括生活条件、家庭结构、家庭关系等因素；也有学者认为家庭环境是指家庭生活中人与人之间相互联系所形成的一种气氛；部分学者认为家庭环境是一个家庭所处的情况和条件，以及家庭中人与人之间相互联系作用所形成的关系和气氛的总和。

幼儿的家庭环境也指幼儿的家庭教育环境，是指父母及其他年长者在家庭日常生活中，有意识地对幼儿进行的有计划与无计划相结合的影响活动及其过程。就家庭环境对幼儿发展的影响这个问题，国内外已有很多的研究。

（四）家庭环境的分类

1.从性质状态上看

从性质状态上看，相关研究将家庭环境分为软环境和硬环境。软环境包括家庭环境的各个因素，主要是指家庭环境量表中所含的亲密度、情感表达、矛盾性、独立性、成功性、文化性、娱乐性、组织性、控制性；硬环境包括父母亲的年龄、文化程度、职业、经济状况、家庭结构状况等。

2.从呈现方式上看

从呈现方式上看，家庭环境可以分为显性环境和隐性环境。显性环境包括家庭结构、成员文化、思想素质、家庭关系、职业、经济情况等；隐性环境指家庭环境量表中所含的亲密度、情感表达、矛盾性、独立性、成功性、文化性、娱乐性、组织性、控制性。

3.从存在形式上看

从存在形式上看，家庭环境分为物质环境和精神环境。物质环境指家庭中一切与衣食住行有关的物品所构成的物质系统；精神环境由家庭中一切家庭成员的世界观、气质、道德修养、学识水平、家庭活动氛围等构成。

二、家庭环境的价值

家庭是社会的一个细胞。"细胞"虽小，结构却很复杂，家庭成员、家庭成员关系、家庭居住环境、家庭经济状况、家庭社会地位、家庭亲友关系等，构成了一个复杂而生动的家庭环境。随着社会的发展与进步，家庭环境的重要性一次又一次被提起，特别是家庭环境对家庭中幼儿的影响。

人与人是相互影响的，人创造环境，环境又影响人。幼儿，就像一张没有被涂画过的白纸，对事物的好坏鉴别能力非常弱，很容易受外界影响。在孩子的一生中，父母是第一任教师。以父母为主要成员的家庭是孩子一出生就接触最多的环境，孩子的语言文字学习、心理思想态度、行为举止习惯的养成都受到家庭成员的熏陶和感染，其影响作用是非常大的。

（一）家庭环境对幼儿多元智力发展的影响

家庭环境是家庭教育的基础，直接影响幼儿的多元智力发展。个体从呱呱坠地到去世，整个一生都是在家庭的伴随下成长、发展的。在个体不同的发展阶段，家庭对个体发展的影响作用是不同的。在幼儿期，家庭对个体多元智力的发展非常重要。

城市优越的生活环境、物质条件和教育条件直接促进幼儿多元智力的发展，农村幼儿的家庭成就意识更强，而家庭成就意识有利于幼儿多元智力的发展。

家庭成员情感亲近、关系密切、彼此之间相互帮助和支持、对智力和文化活动兴趣高的家庭，其父母较多采用关心、鼓励的教养方式；学历越高的父母，较多采用鼓励、关心的积极教养方式，积极的教养方式有利于幼儿多元智力的发展。

（二）家庭环境对幼儿创造潜力开发的影响

培养幼儿的创造力，需要良好的家庭教育环境。这种环境包括"物质"和"心理"两个方面。"物质环境"是指要为幼儿提供新颖、独特的思维，以及制作创造性"成果"必不可少的物质条件，例如，绘画用的纸张、颜料和画笔，雕塑用的黏土和橡皮泥，剪贴用的彩纸和剪刀，各种可供拼拆的玩具以及一些半成品和未经加工的原料等。"心理环境"是指能促进幼儿产生创造意识、激发创造动机、丰富创造情感、启迪创造想象的诸多因素的总和，对幼儿的身心发展起着巨大的推动作用。

长期处于压抑的家庭教育心理气氛之中的幼儿，其表现是缺乏热情、脆弱，伴之终生的则是内向、孤僻；而长期处于愉快心理气氛中的幼儿，其表现是活泼自信，伴之终生的则是乐观开朗。研究成果还表明，处于不同心理环境中的幼儿，其智能发展水平也表现出很大差异。生活在良好家庭心理环境中的幼儿，其智商一般都高于在不良家庭心理环境中生活的幼儿。

要保持良好的家庭心理气氛，需要特别注意解决"平等、理智、开放、期望"这四个方面的问题。平等是家庭心理气氛优劣的重要指标之一，也是创造良好家庭气氛的前提。现代家庭要求成员之间建立的真正平等关系，首先包括心理上的平等关系。理智是指在清醒的自我意识的前提下，能约束自己的心理冲动，对事物能做合乎逻辑与常理的反应与判断。开放是比"克制"更有效的手段，即敞开心扉、表达自己。现代家庭教育越来越倾向于开放，要求家庭成员在心理状态的外在表现形式上要"直白"，即用对方接受的方式心平气和地、直截了当地来展现自己的心理"情结""郁结""怨结"。心理开放有益于幼儿养成开朗的性格和与他人交流及与社会交往的能力，闭锁型的心理会使幼儿养成拐弯抹角、吞吞吐吐的性格。很多待人豁达大度、直言不讳、善解人意的气质风范都与开放型的心理特征分不开。家长要鼓励孩子说出自己的想法，哪怕是错误的也不必顾虑。只有这样，才不至于出现家长不理解孩子或产生"鸿沟"的情况。在家庭教育心理环境中，家长的"期待"尤为重要。家长对孩子"有所创造的期待"如能渗透到整个环境和教育过程之中，随着时间的推移和潜移默化的影响，孩子们将会逐渐体验到创造气氛的激励，产生创造的愿望和创造的动力。

（三）家庭环境对学龄幼儿行为的影响

研究表明，家庭成员之间常公开表露愤怒、攻击和矛盾，譬如夫妻常常相互争吵、打骂幼儿等行为会对幼儿行为产生不良影响，可能会增加幼儿各种行为问题的发生率，尤其易导致幼儿的攻击性行为和抑郁症状。而家庭成员常参与和关注政治、社会、智力和文化活动会降低幼儿多动行为的发生率。家庭成员关系亲密、互相帮助和支持，坦诚表达对彼此的情感会促进幼儿心理的健康发育。家庭成员应努力营造一种和谐亲密的氛围，遇事应互相帮助和支持。所以在针对幼儿行为问题制定防治措施时，要重视家庭环境因素。

（四）家庭环境对幼儿品德形成的影响

刚出生的婴儿无善恶、好坏之分，他们最初的道德认识、道德情感和道德行为都是在同成年人的交往中逐渐获得的。从哺养到教育，父母同幼儿的交往日益增多，从一般的亲子之情发展为道德感情，从一般的行为模式发展为道德行为模式。从交往的态度来看：父母总是用一种和蔼可亲、温文尔雅的态度对待孩子，久而久之，孩子也会学得懂礼貌，待人和蔼可亲；反之，父母常用粗暴的态度对待孩子，则孩子也容易变得粗暴、蛮不讲理，在同小朋友的交往中就表现出蛮横、霸道。总之，父母都希望教育孩子成才，不愿孩子学坏，但父母的自身素养及不自觉的不良行为习惯常能成为孩子模仿的榜样，造成不好的效果。一对孤僻的父母带出来的孩子是孤僻的，虚荣心的父母带出的孩子是虚荣的，对自己外表特别注重的父母，孩子也往往会因为自己的外表产生自信或者自卑感。

（五）家庭环境对幼儿人际交往能力的影响

当今社会，家庭规模小型化、家庭人际关系简单、单元结构的居所使幼儿生活的物质空间狭窄。

第一，很多家长重视幼儿智力因素和艺术方面的发展，忽视其情商方面的发展和社会性的培养。为了不让幼儿输在起跑线上，一些家长让幼儿参加多个"兴趣班"，幼儿学习的时间多了，游戏的时间少了。

第二，"独享型"高科技产品玩具使幼儿与同伴间的交流减少。幼儿不仅缺少与同伴交往的机会，而且极少有机会体验融入大自然的乐趣和享受大自然的恩惠，他们在与同伴交往逐渐减少的同时，与大自然的交往也逐渐成为一种奢望。

第三，我国城市家庭中多为独生子女，他们不仅在家庭中缺少可以平等对话、自由玩耍的伙伴，而且在整个生存环境中也缺少"游戏共同体"。因此，独生子女的交往问题在幼儿教育中日益凸显出来。

第四，许多成人对幼儿的交往经验和技能关注不够。在日常生活中，有些家长担心幼儿在与其他幼儿交往时惹事或受委屈、不安全等，限制幼儿与外界接触。成人关注更多的是一些比较显性的同伴交往问题，如攻击、冲突等。当幼儿无法加入同伴游戏而向成人求助时，成人只是简单、笼统地建议"再去试试"或"那你就自己玩儿吧"。

第五，幼儿长时间坐在电视前，疏远了伙伴，也疏远了家人，失去了对他人的亲近感和心灵沟通，"心理空间"在不断缩小。

第六，受家庭外部环境中的一些不确定因素的影响，成人担心幼儿出现意外而高度控制其生活环境，将他们隔离在家里或只由长辈陪同玩耍，成人对幼儿的关爱无形中剥夺了其与同伴交往的机会与权利。

以上这些做法都大大增加了幼儿在社会交往中被拒绝和被忽视的可能性，所以在家庭中发展幼儿的人际交往能力迫在眉睫。

家庭环境对幼儿习惯、学习态度以及道德品行等的养成都有重大的作用。幼儿的成长，不是只靠学校制度的约束、教师教学的管理来完成的，还有家庭的环境和家长的教育。家庭要配合学校、配合教师，扎扎实实地做好家庭教育工作。给幼儿创造更好的学习和成长氛围，是国家、社会、学校以及家庭义不容辞的责任。家庭文化是传统文化的堡垒，也是文化冲突的避风港。在人格塑造中，家庭以其血缘的联系产生潜移默化而又根深蒂固的影响，健全的人格不能缺少家园文化情感的内化及熏陶。家长应该不断地进行自我学习，更新幼儿教育的思想观念，提高自己对幼儿的教育水平和能力。同时，家庭教育应该与学校教育更加紧密地结合起来，使幼儿养成良好的行为习惯，提高幼儿各方面的素质。只有这样，幼儿才能得到真正健康的发展。

（六）父母良好的教养态度是儿童良好心理素质形成的关键

父母是孩子的第一任老师，是孩子学习的榜样，父母的教养态度和教育方法会直接影响孩子的行为和心理。儿童良好的行为习惯固然是父母教育的结果，但儿童个性的缺陷和不良的行为习惯也是父母所造成的。父母的教养态度，大致可分为四类：

第一类是专横地遵循封建旧规的家庭。这类家庭常常强调辈分，强调绝对服从父母的意志，因此稍有不听从就加以惩罚。在这类父母的教养态度下，孩子自身缺少自主权，要看父母脸色做人，可能形成胆小、自卑的心理，缺乏自信和独立性，或者会发展成暴戾、横蛮、撒谎，逆反心理强，并往往会在捉弄别人、报复别人时得到心理上的补偿和平衡。

第二类是过分娇宠，有求必应，家长只想为孩子提供全方位的帮助和保护。由于父母过分包办代替，使孩子养成极大的依赖性，这样就会形成自私、任性、放肆、易发脾气、好夸口的品性。

第三类是放任自流、不过问的教养态度。这种忽略型家庭中儿童就会因为得不到关心、得不到父爱与母爱而产生孤独感，逐渐会形成富于攻击、冷酷、自我显示甚至放荡的不良品质，常常会有情绪不安，反复无常，容易触怒，对周围的事物漠不关心的心态。

第四类是以民主、平常的态度对待教育儿童。这类家庭能忍耐、平等、随和、谅解，互相爱护、关心，父母能多给子女鼓励和诱导，而对子女的缺点、错误能恰如其分地批评指正，提高子女的认识，改正缺点。这样就逐渐培养了孩子对别人坦诚友好、自尊、自立、大方、热情、能接受批评、经受压力、关心他人、独立处事的能力。

可见，不同类型的家庭的不同教养态度对儿童个性品格、心理素质的形成和影响是不同的。年轻的父母是家庭教育的主心骨，是孩子言行举止的示范者，是待人接物的指导者，是孩子成长的责任人，因此有责任去构建良好的家庭环境。家长只有掌握正确的教养态度和方法，使家庭呈现民主、和谐、平等的融洽气氛，才能培养孩子讲责任、讲民主、讲勤奋、讲进步，不骄不宠，自尊自强的优良品格。

三、幼儿园与家庭环境的构建

幼儿园与家庭环境的构建是否有关系？幼儿园以及教师在家庭环境的构建过程中，又扮演着什么样的角色呢？对于这两个问题的回答，我们首先要了解幼儿园教育与家庭教育之间的基本关系。众所周知，幼儿园教育体现的是教育的共性、统一性；而家庭教育体现的是教育的个性、特殊性。两者之间是相互补充、相互制约的，幼儿园教育要能够充分发挥自身的优势和影响，就必须调节好与幼儿家庭教育之间的关系；同样，幼儿家庭教育要想从根本上促进幼儿健康成长，需要得到幼儿园的指导与帮助。

幼儿园与家庭环境构建之间是相互支撑、相互促进的，以促进孩子的发展为根本。一方面，幼儿园参与幼儿家庭环境的构建，以促进幼儿的身心健康发展；另一方面，家庭环境构建的经验促进幼儿园教育的成效，为幼儿的全面发展提供更有力的保障。

（一）家庭环境构建的价值

1.为幼儿园改善教育环境提供借鉴

幼儿园的教育必须根据幼儿的实际需要来开展，也就是说幼儿园应该给幼儿最适宜的教育，教育的手段、方法需要不断更新。随着家庭对教育的重视程度增加，家庭环境构建和家庭教育开展的过程中会产生很多对幼儿有益的教育经验，幼儿园教师邀请家长共享这些经验，能极大地促进幼儿园教育的优化，为幼儿提供更多教育的可能。

2.有利于幼儿个案的分析与监测

由于每一个时期的幼儿发展背景不同，每个幼儿个体情况不同，幼儿园想要随时准确地关注到幼儿的教育需要非常困难。由此来看，家长对幼儿个体的关注优于幼儿园。因此，幼儿园可充分利用家长资源，开展各种形式的个别教育观察、测评和追踪，尽可能地实现对每个幼儿因材施教。

例如，设计各类《家庭观测表》，请家长从身体发展、心理发展、生活能力等多个角度对幼儿进行全面的个体观察，为幼儿园确立幼儿的个体发展目标、实施个别教育提供依据。

同时，还可以在幼儿园家长开放日活动中，请每一位家长记录下自己的孩子在活动参与、合作意识、学习能力等方面的情况，为教师的下一步教育提供参考。

（二）幼儿园参与幼儿家庭环境的构建

1.引领家长接受并坚持科学的教育观，为创建良好的家庭环境打好基础

在现代化进程中，快速、高效几乎成为人们判断事物最重要的标准。然而教

育因其特殊性，一旦使用这一标准进行衡量、判断，就会带来一系列社会问题。幼儿园应引导家庭构建良好的环境，对孩子实施科学有效的教育，这是幼儿园不可推卸的责任。

在幼儿园阶段，家长们往往成为应试教育的"帮凶"，在幼儿园期间追求"小学化"。家长们在追求短时效应的同时，忽略和错失的是孩子的适龄成长，从而扼杀了孩子作为自然人的天性。幼儿园首先要从教育观上引导家长，通过讲座、发放宣传资料、开展家园活动等，帮助家长认识到急功近利的教育是违反幼儿成长规律的，由此价值观而创建的家庭环境更是不值得提倡的。幼儿园可以从以下几个方面开展教育宣传：

①提高家长的自我修养，注重言传身教。②引导家长在关注幼儿身体健康的基础上，关注幼儿心理健康。③引导家长关注素质教育的具体内容，掌握基本的教育方法。④引导家长理解幼儿园期间习惯、能力、情感的培育远远比知识本身的学习更为重要。

只有引导家长树立了正确的教育观，才能为家庭环境的科学构建打下良好基础，从而让家庭环境为幼儿的成长服务。

2.引导家长了解、接受、认同幼儿园核心课程，为家庭环境的科学构建提供实施保障

对构建家庭环境而言，即便家长已经形成了良好的教育观，也只是停留在意识观念方面。幼儿园应将其核心课程与幼儿家庭环境的构建相结合，引导家长了解核心课程在幼儿园的实施情况，并推荐家长通过核心课程的落实来实现家庭环境的构建。

（三）家长构建良好家庭环境的策略

构建良好的家庭环境，需要通过构建良好的家庭物质环境和精神环境来实现。构建的过程中注意遵循几个最基本的原则，以保证家庭环境构建的科学性和教育性。

1.物质环境

（1）为幼儿提供能独立支配的空间

正如家长需要独立空间一样，幼儿也希望有自己的独立空间，这是体现家庭环境平等、民主的显性条件之一。当然，并非有了自己的房间，幼儿就有了独立空间，给幼儿一个适当的房间并做到以下几件事，才能称得上幼儿有了独立自主的空间：

①与幼儿共同进行空间的布置、准备，并尽可能遵从幼儿的意愿。例如，带幼儿一起选购小床，只要幼儿的要求合理，挑选一个上下铺的床也未尝不可。②尽量赞同并支持幼儿使用空间的方式，当幼儿的某些要求不合理时，向他说明道理，并给予合理的建议。幼儿的独立空间如何使用，家长应采取商量、给予建议的方式不能简单粗暴地否定幼儿，也不可代替幼儿拿主意，更不能视幼儿为可以任意支配的成人附属物。

（2）为幼儿提供生活自理的物质条件

每个年龄段的幼儿都应该掌握一定的生活自理能力，家庭生活中尤其如此。在幼儿能掌握的基础上，自理能力的要求和标准是否与成人一致，反映了幼儿在家中是否得到平等看待。物质环境的保障，最能显性体现这一观点。

例如，想要幼儿学会自己洗脸，在家长的毛巾旁设置一个与幼儿身高吻合的毛巾架，引导幼儿每天坚持与成人一同洗脸、搓洗、晾晒。

相同的方式、相同的标准，即便是有所付出，也会让幼儿感觉自己与成人无二，得到了尊重。

（3）为幼儿准备丰富的低结构材料

①在家中可触摸的地方提供尽可能多的触摸材料。例如，毛线、布料、塑料、积木等，让幼儿感受物质的多样性。②给幼儿的玩耍提供可操作材料。例如，多样的水粉器材、自制的角色装扮材料等，引导幼儿通过操作材料与环境互动，获得有益的学习与成长经验。③给幼儿提供一个"废旧材料箱"，鼓励幼儿利用废旧物品进行创造和想象，在创造和想象中尽情玩耍。

（4）为幼儿获取知识提供条件

①确立"定期购书日"，养成定期购书的好习惯。②为幼儿设立专门的书架，收藏各类图书，包括古今中外的名著、名人传记以及分年龄段的幼儿读物，引发

幼儿对书籍的兴趣，对知识的渴望。③制定"每天阅读半小时记录表"，所有家庭成员都在其中记录下自己阅读的情况，通过对过程的记录，引导幼儿感受阅读的趣味性、重要性。④为幼儿设立家庭区角，在区角里可以摆放幼儿这段时间感兴趣的植物、动物等的图片或实物。

2.精神环境

（1）让幼儿享有"民主平等"的家庭氛围

新时代对于未来人群的要求越来越强调精神内涵的重要性，在幼儿的心中播种"民主、平等"的思想，是我们顺应时代要求的重要教育目标。具体要求如下：

①共同商议制定"家庭规则"，所有家庭成员都应该共同遵守。②保证幼儿对家庭事务的发言权，尊重幼儿作为家庭成员的权益。例如，家中需要购买一台电视机，通过召开家庭会议，包括幼儿在内的每个家庭成员都说说自己的想法，想要多大的？喜欢哪些功能？综合大家的意见进行购买。③与幼儿商定"倾诉时间"，以平等的方式与幼儿进行生活事件的沟通与交流。

（2）鼓励、支持幼儿实现愿望

每个幼儿都会有愿望，如果家长能将"实现愿望"作为教育的方法，并以创建良好家庭环境为手段，将会极大促进幼儿的成长与发展。与幼儿共同设立"愿望单"，鼓励幼儿把想要实现的所有愿望都罗列其中。可以用幼儿陈述、家长文字记录的方式，也可以用幼儿图示记录、家长文字批注的方式。这些做法一方面有利于了解幼儿的想法，另一方面可以在帮助幼儿实现愿望的过程中开展教育。

家长要为幼儿愿望的实现而努力，可采取以下几个步骤对孩子进行引导：

①确立一个通过幼儿的努力、成人的帮助，能够实现的愿望。②在幼儿采取行动前，请幼儿自己设想几个可以实现愿望的方法。例如，幼儿想要有一辆脚踏车，如果他自己想办法，也许会觉得"恳求爸爸妈妈""用自己的压岁钱""表现好一点"都是能实现愿望的方法。家长再根据幼儿的思考给予一定的可行性建议，帮助幼儿努力实现目标。③在幼儿遇到困难的时候给予鼓励和帮助，并为幼儿提供三个以上的建议，供其参考、克服困难。④引导幼儿用多种方式感受和表达成功的喜悦。

（3）满足幼儿的求知欲和好奇心

①带着幼儿一起玩耍，让幼儿从成人的陪伴中感受自己正在做正确的事情。例如，与幼儿在家中多进行玩水、玩沙、玩土、涂鸦等有助于探索和学习的游戏，通过家长的陪伴让幼儿感受这些活动很棒，并且能获得支持与肯定。②经常带幼儿外出，或者"探险"，引导幼儿对未知事物产生浓厚的兴趣。例如，经常带幼儿去周边农家乐进行农事活动，帮助幼儿拓宽认知；带幼儿去爬附近的小山"探险"，引发幼儿对自然生物的兴趣。③鼓励幼儿的玩耍和创造，并引导幼儿尝试记录下来，引导幼儿感受自己是被肯定的。例如，在幼儿玩"用沙造型"的游戏中，帮助幼儿设计简单的图示"记录表"，将所有创造性的想法和设计都记录下来，成人用文字进行简单批注。如果幼儿的创意越来越多地被记录下来，其自信心和探索能力将得到极大提升。

（4）创造全家阅读的氛围

①确定一个"每日阅读时间"，营造与幼儿共同阅读的氛围，从共阅一本书到同时段阅读，帮助幼儿养成阅读的好习惯。②在幼儿有出色表现的时候，给予精神鼓励。

3.优质家庭环境的特征

（1）积极的家庭背景特征

①和谐的家庭氛围

家庭氛围主要是指家庭成员之间互动的风格和方式，包括夫妻之间、亲子之间以及父母与老人之间的情感关系和行为互动方式。访谈中发现，入学准备水平高分幼儿（尤其是情感与社会性领域表现突出的幼儿），其家庭氛围具有突出的优势。主要特征是家庭成员之间情感联系紧密，气氛和谐愉快。例如，受访的家长提到：家长的性格都很平和，姥姥性格也很随和。家里是一个典型的"快乐家庭"。父母感情很好，夫妻之间很默契，家庭中从来没有暴力或者争吵。爸爸、妈妈、姥姥和孩子像朋友一样相处，一家三口在一起时会经常玩一些游戏（如一家三口相互表演节目），孩子经常有快乐的感受。孩子能在快乐中成长。

②充裕的家庭文化教育资源

家庭文化教育资源是家庭环境中的非过程性变量，主要包括家庭中与幼儿年龄相适宜的图书、光盘、益智玩具等有学习和发展价值的材料。访谈中发现，入学准备水平高分幼儿（尤其是在语言领域或认知和一般知识基础领域表现优秀的幼儿），其家庭文化教育资源有明显的优势。在图书资源方面，受访的入学准备高分幼儿家庭中，适合孩子看的图书数量平均在 30 本至 100 本之间，有的家庭甚至达到 200 本以上。图书的类型主要包括故事类（童话、历史故事、名人故事）、知识类（自然知识、军事知识）、智力开发类等。在光盘资源方面，受访的入学准备高分幼儿家庭中，适合孩子看的动画片或教育类光盘的数量均在 60 张至 100 张之间，个别家庭中达到了 200～300 张。其中，家庭中大部分光盘均以动画片为主，也是孩子最常看的内容，这些家长认为有些优秀动画片对于孩子成长很有益处，例如，猫和老鼠、史努比、花木兰、西游记、葫芦娃、大耳朵图图等，同时，这些家长对成人化的动画片、暴力的动画片以及语言粗俗的动画片感到担忧或排斥。除动画片外，这些家长也提及家中有较多的儿歌、古诗、英文以及综合教育类软件，但家长普遍反映孩子对这类内容较少主动选择。

（2）科学的养育认知

养育认知是指父母在育儿方面所持有的目标、态度、期望、知觉、归因以及关于养育实践的知识，养育认知对其养育活动有重要的组织作用。

在养育期望方面，受访家长更重视孩子的身心健康和快乐，较少苛求孩子的成功。例如，有受访家长强调培养孩子的目标不是要把孩子培养成神童，孩子的身心健康最重要。在养育目标方面，受访家长较少注重知识的学习，更重视对孩子能力的培养，尤其重视对孩子独立性的培养，主要表现在四个方面：一是让孩子独立完成基本的生活自理任务，如穿衣服、吃饭、收拾书包、叠被子、洗手绢、洗袜子、洗手巾、洗头、洗澡等；二是鼓励孩子参与家务类的事情，如扫地、擦地、收拾碗筷、洗碗、擦桌子、用吸尘器吸地、倒垃圾、用小刀切菜、包饺子、铺床单、擦皮鞋、浇花、给鱼喂食等；三是鼓励孩子独立与外界接触，如在餐厅里与服务员的接触，在商店里与售货员的接触等；四是鼓励孩子独立解决问题，如购买自己的衣服、玩具、生活用品等，或者是有规律地给孩子一些零花钱，锻炼孩子合理地支配和使用零花钱的能力。尤其是当孩子遇到问题的时候，家长不是马上来替孩子解决，而是逐步引导孩子自己寻找解决办法。例如，有受访家长谈道：当孩子遇到挫折的时候，要给孩子自己解决问题的机会，不要马上就帮助他。当孩子和其他小朋友吵架时，家长不要马上介入，看孩子自己怎样解决。孩子实在解决不了时再帮助孩子，帮他分析在这种情况下应该怎样想、怎样解决。在关于养育实践的知识方面，这部分家长也表现出科学性很强的育儿知识。其中的很多家长对于"家长的榜样作用""独生子女教育""隔代养育"等问题表现出较深刻的科学认识。受访家长还强调会主动学习育儿知识，他们讲道：家长要不断给自己充电，要多看书，要先一步提升自己。家长要对孩子在每个年龄段各方面应该达到什么程度有个大致的了解，这样才能根据孩子的自然发展规律来培养孩子，而不至于给孩子带来过多的压力或者阻碍孩子的发展。

第二节　社区环境的构建

一、社区环境概述

随着社区居民物质资料的丰富和精神文化修养的提升，对居住环境的要求逐步提高。所谓的居住环境，在很大程度上是指居民参与社会活动基本场所的环境，这一场所的地域相对稳定并有限，即我们常说的社区环境。阐明社区环境的范畴，首先需要对环境的本质属性有清楚的认识。在此基础上才能认清社区环境的本质，明确社区环境建设的内容和价值。

（一）环境与社区环境

环境到底是什么呢？在汉语语境中，《新唐书·王凝传》曾这样运用环境一词："时江南环境为盗区"，指出环境即周围的地方。"环境"与英语语境中的"environment"相对应，《牛津高阶英汉双解词典》将"environment"解释为"影响个体或事物行为和发展的因素"。若单从"环境"一词的词义来看，在中英双语语境中都透露出"环境"一词有两个关键因素：第一，环境一定是相对于某一个体或事物而言的外在因素。这二者的关系即哲学中常说的客体与主体的关系，主体事物的改变会随之引起客体环境的变化。第二，环境一定会对这一个体或事物（主体）产生影响。所以，环境是由围绕着主体事物的一切外部空间、条件和状况所构成，与其相对的主体事物有着内在的密切联系。

对于不同的主体事物，环境的内容有所不同。例如，对于市场来讲，国家法律法规和经济政策的健全完善程度、宏观经济形势、媒体的舆论导向和科学技术的进步状况等都是会对其造成直接或间接影响的环境因素。所以，当"主体事物"被确定为"社区"，那么围绕社区的一切外部空间、条件和状况就构成了社区环境，这就是广义的社区环境，主要研究对社区整体产生影响的一切外部因素。若将"主体事物"确定为"某一特定社区的居民"，那么围绕社区居民的一切社区范围内的空间、条件和状况就构成了社区环境，这就是狭义的社区环境，主要研究社区内部对居民生产、生活产生影响的一切因素。

本部分所谈的社区环境是指狭义的社区环境，所述"环境因素"是在社区范围内产生影响的诸多因素。社区环境的建设旨在创建适宜人居的社会空间，营造良好的人文精神氛围，构建对居民个人和社会整体发展皆有益的价值观念体系。作为社会学范畴，社区特指某一区域性的社会，在我国主要是指"国内某一城市行政管辖区域内，若干分地域范围内的社会生活共同体。它包括某一城市行政区划内的区、乡镇、街道、居委会等所处的地域范围，以及实行物业管理的城市居住区、住宅小区一级所处的地域范围"。对社区的这一认知，强调了社区的地域性和社会关系的集体认同。由于电子通信技术的迅猛发展，经济全球化导致"地球村"的形成，社区概念越来越复杂，外延越来越宽泛，远远超出一个简单的地域性空间和普通意义上的生活共同体关系。例如，互联网时代，来自不同地域、信仰、民族的人能够直接打破地域限制，产生特殊的集体认同，形成网络社区。但无论社区的外延如何扩大，人们都会选择能够满足自身需求的社区，以寻找集体认同。

随着时代的变迁，人们对生活的认识和态度有了很大转变，对生活品质的追求也日益强烈。生产、生活环境是生活品质的重要一环，人们正对其投以前所未有的关注。环境作为社区吸引居民最闪亮的名片，是社区建设的核心内容。由此，应当充分理解社区环境的含义和内容，才能提高社区建设的有效性。

（二）社区环境的内容

环境通常包括自然环境和人文环境两方面的内容。

自然环境也称地理环境，是围绕主体事物周围的各种自然因素的总和，如阳光、雨露、大气、土壤、动植物、岩石矿物等。简单来说，就是指未经人类加工和改造过的、天然存在的自然因素的总和。这些客观存在的自然因素是人类赖以生存的物质基础和前提条件，人文环境就是在此基础上产生的。

人文环境也称社会环境，与天然存在的自然环境相对应，是人类行为活动创造的物质、非物质成果的总和。物质成果指通过人类劳动创造的、以物质形态存在的环境要素，如文物古迹、建筑群落、生活器具设施、园林绿地等。非物质成果指人类劳动过程中产生的以意识观念存在的环境要素，如语言文字、思想道德、文化艺术、社会风俗、教育法律以及各种制度等。这些由人类创造的成果都具有文化传承的作用，是人类社会发展的精髓所在。

相对环境整体而言，社区环境是地域性的局部环境，具有独特的内涵。尤其是狭义的社区环境，虽然本质上与大环境的内容具有共通性，但具体呈现方式因主体事物和观察视角的细化而稍有不同。

1.自然环境

自然环境主要包括两方面：一是指社区所在地域的地形地貌、空气土壤等基本要素；二是指社区的整体规划布局、社区内的绿化和美化等要素。

自然环境是社区居民生产生活的基础要素。良好的自然环境可以创造适宜人居的空间，为居民提供优质的生活氛围，也能提升社区的形象、居住区的档次和品味。所以一般情况下，地势相对平坦、空气质量优良、建筑群落布局合理、园林绿地的覆盖面相对较大的社区的社会关注度会更高，会更具有吸引力。

2.社会环境

社会环境主要是指社区的生活硬件设施、治安状况和制度保障等因素，包括与居民衣、食、住、行相关的一切生活器具设施的建设状况，例如，水、电、气的供给，学校、医院、超市、理发店、饭店等居民日常消费场所的完备程度；社区内的治安保卫和消防安全状况，如物业公司安保系统的有效性、派出所和消防部门的事故处理效率都是社区社会环境中非常重要的一环；社区管理部门（街道办、居委会、物业公司等）在维护社区正常秩序中能否提供有效的制度保障，如社区规章、条例的制定是否合理合法，是否具有高效的政策执行力，以及社会保障制度是否完备等关乎民生的基本问题，是社区建设至关重要的工作。

3.人文环境

人文环境主要是指社区的文化氛围和居民的生活习俗、行为方式、人际关系状况。具体包括社区居民文化素质、邻里关系、娱乐生活习惯等软环境，以及开展社区文化活动所必需的设施、设备、场地、场所等硬环境的建设状况。

人文环境状况是建设高品质社区最后的关键环节，展示了社区的精神面貌和灵魂气质。良好的人文环境可以使社区居民更容易找到集体认同感和归属感，可以间接地提升居民的幸福指数。

二、社区环境的价值

所谓价值，就是客体对于主体表现出来的作用和积极意义。作为客体的社区环境对生态和社会两大主体有着积极的意义和作用。

（一）生态价值

改革开放以来，随着社会生产力的发展、科学技术的进步以及产业结构的调整，我国社会由以农业为主的传统乡村型社会向以工业和服务业等非农产业为主的现代城市型社会逐渐转变。

农业人口大量迁移、土地结构迅速转变的城镇化进程给生态环境带来了沉重的负担。城市人口压力加大、产业结构转型，间接或直接地造成了城市大气、水、土壤、植被等环境污染的加剧。面对社会转型期生态环境的多重挑战，从生态环境整体可持续发展的角度来看，社区环境展现出巨大的生态价值。

1.社区自然环境直接影响整个生态环境状况

近年来，环境问题已经不再只是社会热点问题，由于产业结构的变化，环境污染和治理已然成为"老大难"问题。在整个社会坚持不懈地与这一"老大难"问题做斗争的过程中，社区所发挥的作用日益凸显。社区是社会的构成单元，无数个社区单元有机地组合成为社会整体。由此可见，社会环境便由无数个社区环境单元有机地组合而成。当我们从大处着眼思考生态环境问题时，需要从小处着手解决，那么社区的自然环境建设就可以作为解决这一问题的小处。显而易见，小处的社区自然环境有所改善，大处的生态环境质量就会随之提升。

2.社区居民环保观念意识的形成对解决环境问题至关重要

针对环境保护，我国相关法律都有明确的相关规定。并且，中央和各地政府每年都会投入大量的资金治理环境污染。对此实行如此严密的法律保护，投入大量的人力、财力、物力，为何环境污染与治理依然成为国家和地区建设中的"老大难"问题？从表面上看，是因为我国环境问题一直没有走出"先污染，后治理"的困境。从根本上来讲，是因为环保观念还未深入人心，才导致在实际生活中我们往往将环境问题作为"先发生，后解决"的事件去处理。所以，要想"治本"，就得从观念意识入手。

如今，"低碳环保""建设环境友好型社会"已经成为响亮的口号，我们要让这一口号落到实处，成为人人观念中的自发性意识。社区作为社会成员参加社会活动的基本场所，是口号落到实处的关键环节。在建设社区环境，治理具体社区环境问题的过程中，采取行之有效的方式调动社区居民参与低碳生活、环境保护的积极性，以个人带动家庭、家庭带动家庭，最终将环保口号落实到每家每户的切实行动中，并在个人观念中形成自发性环保意识。

（二）社会价值

社区作为居民社会交往的基本场所，其环境状况与居民的生产、生活休戚相关。这不仅体现在社区环境所展现出的生态价值，也能通过其承载的社会价值予以表现。社区环境的社会价值突出的表现在维护社会和谐稳定，以及在经济、文化等方面所呈现出的价值。

1.维护社会和谐安定

中国社会正处在由传统乡村社会向现代城市型社会转变的重要时期，产业模式、经济模式甚至思维模式的转变直接导致了人民生活模式的转变。计划经济时代的"单位人"逐渐转变为市场经济时代的"社会人"。"社会人"的行为主要受法律法规的约束，相较于"单位人"，外在控制力度减弱，个人行为自由度增强。法治社会给予了现代人最大的相对自由，但也在一定程度上削弱了社会对人的控制力度，从而容易造成人的失控，产生一些不利于社会和谐稳定的因素，如犯罪、发表破坏社会稳定的言论等。

当人由"单位人"变成"社会人"，社会管理的难度就会增大。在维护社会安定、和谐中，个体所居住的社区自身的社会环境状况便发挥着重要的作用。完善的社区生活条件能为居民的日常生活提供完备的生活器具设施和有效的社会生存保障，以此解决居民生存上的基本问题，这在一定程度上从源头控制了不利于社会安定因素的产生。同时，良好的社区治安环境也能为居民的人身、财产安全提供最直接、最有力的保障，在不利于社会安定的因素产生之初将其遏制在摇篮里。由此可以看出，社区环境在维护社会和谐安定上发挥着基础性的防范作用。

2.促进经济发展

通过招商引资，解决就业、加快经济建设步伐，这已经成为促进地方城市发展的重要手段之一。要想外来企业入驻或外来资本注资本地企业，一座城市首先需要印好一张闪亮的"名片"，才具有吸引别人的力量。那么，如何印好这张"名片"，是每座城市都面临的巨大挑战。也许每座城市的"名片"上都拥有不同的亮点，但毫无疑问，加强城市基础设施建设是印制"名片"过程中必不可少的一步。因为，城市基础设施建设可以塑造城市形象、体现城市精神风貌、提升市民文化内涵，是城市的魅力所在，也是发展经济的前提。

一座城市由多个社区有机结合而成，其基础设施建设是建立在众多社区基础设施建设的基础之上的。社区基础设施建设正是社区环境建设的重要内容。社区环境有着重要的经济价值。这一价值，不仅仅展现在对城市整体形象塑造产生的直接影响，而且对社区自身和社区成员都有着巨大的经济价值。社区自身的形象、精神风貌有了吸引外来资本的力量，在给社区自身直接带来经济效益的同时，也会给社区居民带来更多的就业机会，从而产生多方面的经济价值。

3.塑造社会文化

一定的社会必然形成相应的文化体系，文化体系的形成也必然受到特定社会环境的影响。社区作为社会的组成单元，也是社会文化产生的基础。一般情况下，位于城市经济中心的社区，由于社区环境偏重于服务快捷、高效、创新的经济活动，社区文化以时尚、多变、求新求异等商业要素为主；位于城市政治中心的社区，社区环境比较容易受到党、政机关相关活动的影响，传统的、主流的文化要素在这里就会占主导地位。

社区环境状况，尤其是人文环境，对文化内涵的形成有着至关重要的作用。

社区人文环境本身就是一种文化环境，由决定社会文化内涵的诸多因素所组成，其形成过程会表现出相应的文化特征。例如，地处老城区的社区由于建筑物集中、人群密集，居民户外休闲空间相对狭小，人们对户外活动的热爱程度远低于新开发建设社区的居民，而对需要面积小的娱乐项目非常热衷。

除了上述几点外，社区环境所承载的社会价值体现在诸多方面，例如，通过环境建设中的艺术化形式，在潜移默化中对居民产生教育或教化作用；通过学校、图书馆、科技馆等硬件设施的建设提高居民的文化素质，以此促进社会精神文明建设等。

综上所述，社区环境不仅对自然生态有着巨大价值，而且也承载了诸多的社会价值。正是因为社区环境在老百姓日常生活的方方面面都发挥着极其重要的作用，如今的"社会人"逐渐成为"社区人"的趋势已势不可挡。

三、社区环境构建与学前儿童成长

人们关于环境与人的关系的探讨古来有之。人是高度社会化了的人，是环境的产物，任何人在任何时代都不可能独立于环境而存在。成长于社区中的幼儿更是如此，他们作为可塑性最强的群体，也最易受到社区环境的影响。在此之前，人们需要对社区环境构建的具体内容有一定的认识，才能更好地理解社区环境对幼儿成长的影响。

（一）社区环境构建的内容

1.生活环境

生活环境是社区物质环境中最基础的要素，涵盖范围非常广泛，本部分主要指狭义的社区生活环境，通常包括居民日常生活所需的一切生活设施和配套服务设施，如水、电、气等生活设施，以及交通、通信、农贸市场、超市、银行、医院等配套设施。这些与生活直接相关的基础设施要素，是人们赖以生存的基础条件，是社区建设的核心内容。

随着人们基本生活需求逐渐被满足，人们对社区生活环境也有了更多更高的要求，尤其是对社区服务性设施的需求越来越大，已经开始追求在社区内就能满足居家、教育、医疗、娱乐等最大化的生活需要，这对社区环境建设提出了相当大的考验。因为在信息社会大潮之下，事物的变化、更新、替换正以一种前所未有的速度进行着，社区环境建设要想跟上时代的步伐，从而满足居民最大化的生活需求，社区环境建设着实还需要下一番工夫。

2.绿化环境

绿化环境是在自然环境的基础上，由人工改造、创造的环境，是社区自然环境的一部分，通常是指社区内通过人类艺术加工创造的园林、绿地状况。社区绿化环境由园林和绿地两部分构成，绿地是基础和关键。其中"园林指在社区、居住区内采用园林建筑、叠石、理水、花木等造园方法，在有限的空间范围内，人工营造小公园、小游园、花园广场""绿地指在社区内一些地块，人工种植树木、花草，形成点、线、面结合的绿化系统"。园林景观的构建是在绿化系统的基础上完成的，园林系统不能独立存在。通过园林、绿地的布局设计为社区居民营造山水绿地、草木花鸟共存的美好、和谐的居住环境，提供优美、便捷的休闲游乐场所。

一般情况下，在现代社区环境建设中，绿化环境的营造会引起社区管理者的重视。绿化环境好比是社区的外衣，在最显眼的位置接受人们的注视。这一层外衣若没搭配好，不但会使整个社区环境质量下降，还会大大降低社区的吸引力。

3.卫生环境

卫生环境主要是指社区内所有公共生活空间的清洁卫生状况，包括街道、广场、公园、绿地和房屋建筑内的电梯间、楼梯间、走廊等公共生活空间的清扫保洁质量，以及各种废弃物、垃圾的收集、转运、处理的质量和效率状况。如果说绿化环境和生活环境好比是社区的外衣和身体，那么卫生环境状况就显示了社区衣着打扮是否干净整洁，身体有无异味。

良好的卫生环境可以有效地控制疾病的传播，从根源上维护居民的身体健康。不仅如此，社区卫生环境质量还是社区乃至城市政府形象的重要标志，反映了政府的执政水平、管理水平，也是衡量社区居民素质、文化水平和社会公德的重要因素。由于我国工业化、城市化的加速推进，加剧了人口流动速度，大量外来人口涌入城市，城市居民整体文明素质以及城市管理水平都未及时跟上城市化的步伐，导致卫生环境建设成为社区环境建设中的痼疾。要想有效地应对这个痼疾，就必须营造"社区是我家，建设靠大家"的浓厚氛围，以此调动社区居民参与卫生环境建设的积极性。只有社区居民广泛参与到卫生环境建设中，才有可能从根源上解决这一痼疾。

4.环境保护

社区环境保护状况与卫生环境状况一样，对净化社区环境、维护居民身体健康具有重要意义。对于社区居民而言，在日常生活中注重卫生环境质量在一定程度上就等同于保护环境，所以从这一角度来看，社区环境保护是在卫生环境建设的基础上形成的。

虽然环境保护与卫生环境建设在社区环境建设中有很大联系，但二者毕竟不同。环境保护的范畴很广，涉及人类生存、生活相关的所有环境的保护，而卫生环境建设只是环境保护的一方面，仅限于社区环境的清扫保洁和废弃物的处理。就如社区为了应对噪声污染和汽车尾气污染，积极宣传倡导居民采用步行、自行车、公交车等低碳出行的方式，这就属于环境保护，而与社区卫生环境建设无关。

5.安全环境

安全是一切生产生活的保障，也是社区物质环境建设中的重要环节。社区安全环境建设主要包括两个方面：预防、打击违法犯罪活动和预防、查处治安灾难事故。社区管理机构应首先从社区自身安保入手，提高社区安保设施的有效性，对居民区和商业区常见的火灾、盗窃、邻里纠纷等安全隐患要能有效预防、及时发现、依法处理。

同时，社区还要配合政府、公安机关，依靠社区人民群众，依法维护社区内治安秩序。例如，协助公安机关，在社区内组织预防犯罪、防灾减难等宣传活动。只有政府和公安机关、社区管理机构、社区群众三方力量携起手来，才能有效地营造一个安全和谐的社区环境。

6.文化环境

社区文化环境实际上就是前面谈到的社区人文环境的主要内容，包括开展社区文化活动所必需的设施设备、场地等物质文化环境，以及社区居民文化素质、邻里关系、娱乐生活习惯等精神文化环境。文化环境状况直接影响社区居民的生活品质，是现代社区环境建设的重要组成部分。

（1）物质文化环境

唯物主义辩证观指出，物质具有第一性，先于精神而存在。社区物质文化环境是整个社区文化环境建设的基础，主要包括开展社区文化活动的场所和配套设施。

社区文化活动场所的建设要适应社区主要人群的文化需求。居民年龄结构以老年人为主的社区，应建设更多适宜开展老年文化活动的场所，如报刊阅览室、公园绿地、歌舞广场等场所。居民年龄结构以幼儿、青少年为主的社区，由于这一群体年纪尚小，可塑性强，易受环境影响，社区应提供于其身心成长有益的文化活动场所，如社区图书馆、少儿活动中心、文化宫、青少年宫、书店、艺术馆、公园、游乐场、体育运动场馆等场所。居民年龄结构以青年人、中年人为主的社区，由于这一群体是家庭和社会的顶梁柱，日常生活压力较大，应适当多提供开展休闲娱乐文化的活动场所，如剧场、影院、体育运动场馆、健身会所等。

现阶段多数社区成员年龄结构分布差异不大，所以文化活动场所的建设大都兼顾各类人群的文化需求，但仍然坚持以老年人和幼儿、青少年为重点，青年人、中年人为补充的原则。一般情况下，社区成员中老人和儿童所占比例较大，且有充裕的时间参与社区文化活动。

社区文化设施主要指开展社区文化活动所需要的器材、器具，主要包括多媒体设备、娱乐设备、图书资料、健身器械等。

无论是文化活动场所还是设施的建设都要以社区主要人群的文化需要为主，兼顾次要人群。场所和设施的档次应高、中、低兼顾，可根据不同社区居民主体的文化消费能力做出适当调整，如城市周边新建的拆迁安置社区就可以以中、低档文化场所和设施为主。

（2）精神文化环境

精神文化是产生于物质文化基础之上的一种人类所特有的观念意识，有着丰富的内涵，在不同领域有着不同的表现形式。社区精神文化是社区成员在长期的交往与创造中所形成的生活方式、行为方式、文化传统、风俗习惯和情感、态度、审美等。从这些表现形式中可以看出，社区精神文化的形成是一个长期的历史积淀过程，这就导致精神文化环境建设非常复杂。在建设过程中需要把握形成社区精神文化环境的核心内容，即社区文化活动。社区文化活动的开展可以提高社区精神文化水平，是社区精神文化环境建设的重要手段。

社区文化活动的开展需要科学合理的策划和组织。一般情况下需要在政府有关部门（文化教育部门、宣传外联部门）、社区管理者（居委会、街道办、物业公司）、各级文化团体等力量的协调配合之下，进行科学合理的策划和组织，以调动社区成员参与文化活动的积极性，达到开展文化活动的预期效果。

社区文化活动形式多种多样，主要包括：节日特色庆典，如端午节的包粽子比赛；文艺表演，如歌舞表演、皮影戏表演；影视放映，如四川的坝坝电影；读书会友，如读书演讲会；群众自娱自乐，如广场舞、棋牌活动；以及有偿文化培训，如计算机、外语培训。

在现代社会中，人与人之间的关系已经不如在传统社会中那么紧密，在这种越来越疏远的关系中，人们越发不容易找到集体认同感和归属感。社区文化活动的开展能促进社区成员之间的交往，增强居民的社区归属感，提高社区的凝聚力，这对社区精神文化环境的建设有着重要意义。

7.服务环境

随着社会制度的健全，社区环境构建越发成熟，社区服务环境的重要性逐渐得到高度重视。在大中城市，要重点抓好城区、街道办事处社区服务中心和社区居委会社区服务站的建设与管理。社区服务主要是开展面向老年人、儿童、残疾人、社会贫困户、优抚对象的社会救助和福利服务，面向社区居民的便民利民服务，面向社区单位的社会化服务，面向下岗职工的再就业服务和社会保障社会化服务。社区服务是社区建设重点发展的项目，具有广阔的前景，要坚持社会化、产业化的发展方向。各地区要继续贯彻落实国家对发展社区服务的各项扶持政策，统筹规划，规范行业管理。要不断提高社区服务质量和社区管理水平，使社区服务在改善居民生活、扩大就业机会、建立社会保障社会化服务体系、大力发展服务业等方面发挥更加积极的作用。

（二）社区环境对学前儿童的影响

1.环境与个人成长的关系

唯物主义历史观认为，人是高度社会化的人，是环境的产物，任何人在任何时代都不可能独立于环境而存在。环境与人的关系就好比水之于鱼、土壤之于森林。

在前面已经谈到，环境主要包括自然和社会两方面内容。所谓一方水土养一方人，橘生淮南则为橘，生于淮北则为枳都强调了自然环境对人成长的重要影响。人类的生产生活是在自然环境中展开的，自然环境会在潜移默化中影响个人的行为、习惯、性情等。例如，由于南北气候不同，东北人冬天喜欢穿过脚踝的长袄，四川人则多选择短袄或过膝长袄；由于地理位置不同，广东沿海一带喜欢吃海鲜，甘肃、西藏等高原地区则偏爱牛羊肉。

社会环境是人类行为活动创造的成果，包括范围非常广泛，对个人的行为方式、语言习惯、心理状态等都有着更为直接、深刻的影响。昔日孟母三迁、择邻而居，今日大家购房普遍选择环境较好的小区，根本原因就是人们充分肯定了社会环境在个人成长（尤其是可塑性更高的幼儿、青少年）过程中所发挥的重要作用。"狼孩"的发现也为此提供了最好的证明。

2.学前儿童行为发展的特征

幼儿自出生就开始对外界进行不断的探索，其某一行为的出现并不一定是偶然发生的，还具有内在的必然性。瑞士心理学家让·皮亚杰（Jean Piaget）对儿童认知活动进行研究，提出著名的认知发展理论。这一理论认为人类智慧的本质就是适应，而适应主要是因为有机体内的同化和异化两种机能的协调，从而有机体与环境取得平衡的结果。也就是说，幼儿出生后在不断适应环境的过程中，对事物的认知，以及面对问题情境时的思维方式与能力表现都会随年龄的增长而改变。

儿童认知发展是按一定规律进行的，与本文所讨论的学前儿童行为发展相关的两个阶段分别是感知运动阶段和前运算阶段。这两个阶段的幼儿都还不具备完整的思维能力，对是非观念缺乏辨别；对世界的认知多通过感官直接构建表象图示。学前儿童认知模式外化到行为活动中，最直接的反映方式就是模仿，这也就促使学前儿童阶段的行为方式具有了核心的特征善于模仿。学前儿童的所有行为方式、语言习惯都是通过一遍遍模仿所形成的。所以，在经济全球化大潮中，中英双语教学模式逐渐成为国内幼儿园教育的主要发展趋向。家庭教育在学前儿童教育中作用的凸显等现象的出现，正是因为人们逐渐认识到模仿在学前儿童行为养成中的核心作用。

3.社区环境对学前儿童成长的意义

由于学前儿童具有善于模仿这一行为特征，是可塑性最强的群体，周围环境对其影响不容小觑。在学前儿童成长的过程中，除了家庭和学校，社区是其最经常活动的场所，社区环境对其有着重要影响。

（1）社区环境影响学前儿童身心发展

健康的身心是学前儿童成长的基础。怎样才能使学前儿童拥有健康的身心呢？除了合理膳食、适量运动、融洽的家庭氛围外，学前儿童生活的主要空间环境，这里主要指社区环境的状况，对学前儿童身心健康有着直接影响。

幼儿时期是人一生中最自由、最不受束缚的阶段，大多数学前儿童在这一时期非常热衷户外活动、群体活动，成为社区活动的积极分子。学前儿童是除老人外，在社区中活动最为频繁的群体。他们在嬉戏打闹中建立友谊，开展属于他们的社会活动。在这一过程中，学前儿童的自我意识逐渐萌芽，对这个世界有了直观的认知。此时，社区环境是否安定、邻里关系是否和谐、文化活动是否积极向上都会对学前儿童心理意识的形成造成影响。例如，幼儿之间的拌嘴、打闹会不会演变为邻里矛盾，甚至上演邻里大战，这对幼儿来说都会成为一种心理暗示。如果邻里之间为此而激化了矛盾，幼儿内心的害怕、恐惧、内疚则逐渐外化为拒绝参与群体活动。

与此同时，活跃在社区中的幼儿因为身体发育还不成熟，属于社区中的弱势群体，噪声污染、尾气污染、脏乱差的卫生条件、不稳定的社会因素等各种潜在的危害对其影响远大于成人。优质的社区环境是幼儿身心健康的保障。具体而言，良好的社区卫生环境可以有效地避免细菌滋生和传播，从源头上控制了危害幼儿身体健康因素的产生；完善的治安保卫措施，可以为幼儿提供安全的活动场所；社区服务环境的完善也能直接为弱势家庭幼儿提供物质上的帮助；适宜幼儿活动的社区文化场所是幼儿户外活动、强健体格的最佳选择等。

总而言之，干净卫生、和谐安定、充满关爱和尊重的社区环境对幼儿的身心发展具有重要意义。

（2）社区环境为学前儿童提供了生动形象的教育资源

教育的艺术在于，不仅要使人的关系、成人的榜样和言语以及集体里精心保持的种种传统能教育人，而且也要使器物物质和精神财富能起到教育作用，……这是教育过程中最微妙的领域之一。学前儿童时期认知过程多是通过感官直接构建表象图示，所以，通过"器物"直接教育会得到更好的效果。

学前儿童时期的原始知识积累涉及范围非常广泛，飞禽走兽、花鸟虫草等自然事物，飞机火车、商场银行等社会性事物，几乎涵盖生活中所有常见的事物。要满足其强烈的认知需求，学前儿童就需要走入自然、走进社会。而社区就是自然和社会的缩影，能在一定程度上满足学前儿童的认知需求。蝴蝶翩翩、落叶纷飞、高楼大厦等都是社区环境的必备因素，即使社区内没有高山和瀑布，也能通过假山、人工湖等园林景观营造出高山流水的氛围。

（3）社区环境影响学前儿童的行为习惯和道德品质

学前儿童的行为主要通过模仿而形成。社区舆论承载和体现的价值观、道德观，以及社区居民在社会交往中的行为方式、语言习惯等都会在潜移默化中对学前儿童产生影响，使其在不自觉中接受和内化这些观念和行为习惯。例如，社区作为社会组成单元，为了制约成员的行为，维护社区的正常秩序，有着一套适应社区生活的规章制度。社区成员能否自觉遵守规章制度，规范、有序地开展社区生活，会影响学前儿童在群体活动中的纪律性。如果社区成员普遍能遵守社区规章制度，学前儿童在群体活动的行为方式更容易规范、有序。社区成员之间关系融洽、互帮互助、礼让友爱，学前儿童也容易形成谦让、团结、合作的品质。

（4）社区环境引导学前儿童兴趣爱好的形成

社区文化场所在一定程度上有助于学前儿童兴趣爱好的发掘。例如，社区拥有一座美术馆，就能在一定程度上激发学前儿童对美术的兴趣，发掘其绘画潜能。社区文化活动的开展也能刺激学前儿童兴趣爱好的发展。例如，社区经常开展乒乓球、羽毛球比赛，就能从侧面激发学前儿童对球类运动的兴趣，挖掘其运动才能。

社区是学前儿童活动的主要场所，也是其认识世界的窗口。在社区生活中，学前儿童身心迅速成长，并且完成了对社会、自然的最初认识，获得了人生中众多宝贵的最初经验。社区环境在学前儿童身心成长、知识原始积累、情感道德萌芽、初步社会化的过程中发挥着举足轻重的作用。

（三）社区环境在幼儿园建设中的重要作用

社区与幼儿园作为学前儿童参与社会活动最主要的场所，同属于影响学前儿童成长的社会性力量。社区虽然不是开展幼儿园教育的主导力量，却是有力的后备补充力量。

1.社区为幼儿园建设提供政策和经济支持

我国幼儿园以公办和民办两种办学模式为主。无论哪一种办学模式，都必须在各级法律法规的指导下依法办学。国家和地方性法律法规是幼儿园办学的宏观指导，在微观层面，社区的经济环境和相关政策规定直接影响幼儿园的办学规模、学生来源、学校的管理等。

学前教育对幼儿身心健康、习惯养成、智力发展具有重要意义。遵循幼儿身心发展规律，坚持科学保教方法，保障幼儿快乐健康成长。在面对学前教育的具体难题，如民办幼儿园收费高、公办幼儿园规模小且数量少，造成了学龄前儿童入园难成为普遍现象等问题时，社区相关机构也可以从政策上给予合理引导、从经济上给予幼儿园实质性的帮助。

2.社区环境是幼儿园办学环境的补充力量

一谈到幼儿园的办学环境，我们首先想到的是园内环境，主要指幼儿园为幼儿生活、学习、娱乐等提供的场所和设施，以及符合幼儿审美趣味、情感状态、令其身心愉快的精神氛围。实际上，幼儿园的办学环境不仅是指园内环境，还包括园外的社会环境，主要指幼儿园所处地理位置周边的社区环境。幼儿园周边社区的园林绿化、清洁卫生、交通秩序、治安状况、娱乐场所性质等都在一定程度上影响其办学环境。例如，身处园林绿化较好的社区，幼儿园就好比置身于美丽的公园中，从整体上提升了幼儿园的室外环境质量和室内空气质量；交通和治安状况直接关系幼儿园师生的人身安全；积极、健康的娱乐场所，如音乐厅、美术馆、健身馆等，都可以为幼儿园营造优质的办学氛围。

3.社区是幼儿园教育的第二课堂

社区能为幼儿提供充足的教学资源，幼儿园应该充分利用这一资源，形成学校与社区共育的教育模式。在幼儿认知教育过程中，幼儿园可以组织学生走出校园，到公园里观察秋叶纷飞、到广场上感知春风和煦、到超市中认识蔬菜水果。在幼儿情感教育过程中，幼儿园可以与社区合作开展社区亲子活动、邻里活动等主题活动，增进幼儿对亲情、友情、邻里情等多种情感的体验。在幼儿道德教育过程中，幼儿园可以组织学生参加社区清洁卫生治理、社区服务等活动，培养幼儿的社会公德和服务意识等。

美国著名的厄巴纳·香槟市就为幼儿园教育营造了优质的第二课堂。该市每个公园都设有儿童游乐场，装置了走、跑、跳、钻、爬、荡、滑、吊、翻、骑等多种多样的运动器械，安放了大桌子、长椅子等必要的休息设备，从而为教师组织儿童来此游戏创造了极好的条件，这些设置对于附近幼儿园的老师来说，起到了对儿童教育提供指示的作用。此外，美国、瑞典、挪威、芬兰等拥有一流教育环境的国家，普遍重视社区环境在学前教育中发挥的重要作用。他们在社区中配备了高密度的儿童玩具图书馆、儿童博物馆、儿童活动中心等适宜儿童教育的场馆和设施。这些场馆和设施都可以成为幼儿教育的第二课堂。

作为幼儿园教育的第二课堂，社区不仅能为幼儿提供生动的教学资源、多样化的教学场馆和设施，还能提供别样的师资力量。社区居民往往由不同职业、不同年龄、不同文化层次的人组成，幼儿园可以与社区合作，挖掘社区中可利用的人力资源，为幼儿教育服务。例如，请社区中的消防队员到幼儿园或者是某一住宅区传授消防知识，并在园内或住宅区进行火灾、地震等实地逃生演练；请从事警察保卫工作的居民在公园、超市等公共区域传授防拐、防骗、防丢失等安全常识。通过这样生动有趣的课外教学活动，提高幼儿的自我保护能力。还可以请社区中从事农业生产的居民，在老师的协助下，带领幼儿到田间地头，通过实地操作学习农业生产的基本常识和简单技能；请社区从事玩具生产、服饰制造的居民，在老师的协助下，带领幼儿深入车间，向他们展示日常用品的生产过程。通过实地教学，在满足幼儿好奇心的同时，还能促使其对不同行业有初步的认知。

　　总的来说，到社区环境中寻找生动形象、丰富多元的教学资源，能有效地培养幼儿认识世界的主动性和积极性，这样才能真正做到"在玩中学，学中做，做中思考"。

第八章　幼儿园与家庭、社区合作的实践途径

第一节　幼儿园与家庭、社区合作的途径

一、幼儿园与家庭的合作途径

幼儿园与家庭的合作途径分为正式合作途径和非正式合作途径两种。

（一）幼儿园与家庭的正式合作途径

幼儿园与家庭正式合作的途径主要包括幼儿园定期举办家长会、教师的家庭访问、家长做幼儿园活动的志愿者以及幼儿园举办家长开放日等。

1.家长会

幼儿园家长会是幼儿园教师和家长围绕特定目标开展的、面对面的、以口头形式为主的群体性活动，是家园合作的主要形式之一。家长会通常是家长和学校的第一次接触，从家庭和学校建立合作关系的角度来说，是很重要的。在网络化、信息化日益发展和完善的当代社会，家长会这种传统的家园合作形式仍然有存在的必要。尽管家长会作为一种集体交流形式，很难顾及每个个体，但其具有的效率高、集体化和面对面等特征却是其他形式难以替代的。关于幼儿园家长会的重要性，主要有以下几个方面。

一是从家长的角度来看，通过家长会，可以帮助家长了解有关学前教育机构的情况，可以向家长讲解儿童发展的规律和特点，解答家长的疑难问题，传递制作玩具的经验，增强家长的教育意识，提高家长的教育技能；还可以结合社区教

育的内容和重点，帮助家长掌握相应的知识和技能。

二是从教师和家长合作的角度来看，家长会为家长和教师的平等对话创造了契机，召开家长会可以使家长和教师的分享与合作成为可能，家长会为教师和家长提供了交流孩子情况的平台与机会，通过家长会，可以增强教师和家长之间的沟通，让家长看到教师是真心关心孩子，从而共同明确问题、寻找方法、提出建议和制定方向，以促进儿童的发展。此外，教师和家长通过信息共享，可以就儿童照料问题互相合作，提供相互促进的经验，教师还可以鼓励家长、家庭成员和孩子继续努力，提供将课堂学习延伸到家庭的机会。

三是从幼儿园管理的角度来看，家长会使家长了解幼儿园的办园理念，了解园、班实际面临的困难，理解和支持幼儿园组织的各种活动，此外家长还可以为幼儿园出谋划策，参与幼儿园的教育决策和监督，从而更加有效地促进幼儿园的管理运行。

（1）家长会成功的策略

作为一种教师与家长集体面对面的交流形式，家长会能够让家长了解班级（或园级）幼儿的整体发展情况，了解某阶段内教师的工作内容，横向比较孩子的发展状况。教师应充分利用家长会这一形式，共同探讨共性问题，发挥其在家园合作共育中的独特作用，构建家园合作的坚实桥梁。对如何在实践中开展家长会，需要注意以下几个方面。

①目的明确

要开好家长会，目的必须明确。针对家长不知如何去帮助孩子或担心被老师的专业术语所困扰的情况，教师应在家长会前确定一个到两个问题，在会议过程中进行探讨。在会议开始前，教师就应该思考会议的目的，想清楚自己召开这次会议想要达成什么目的，然后将自己的想法列出来。比如，对于刚刚入园的新生所开展的小班家长会，教师在会前就要明确此次家长会的目的是让家长了解幼儿园的各方面情况，家园共同配合帮助幼儿顺利渡过入园难关等。

②尊重家长

首先，开家长会之前，要给家长一张便条，让家长选择他们认为适合的确切时间和地点，便条回收之后，根据家长的选择确认时间；其次，在邀请发出之前或之后，打电话跟家长交流，确定会面的内容，并让家长感觉到他们是受欢迎的；最后，不管之前是否有过接触，确定的时间和日期要寄到家长家里，以确保家长和教师对会议时间有一致的认识。家长会的时间要所有的家长都方便，时间不方便的家长就可以在正常教学日之前或之后再个别与教师会面。此外，教师要避免形成权威的氛围，而要用家长们能够听明白的、通俗易懂的语言，以轻松、积极、正面、肯定的方式开始交流，还可通过熟悉家长的名字、避免专业术语等一系列措施，让家长感觉到他们是团队中的一员。比如在会议刚开始时，应介绍与会人员和他们各自在会议中的角色；在跟家长谈话的过程中，让家长感觉到放松、舒服、受欢迎；要通俗易懂，避免使用专业术语；要提出开放性的问题，引发家长思考、讨论；要做积极主动的倾听者；要强调对家长的到来表示感谢等。

③积极评价

教师应该向家长强调正面评价，注重指出孩子做得好的方面。首先，谈论幼儿的优点，提供一个完整的幼儿发展、成长过程；其次，在会议过程中，运用"三明治"原则，即把积极的言论夹在会议中间；最后，当有特殊情况需要召开家长会时，力求正面信息与负面信息的平衡。

④及时反馈

家长会的后续工作与会议本身同样重要。会议将要结束时，要对会议内容和目标进行简要的概括、回顾，如果需要的话，应达成一致的行动计划和后续计划。家长会一结束，教师应该马上做一个详细记录会议信息的会议摘要。比如会后教师可以给家长寄一张便条，感谢家长参与；或者通过打电话的方式，让家长知道会议计划的实施情况和孩子的参与情况。

⑤注重非言语交流

会议过程中，教师与家长的物理距离和心理距离，尤其是教师与家长交流的技巧和方式，也是非常重要的。交流包括讲话、倾听、情感表达和信息解释等，交流中最重要的因素不是交谈，而是传递信息的方式和身体语言的运用。第一，教师要运用眼神交流和身体语言，如点头、手势；第二，不要打断家长的话，避免争论；第三，鼓励家长说出他们的想法，注意双向交流。

⑥提供可操作的方案

教师要说明打算如何帮助儿童达到预定的目标，家长可以在其中扮演什么样的角色；也可以跟家长确定下一次会面的确切时间，通过制定明确的行动计划，使家长知道接下来应该做什么和如何去做。比如，在组织大班家长会讲解幼小衔接问题时，教师就需要告知家长，幼儿园孩子升入小学，需要具备哪些习惯和能力。同时，也要让家长认识到，幼小衔接并不仅仅是教师的工作，它还需要家长的积极配合。家长要与孩子一起制定新的作息时间，让孩子学会自己整理学习用品等。

⑦采用多元的交流方式

作为一种集体交流形式，家长会会前以接送交流、网上告知等形式沟通，利用家委会征询家长的意见；会上，动员家委会成员积极带动，展开讨论；会后，进行个别交流或请家长志愿者总结大家的意见，对会上未解决的问题做进一步的后续工作。同时，家长会的开展可以与其他形式相结合，如会议时间可以放在家长讲座或家长开放日之后，既能节省幼儿园和家长的时间，又能及时地针对活动内容，进行双向的沟通、交流。

（2）幼儿园家长会的改革

①细节上的改变

在家长会开始之前，放些轻松的音乐，与先到的家长们聊聊孩子的情况；用游戏的形式组织家长会，让会议气氛活跃起来；让家长们分组讨论，可以调动起家长的积极情绪，使他们与教师互动起来。不仅如此，不同的座位安排容易造成不同的心理感受，在开家长会时要将桌子围成圆圈，教师在中间。这些细节上的改变，加强了教师与家长情绪和思维的互动。

②形式上的创新

进行一系列新的尝试是有必要的，如通过录像播放平时拍摄的孩子在园活动的场景；运用课件展示家长会的内容；以抽签的方式抽取题目，进行分组讨论；列出生活中常见的案例，引发家长讨论，进行案例分析。这些新颖的形式，充分调动起家长参与的热情。

③观念上的转变

更新教师对家长会传统价值导向的认识，拓宽家长的价值视野，变"被动接受"为"反客为主"，从而突破传统家长会的局限性。具体可以通过小组亮题板的形式，让家长参与学校课题研究；通过问题对对碰的形式，解决家庭教育问题；通过正反辩论会的形式，让家长参与到班级管理工作中；通过分组竞赛的形式，让家长得到丰富的保教经验。

2.家访访问

幼儿园家访指幼儿园教师对幼儿家庭进行的上门访问，是教师与家长在其家庭中进行的面对面的沟通。它也是家园合作的重要形式之一，具有不可替代的作用。它能够帮助教师在真实的情境下，高效、精准、全面地了解幼儿及其家庭成员的各方面信息，充分体现教师对幼儿的关心与关注、对家长的理解、支持与尊重。

一般而言，家访会在两种情况下进行，一是对新入园儿童进行普遍的家访，这种家访对绝大部分幼儿园来说都是一项常态的工作。教师在新生入园前进行家访，能掌握幼儿的基本情况，初步了解他们的性格特点，并通过面对面接触与幼儿及家长相互熟悉和了解，从而减少新生入园时的恐惧感和胆怯感，也能减轻家长在孩子初入园时可能产生的紧张和不安情绪，协助家长做好入园前的准备，有利于开学后各项工作的开展。对已经在园就读的老生来说，教师也会通过家访了解幼儿假期在家里的情况，了解放假前布置任务的完成情况，从家访获得的信息分析幼儿的发展状况，为新学期进一步计划开展的班级工作做准备。二是为解决育儿过程中特殊或具体的问题而进行的个别家访，这种情况不常发生，但是一旦发生，如果处理不当就容易造成较为严重的后果。教师在这种情况下进行的家访，目的是要及时说明、了解情况，并顺利地解决问题。比如，当幼儿发生意外事故后；当幼儿的家庭发生重大的变故需要协助或安慰等；当幼儿长期不来幼儿园，需要了解情况时。通过家访，教师能够了解家长的真实想法与建议，这样不仅可以减少双方的误会，还能够帮助教师改进日后的工作，更有利于幼儿的发展。

幼儿园普遍存在这样一个问题：由于家长工作繁忙，很多幼儿都由爷爷奶奶或保姆接送，教师很少有跟父母直接接触的机会，彼此缺乏了解和对话。

教师希望能通过家访达到与幼儿父母直接交流、交换看法的目的。幼儿在幼儿园要注意些什么问题？家长对教师有怎样的要求？教师希望家长配合做些什么工作？家长哪些教育观念需要更新？有关幼儿教育的一系列问题，往往只有和幼儿父母直接交流才能收到良好的效果，而且只有在家访中，双方才能就这些问题进行深入的交流。因此，"与幼儿父母交换看法"也是教师家访的目的之一。

（1）家庭访问成功的策略

①家访前的准备工作要充分

家访是教师了解孩子及家庭信息的过程，也是教师展现个人素养、赢得家长好感和信任的时机但是成功的家访并不是一件简单的事情，它需要教师事先做好相关的准备工作，也就是说，成功的家访需要老师事先"备课"。比如，事先要与家长沟通协商家访的时间，尽量挑选家长在家的时间，而不是只有祖辈家长在家。教师要事先罗列一些主要问题，把握谈话的重点与思路，做到言之有序、言之有理、言之有情。比如，本次家访的主要目的是什么，需要达到怎样的效果，如果家长不理解该怎样解释等。同时教师也要考虑自己的仪表与打扮，做到穿戴大方、举止文雅、谈吐稳重等。最后，孩子开心是家长最乐意看到的事情，因此，教师可以在家访时带上一份简单的孩子喜欢的小礼物，这样既能很快地缓和沟通的气氛，还能够体现教师对孩子的关心与鼓励。

②注重教师、家长、孩子之间的互动，营造良好气氛

教师在家访时首先是教师角色，同时又要把自己看成家长的朋友，做到态度谦和，语言诚恳朴实，举止文明。谈话时，可先从一些家长感兴趣的话题聊起，引导家长积极主动地参与到谈话中，与家长产生共鸣，赢得家长的信任。在进入家访主题之后教师要避免传统的说教，不要以权威的姿态轻易否认家长的某些做法、想法，而要以一些教育中的实例，让家长自己去分析、辨别，同时教师可以积极引导、共同讨论实例中方法的优缺点，避免家长被动接受。另外，在教师与家长谈话的过程中，可以让孩子坐在老师身边玩耍，在孩子游戏时偶尔介入，或者让孩子参与到家长和教师的谈话中，发表自己的想法和看法，并对孩子的一些积极表现给予肯定，让孩子感觉到教师的亲切以及可信。

③合理的安排家访内容

对于幼儿的基本情况，如身体状况、性格特点、自理能力等，这些都是家访中教师必须要了解的内容，以便在幼儿入园后，教师对幼儿提供有针对性的帮助和照顾，让家长放心。此外，教师要帮助家长分析孩子入园后可能出现的某些不适应，并根据幼儿的现状有针对性地提出建议。如幼儿在入园初期出现的哭闹问题，教师就要建议家长不要因为孩子哭闹而心软，而是要坚持送幼儿园，并将幼儿园在新生入园阶段所做的各项工作向家长进行介绍，帮助家长树立信心。另

外，还可以介绍一下本学期家长可以参与的活动，这样既可以听取家长对于班级活动安排的意见或建议，还可以鼓励家长积极参与幼儿园的活动，使家长能够真正地与幼儿园"合作共育"。

（2）家访的后续工作

幼儿园家访的后续工作归纳为以下几个方面。

①补做家访记录

幼儿园教师普遍认为，记录家访中获得的信息是家访的一项重要后续工作，有的幼儿园还制定了家访记录手册，用以登记教师家访的各项信息。这些信息包括：家访的时间、家访的原因、幼儿的情况、在幼儿家庭的见闻、家长的要求、家访的感受等。

家访记录有它的功能。一方面，家访记录能成为教师工作的考核依据，反映教师家访的数量和质量；另一方面，家访获得的信息往往是庞杂而零碎的，家访记录把这些信息转变为文字资料，既防止遗漏或忘记，又为每名幼儿建立了档案，给教师提供了前后对照的文本，有利于今后工作的开展。

②制定有针对性的幼儿教育方案

教师家访，目的是了解幼儿情况、与父母沟通和解决特殊问题，因此在家访之后，不可避免地会有相应的教育方案。如有的幼儿动作发展能力较为落后，教师会为他们多设计一些肌肉运动活动，像拍球、上下楼梯、玩踏板车等；有的幼儿可能对某些食物过敏，教师在家访中从父母那里了解到这些情况之后，就会在保育这块做相应的调整，通过其他食物来代替过敏食物。

做家访记录是家访后续工作的第一步，制定方案就是建立在做家访记录之后的第二步。对幼儿发展水平、性格特点等情况了解掌握之后，教师在日后的保教工作中就会根据每个幼儿的情况区别对待。在现实生活中，幼儿园教师缺乏系统的、有步骤的教育方案，大多只是在心里形成模糊的概念，很少转变为文字的操作性强的教育方案，这也是目前家访后续工作做得不够的地方之一。

③开展家园合作活动

家长是幼儿园的合作伙伴，家园合作能形成强大的教育合力，在幼儿发展中起到重要的积极作用。所以，一些教师也会在家访之后开展一些家园合作活动。教师有时候会通过家访跟父母沟通班级近期的主题活动，告知父母需要他们配合的工作，协助家庭环境的布置，这些都是为了能更好地配合后期家园合作活动的开展。如推举热心又有见解的家长进入家长委员会，鼓励重视幼儿教育又乐于参加班级活动的家长成为家长志愿者，让有职业优势的家长做家长助教，让家庭条件较好的家庭为幼儿园提供一些力所能及的材料等。当然，利用家长资源都要在尊重家长意愿的情况下进行。

（3）家访可能遇到的阻碍与问题

幼儿园教师在进行家访的过程中可能会遇到一些阻碍或问题，有些来源于客观原因，有些来源于教师本身的主观原因。首先，家访往往要花费大量的时间，而教师的日常工作量大、时间非常有限，因此很难抽出专门的时间经常进行家访活动。教师除了基本能做到新生入园前都家访一遍的要求外，在以后的实际工作中，没有特殊情况一般不家访。其次，路途和交通问题是教师家访碰到的另一个困难。有的教师住得离幼儿园很远，有的幼儿家里住得很分散，教师必须挨家挨户家访，这一问题在示范园显得更加突出。再者，家访中，若碰到家长不予配合或者态度冷漠的情况，就会给家访带来困难。由于家长表现出不配合的情绪，不太情愿接待教师，教师察觉到家长的这种态度后不会勉为其难，但导致家访不能有效地进行下去。毫无疑问的是，家长的不配合影响了教师家访的积极性。

教师的主观原因主要体现在两个方面。一是家访后有意识、有计划开展的后续工作做得不够。教师家访后，往往采取经验的做法，在脑海中对了解到的幼儿情况形成大约、模糊的轮廓，并以这种印象支持今后的工作。实际上，这是一种不自觉的习惯，依赖过去的经验来处理现在遇到的问题，久而久之就会养成思维惰性，墨守成规，缺乏大胆创新的精神。这种习惯在老教师身上尤为突出。教师和家长访谈后发现，目前的家长普遍很重视孩子的教育，对教师家访也很热情地欢迎，教师很少遇到被拒之门外的事情。教师一旦遇到被拒之门外的情况，往往会在心里留下深刻的印象，并产生持久的挫败感。

二是家访后具体、深入开展的后续工作做得不够。教师普遍反映自己家访后做了相关记录，这看似落实到了书面和文本上，但实际上只是教师为了防止记忆消退而采取的方法，记下重要信息以便今后"对照"。记录的只是表面的客观信息，教师没有深入分析这些信息，未能充分利用家访中获得的信息，发挥其积极作用。

3.家长志愿者

家长志愿者是家长根据自己的专业与兴趣爱好，在时间允许的情况下，以志愿者的身份参与到幼儿园的一日活动中的一种方式。家长志愿者可以是为幼儿提供某项服务，也可以起到辅助或补充幼儿园教学活动的作用。家长进课堂是家长志愿者的主要形式之一，是幼儿园依据具体的教育需要和家长的职业特点、个人爱好等，把家长作为特邀嘉宾请到幼儿园，参与到教育活动之中的方式，家长直接作为幼儿园教育活动的参与者甚至是组织者、重要信息和能力的提供者与展示者。不同文化背景与职业背景的家长能够根据自己的专业、特长，自愿走进幼儿园和老师一起组织教育活动，为孩子的发展提供支持与协助，具有重要的教育价值，主要表现在以下几个方面。

首先，家长志愿者活动的开展有助于促进幼儿的发展。幼儿园和家庭有着各自不同的优势和局限，家长来自各行各业，如记者、警察、医生等。他们的专业性很强，而且和幼儿的生活息息相关。家长如果能够参与到幼儿园的各项活动中，不仅能够使幼儿的活动更加生动有趣，而且还可以使幼儿感知不同家长的职业，丰富幼儿的交往范围，使幼儿以更宽、更广的视野了解社会，这都有利于他们社会性人格的充分发展。

其次，家长志愿者活动能够让家长更加深刻地了解幼儿园教育，达成教育共识。家长积极地参与幼儿园活动，一方面加强了与教师的交流，有效地增加了家长对幼儿园教育的了解；另一方面，活动为家长提供了一个更加直观的感受孩子在幼儿园学习、生活的机会，使得家长亲身体验了教师的角色，提高了对幼教工作的理解，促使家庭与幼儿园在教育理念、方式、方法上达成共识。

最后，家长志愿者活动能够增进亲子感情。当家长以老师的身份出现在孩子面前时，孩子会以新的眼光来看待家长，感受到自己的爸爸妈妈原来这么的了不起。这可以帮助家长在孩子心目中树立美好的形象，同时还拉近了孩子与家长之间的关系。提高家长的参与度与育儿成就感，突出家长对幼儿成长的关注，使其体验到自己在孩子的成长过程中十分"重要"，也能够增加家长育儿的效能感，增进亲子关系与家园关系。

幼儿园家长开放日活动指幼儿园在特定的时间里向家长开放园内外的各种教育教学活动。它是幼儿园家长工作的一种常见形式，是家园沟通的一种重要形式。幼儿园通过每学期定期向家长开放，实现家园共育。家长开放日不仅有利于家长更好地教育孩子，有助于教师更好地完善自我，而且还有利于家长与幼儿园沟通，加强家园合作等。

首先，家长开放日能够使儿童获益。成人对儿童的关注越多，儿童的成就感就越高；当儿童看到家长和教师一起为他们工作时，儿童的情感就能得到更好的发展；家长帮助提高幼儿园的质量，促进儿童形成积极的学习态度和行为，取得好的成绩，促进儿童成长，这些效益会从幼儿园一直持续到高中。

其次，家长开放日能够使家庭获益。能增强家长对自己、对幼儿园的信心，认识到自己对教师的帮助作用，能更有效地同儿童交往，提高自己参与教育的水平，还能帮助其他家长，宣传幼儿园。

最后，家长开放日能够使幼儿园获益。家长成为幼儿园的资源，以独特的同情心对其他家长解释幼儿园的服务，为教师分担教学责任，做出更好的活动决定，能改善教师的精神状态，提升家长对教师的评价等。

（1）家长开放日的准备与实施

①家长开放日的准备

第一，全面统筹，制定周密计划。幼儿园家长开放日活动是有计划的，这些计划主要是通过"自上而下"或"由下而上"等方式征求家长意见而制定出来的。在制定计划的过程中，"教师"起着主角的作用，年级组长和园长则起着配角的作用。但不论是计划制定的主角还是配角，在制定计划的过程中都必须全面考虑孩子的年龄特点，心理特点，接受能力等等。比如在大班，设计一次活动让家长了解教师怎样帮助孩子做好入小学准备，可能更符合这个年龄段幼儿及其家长的需求，家长的收获可能会更大一些。而针对刚入园的小班孩子，家长更多的是想了解孩子在幼儿园是怎么生活的。可见，大班家长和小班家长的关注点和需求是不同的。如果没有计划，让小班、中班、大班的家长都参加同样题材的活动，意义就不大了。随着幼儿年龄的增长，家长的要求会发生变化，教师也应全面考虑，计划不同的家长开放日活动主题。

第二，明确人员责任与要求，确定各项活动细则。每个班的家长开放日活动的目的、内容、形式不同，对场地环境要求也不同，但是总体来说都是符合幼儿园的管理理念以及家长和孩子的需求的。家长开放日主要有以下工作：确定活动场地，布置开放日的环境、准备活动需要的器材、准备多媒体设备、制作及发放家长开放日的通知等。所以举办家长开放日，都要有个提前准备，并且要将每项准备工作尽早地落实在每个具体人员身上，并将每个人员应负责的活动具体化、明确化，如果活动需要家长的配合，就应提前通知家长活动的准备工作和具体流程，以保证各项工作顺利完成。

第三，及早通知家长活动的安排，给予家长充足的准备时间。教师在安排活动日之前，必须尽早将活动安排告诉家长，要知道大多数家长平时的时间可能都是被工作占据，参加幼儿园活动大多都是利用工作之外的时间或者请假等方式。幼儿园家长活动日的告知方式大多是通知，如给家长一封信、温馨提示等。而通知的词语应该是家长而不是父母，否则会减少其他家庭成员的参与。此外，通知要让家长感觉到亲切和温暖，感受到自己是受欢迎的。比如可以在家长前面添加"尊敬的或者亲爱的"等字样；把通知改成邀请也能让家长感到受欢迎之意。在活动的安排上，也要做到告知家长具体的活动流程，以免造成家长不知活动环节，不知如何配合，造成现场秩序的混乱。

②家长开放日的实施

幼儿园、班级向家长开放活动的频率主要为每学期1次，每次大都为上午半天；活动场所以孩子所在班级的教室为主，园内其他场所为辅；幼儿园家长开放日活动主要是由教师来组织的，家长起着辅助的作用。在家长开放日活动中，教师和家长都应该注意自己的言谈举止和穿着打扮，相比而论，教师对自己言谈举止的要求要比对自己穿着打扮的要求更高更严。在实施的过程中应注意以下几个问题。

首先，安全问题，这点是非常重要的。开放日的当天，由于家长的到来，一方面造成班内，园内人数的成倍增加；另一方面，家长的到来会让孩子激动，兴奋，甚至不听教师的安排。所以，要把准备工作做好，将活动流程提前告知家长，请求家长积极配合，以保证活动的安全。

其次，鼓励家长的积极参与，可适当奖励家长在开放日活动中表现出来的各种良好行为，以强化家长与教师合作的主动性、积极性、创造性。例如，在开放日活动之前，教师在班级的"家园之窗"上公布"我制作的图书"的活动主题，并"留言"请家长在开放日这一天提醒孩子把家中的废旧台历、挂历带来，当家长这样去做的时候，教师就应该在开放日活动结束的时候，在班级表扬这些家长，并在"家园之窗"上张贴"感谢信"，真诚地感谢这些家长所给予的支持和帮助。

最后，教师要保持情绪稳定，给人亲切和蔼的感觉。一般来说，家长的到来都会给孩子带来情绪上的兴奋，孩子就容易出现违背活动规则的行为。但不论此时孩子多么调皮，激动，不受控制，作为一名教师，都应沉着冷静，积极地应对孩子的情绪失控，理性智慧地加以处理，避免孩子或家长进一步的情绪失控或者不满。在活动结束后，教师要对家长表达真诚的感谢，得到家长的认可，从而进一步得到家长们对教师工作的支持。

（2）家长开放日的问题及其改革

①家长开放日的问题

第一，流于形式，实无参与。幼儿园家长开放日活动只是一种摆设，家长并没有积极主动地参与其中。班级开放活动往往由两位老师唱主角，从活动形式的确定，到活动内容的选择、活动时间的安排等，都由老师说了算，家长处于被动接受和服从的地位。忽视了家长在开放日活动中的参与，特别是忽视了引导家长与教师共同观察、了解、研究幼儿的过程。

第二，表面热闹，远离宗旨。幼儿园家长开放日活动只是一种表演，开放活动前，家长对活动的目标、内容、形式不清楚，活动时只能看表面现象，不能配合教师有目的、有计划地去指导和参与孩子的活动，更谈不上对幼儿园整体教育的了解和配合，一些幼儿园创设的家长开放日表面上看起来，活动热热闹闹、气氛热烈。事实上，家长们是"外行"看热闹，不知道究竟该看什么、如何看，看过也就忘记了，因而不能达到开放日活动的真正目的。

第三，集体活动，无针对性。幼儿园家长开放日活动只是家长的一种集体活动，没能考虑到家长的个体需要。开放时间固定，全班统一，家长到园后，活动室十分拥挤，教师很少能一对一地和家长交流。如果开放日家长有事，只好放弃参与活动的机会。定期举办家长开放日活动，有助于让家长了解幼儿园的教育教学与保教生活，但并不能解决个别幼儿的问题。

第四，教师埋怨，难以管理。幼儿园家长开放日只是一种展示活动，没能顾及教师监控、管理家长和幼儿的难处。开放日活动前教师都会精心准备，可活动时的物品、环境常会被家长和孩子弄乱，有些家长对教师的指令不予理睬，只顾指挥自己的孩子，甚至会介入孩子之间的矛盾，导致很多平时能够正常解决的问题变得很难解决。此外，由于孩子平时在家或在班里见的人少，而在家长开放日时客人很多，孩子就显得比平时活跃，想借机来表现自己，当家长拉他坐下时，他兴奋的情绪未得到完全释放，因此会发脾气，比平时表现得更顽皮些。

②家长开放日的改革。

第一，提高认识。教师要全面、深刻地认识到家长开放日活动的性质和作用。幼儿教师首先要意识到，家长开放日应成为家长直接参与、教师主动引导的双边活动，因为家长是参与开放日活动的主体；其次还要意识到，家长开放日应成为促进保教人员素质提高的手段，因为保教人员的素质决定着幼儿一日生活的水平，关系到家长对幼儿园、教师的信任；再次要意识到，家长开放日应成为指导家长教育行为的良好途径，因为教师能直观地感受到家长的言行。

第二，扩大开放。教师要从家长的实际情况出发，确定开放日的时间，并增加开放的频率。家庭与幼儿园对孩子教育的要求，从总体上讲是不一致的，存在着幼儿在幼儿园表现好，在家庭表现差的两面性现象。建议幼儿园要定期对家长开放幼儿园的一日活动，使家长亲眼看到幼儿在园的生活、活动及表现，以消除幼儿的两面性。此外，幼儿园要"变集中开放为增加开放次数、减少参加人数"，从而有效地解决活动空间的问题。幼儿园可以将每学期统一时间的家长开放活动，改为由各班灵活安排，使家长能根据自己的需要加以选择，这样，既能方便家长参与，也减少了每次活动的人数，提高了活动的实效性。

第三，全盘布局。教师要考虑幼儿的年龄特点，全面规划、系统安排家长开放日活动。幼儿园要遵循循序渐进的原则，系统地安排幼儿在园三年中的家长开放日活动：根据小班幼儿生活自理能力较差的特点，来安排幼儿动手能力汇报，让家长了解孩子的生活活动能力；根据大班幼儿在第一学期时已掌握了一定的运动技能的情况，来组织亲子同乐运动会，让家长了解孩子的动作发展水平；根据大班幼儿在第二学期时在园生活即将结束的情况，来安排幼儿毕业汇报活动，让家长了解孩子知识、能力发展的总体情况。

第四，了解家长。教师应了解家长的教育观点、职业专长、兴趣爱好、学习类型，有的放矢地组织开放日活动。孩子入园之时就可以请家长填写自己的职业、兴趣、特长，愿意给孩子组织什么样的活动等，然后利用各种与家长交流的机会，全面听取家长对开放日活动的意见。

第五，引导家长。教师应对家长进行具体的指导和帮助，使家长明确参加开放日活动的目的、内容和方法。教师要有目的地与家长事先沟通，指导家长具体观察孩子的哪些方面、如何看待孩子的表现以及如何评价孩子。在开放日活动前，幼儿园可请部分感兴趣的家长和本班教师、执教者一起研讨本次活动的目的、内容、组织形式，活动所需的教具、学具和材料，共同分析本班幼儿的特点和现状，制定出本次活动的方案；在开放日活动中，教师要注意引导家长根据活动目标，针对幼儿需要适时进行指导，不随意影响孩子的正常活动。

教师在指导家长参加开放日活动时，应把重点放在指导家长如何看孩子的表现这个方面。比如要看孩子在活动中积极性、主动性、创造性的发挥，以及在遇到问题时孩子是怎样求助和解决的；与别的孩子相比，自己的孩子有哪些特点；孩子在园的表现与在家是否一样等。同时，提醒家长在观看时，不要干扰老师正常的教育教学活动和孩子的各项活动。此外，一定要让家长看到孩子的真实情况，了解孩子的发展水平，了解孩子的优势与不足及存在的问题，了解老师的常规训练及教育方法，以便家长在家里配合一致地进行教育。

第六，鼓励参与。教师应通过灵活多样的形式组织家长开放日活动，提高家长的参与性。幼儿园家长开放日活动的方式应多种多样，不仅可以邀请家长来园参观，而且还可让家长适当地参与到教育活动中来，以加深家长的体验；不仅可以组织面向全班家长的开放日活动，而且也可以组织面向部分家长或个别家长的开放日活动，人数少了，家长可以看得细一些，了解得深一些，同时也便于家长与教师及时交流，共同商讨孩子的教育问题。在幼儿园组织家长开放日活动时，可要求每位家长自始至终跟着孩子，观察孩子的活动情况，提供一些需要家长参与并要和孩子合作才能完成的项目，以提高家长参与活动的兴趣。

第七，适时评估。教师要鼓励家长对开放日活动进行评论，并对家长的建议及时加以反馈。幼儿园在组织与改进家长开放日活动以后，还应及时从家长那里获取反馈信息，可请家长把感想、体会、意见与建议告知教师，或写成稿件登在墙报上进行交流，这样更有利于家园互相沟通，密切合作，更好地教育孩子。另外，开放日活动结束以后，幼儿园不能只请家长留下宝贵意见而不加以处理，这样不仅会影响家园之间的理解与沟通，而且还会挫伤家长参与幼儿园教育和管理的积极性。为此，幼儿园首先要在思想上重视家长的意见；其次要对家长的意见进行分类，及时处理，吸纳锦囊妙计，消除误解偏见，研讨疑难杂症；再次要感谢家长对幼儿园工作的大力支持。

4.家长学校

为使家长树立正确的教育观念，学习与掌握科学的早期家庭教育知识与有效的"大超市"亲子活动方法，为幼儿的健康发展营造良好的家庭教育环境，幼儿园在每学期都会开办"家长学校"。其目的除了传递科学的家庭教育知识与方法之外，还要让家长了解幼儿园的教育规律、园本课程、园纪园规等。同时，还要让家长了解家庭教育的意义与作用，增强家长家庭教育的使命感与责任感。

一般而言，家长学校的形式有两种，一种是每学期举办几次系统的针对所有家长的讲座，内容基本上是关于儿童发展、教养效能、亲子关系、家庭关系等；另一种是针对有特殊需要的家庭，比如单亲家庭或孩子常年与祖辈生活在一起的家庭。但是不论是哪种形式，要想获得成功，都需要教师计划周全，做好充足的准备。活动前要了解家长的需求，班内孩子的特点等。在实施活动的过程中，要让家长能够站在孩子的角度进行思考，体验孩子学习中的困难，从而改变家长的教育观念，掌握科学的教育策略。当活动结束后，教师要注意收集活动后家长的心得体会，及时反馈家长在活动中提出的未解决的问题，以保证下次活动更加贴近家长的需要。

（二）幼儿园与家庭的非正式合作途径

幼儿园与家庭非正式合作的途径主要包括家园联系册、家长园地和互联网沟通等。

1.家园联系册

家园联系册是教师与家长共同关注幼儿的发展水平与教育实践所进行的书面练习与交流的载体，是实现家园共育的重要形式之一，它可以灵活、理性、及时地传递信息，是幼儿园与家长的重要纽带。作为传统的家园沟通途径之一，家园联系册便于家园双方及时交换信息。由于在幼儿园的早来园和晚离园时间，教师比较忙碌，家长也比较集中，因此不方便教师及时与每位家长反馈幼儿在园的情况，在这种情况下，家园联系册就显得尤为重要，教师和家长可以通过它及时地交换信息，有利于家园配合共同教育幼儿。同时，家园联系册使用的是书面语言，为家长以及教师提供了一个更为理性的交流平台，促进双方心与心的交流，建立融洽的关系。但是，家园联系册的沟通频数也要掌握一个适度的原则，过于频繁会比较耗时，造成教师倦怠，最终可能导致流于形式；过于稀疏又会遗漏幼儿的成长足迹，以月为单位较为合适。

2.家长园地

家长园地又称"家园联系栏"，是教师通过文字、照片、图表等形式定期将幼儿园的教学动态、幼儿的发展状况、家长关注的问题进行宣传、互动的一种沟通方式。家长园地不仅能够适时地为家长提供共性问题的指导，而且可以及时地向家长传递最新消息，促进家园沟通。家长园地以设置在光线良好、空间宽敞、家长接送孩子的必经之路，比如可设置在班级教室门口左右两侧的墙面。教师可以根据内容需要把它划分为若干个小栏目，如"请您关注""经验分享""亲子游戏"等，并且可以根据需要对栏目进行适当的调整。由于家长园地空间有限，所以教师必须做到精选内容，同时要保证家长园地的设计和装饰简洁大方，栏目名称温馨别致，令人耳目一新。此外，教师要对家长园地的内容及时更新，以确保在第一时间把班内的最新动态告知家长，并把需要家长配合的内容进行公布，调动家长参与的积极性。

3.互联网沟通

现代通信技术的发展以及网络技术的普及使得幼儿园与家长之间的沟通渠道不再局限于原有的家长会、家访、半日活动开放等传统形式。互联网沟通成为家园沟通的新载体，如幼儿园网站、电子邮件、QQ、微博、微信等，都日益成为家园共育的重要手段。互联网沟通具有高效、快速、便捷的特点，这使得教师可以与家长在最短的时间内进行沟通，这样既可以分享幼儿成长的乐趣，又可以快速有效地探索出适合孩子的教育方法。例如，网络沟通延长和拓展了家园沟通的时空，使得在外地的家长能"零距离"地与教师进行沟通；网络还可以图文并茂地展示幼儿园的最新活动、课件、孩子的生活、幼儿经验、幼儿食谱、童话故事等，家长可以利用网络从这些丰富的内容中进行选择，下载自己需要的信息。

虽然网络沟通具有特殊的优势，但它并不是万能的，所以并不能完全取代传统的沟通方式。例如网络沟通缺乏面对面交谈时的表情、动作和情境所传达的丰富含义。因此，教师要根据工作需要，把传统沟通方式与互联网沟通方式有机结合起来，最大限度地发挥各种沟通方式的综合效果。

二、幼儿园与社区的合作途径

幼儿园与社区合作，对幼儿的社会适应和社会融入有重要价值。

（一）幼儿园与社区合作的价值

社区是在一定地域里，在生活上互相联系，具有一定社会关系的人群。同时，她还提到，社区的自然环境、文化习俗以及人口分布特点都将对学前教育产生重大的影响。早在20世纪90年代北京师范大学中国社区学前教育研究课题组在其研究中将社区教育定义为社区内为儿童或全体居民设置的教育设施和教育活动，是多层次的、多内容的、多种类的社会教育。因此，在学前教育领域，社区并不仅仅是家庭与学校坐落的"小区"，而是能够影响学前儿童生长与发展的具有一定的教育影响的一个特定的区域。生活在这样一个特定区域中的成人或家庭拥有一定的生活关系、影响着该区域内孩子们的成长和所受的教育，同时也接受着该区域其他特点的影响。那么，学前教育与社区的关系是怎样的呢？学前教育是社会系统的一个组成部分，同时也是社区生活的有机组成部分。学前教育机构，即幼儿园是一个开放的动态系统，一方面要依靠社会、社区的支持得到发展，另一方面必须主动为社区的建设发展服务，为社会尽责。特别在当前多元文化激荡的社会大背景下，托幼机构要能够融入所处的社区环境，成为社区的一员，成为社区服务系统的有机组成部分。幼儿园与社区的合作除了顺应社会发展、符合教育本质之外，还体现了以下几方面的重要价值。

1.有利于学前儿童的全面发展

生态学理论提出，个体的发展将受到与个体具有直接或间接关系的生态环境的影响，该理论中提到的生态环境由若干个相互镶嵌的系统组成，其中个体所生活的场所及其周边环境被定义为与个体发展有直接影响的"微观系统"，比如家庭、社区、学校等。而微观系统中的两种环境之间的联系又将对个体的发展产生直接影响，比如幼儿园与家庭的关系、幼儿园与社区的关系以及家庭与社区的关系。从该理论出发，要优化个体发展的直接的生态环境，有两层含义：一是年幼的个体需要处于高质量的幼儿园中、生活于重视个体发展的家庭以及资源丰富的社区中；二是这几个环境要素之间要形成良好的互动关系，这样才算是为个体提供了优质的生长与发展环境。目前看来，在中国，虽然幼儿园与社区的合作还没有像幼儿园与家庭的合作那么备受关注，但幼儿园与社区的合作关系以及这种关系的质量将直接影响个体的发展。作为幼儿园，应为所在社区提供优质的学前教育服务；作为社区，应与幼儿园共享丰富的资源，扩大学前儿童的生活与学习视野，启发幼儿对社会以及对社区的认识与感知，增加其探索体验的可能性，培养其生活技能与社会交往技能。

社区蕴含着丰富的培养幼儿多元智能的资源，学校与社区的合作使儿童能够全面、充分地利用各种适合自己的学习机会，来强化其智能的强项，改善智能弱项，激发个体的发展潜力。除了物质资源之外，社区的人文环境、文化价值理念以及生活方式都将有利于学前儿童树立正确的自我概念，建立合理的儿童与成人之间的关系以及个人与集体之间的关系，并获得社区对社区儿童成长的支持与参与。

2.有利于实现教育资源的整合与共享

幼儿园作为一种基础教育服务形式，要注重发现多种教育元素，通过与家庭和所在社区的积极互动，将潜在的资源加以发掘利用，使之成为现实的教育力量和资源。一方面要利用社区里专门的具有教育意义的设施与资源，为儿童所享用，扩大学前教育的辐射范围；另一方面要注重争取社区及其他企事业单位的支持，如利用社区公园、图书馆等公共设施，并吸引家长和热心的社区居民、志愿者参与学前教育。

比如，幼儿园作为社区里专业的学前教育机构，可以整合资源，有效地促进社区0~3岁婴幼儿早期教育工作的开展，更好地发挥基地的辐射作用，让社区0~3岁婴幼儿都能够得到早期教育的指导和服务。幼儿园可通过与街道办事处协调沟通，共同组成早教联合共同体，街道办事处将下设的居委会分成小组，每个幼儿园负责一组，每组辐射若干个居委会，社区定期召开例会。同时，居委会可以协助幼儿园做很多工作，比如，每半年统计一次婴幼儿名单，包括新生儿、特殊婴幼儿、外来务工子女人数及其相关资料；协助社区工作人员定期发放育儿资料，逐渐形成制度。社区工作人员把居委会的意见与建议同社区早教工作的开展紧密结合起来，掌握社区婴幼儿及其家庭情况和家长的需求，以社区的要求、条件及相关信息作为开展早教服务的依据，探索适宜的服务形式，提供有针对性的指导。此外，幼儿园还可以对社区内其他非正规教育（游戏小组和家托等）提供专业上的支持，发挥指导、辐射和带动作用，从而实现教育资源的整合与共享，更大限度地发挥作用。

3.有利于提升幼儿园办园质量

儿童发展一直是幼儿园办园质量的重要体现，而丰富的社区资源能够弥补单一、有限的幼儿园活动场所与资源，如能够合理、有效地利用好社区内的各类资源，将对幼儿的身心发展提供更为宽广的天地。教师对社区资源的发掘、设计与利用，也将是对幼儿园课程或非正规教育教学活动的补充。幼儿园教师在设计或制定教学计划时可以调动社区人士的参与，这样既增加了课程的趣味性，也能够拓展幼儿的创造性。

4.有利于广泛进行科学育儿宣传、推动学习化社区建设

幼儿园以社区为依托，对3~6岁学前儿童实施正规的、有计划的早期教育。在教育过程中，幼儿园教师要与家长结成教育伙伴，引导和帮助家长在教育中学习如何教育，改进教育观念和行为，使教育延伸到家庭中去。学前教育的活动形式不应仅仅限制在机构的围墙之内，还可以有多种多样的形式，例如，在社区内开展家长讲座、咨询，组织家长辅导站等。要注重通过教育机构的广泛宣传和积极引导，在社区乃至全社会树立"科学育儿""保护与尊重学前儿童"的意识，营造有利于学前教育发展的社会环境。

（二）幼儿园与社区的合作途径分析

幼儿园与社区合作，体现在相互支持、相互建设、共同发展中。

1.利用社区资源、丰富幼儿园保教活动

社区资源丰富、多元，有些是有形的，比如人力、物力、信息、组织资源

等；有些是无形的，比如社区文化价值理念、归属感、社区氛围等。幼儿园教师完全可以从不同的方面利用好这些资源，拓展幼儿园的保教活动。

2.为社区提供优质学前教育资源与服务

幼儿园与社区合作的内涵是建立互惠互利的合作伙伴关系。那么，维护好这样的关系需要付出。因此，幼儿园也承担着为所在社区提供优质学前教育资源、宣传科学育儿的知识以及支持社区开展文化教育活动的责任。相关政策指引也明确规定了教师的相关责任。

幼儿园应该主动欢迎社区各方面人士的参观、访问；做好开放、接待、配合工作，要打开大门，让有需要的社区居民及儿童享受优质的早期教育环境，让社区居民了解学前教育，同时也有助于满足社区适龄儿童家长的择园需求；幼儿园应该主动承担社区里的家长教育、教育宣传以及婴幼儿家庭教养指导的部分责任，能够利用非工作日为社区家庭提供育儿指导，如亲子活动、家长沙龙等；幼儿园应该主动将自己的办学理念、教学改革以及服务经验等成果与社区内其他学校进行交流与分享，为建构"学习型社区"以及社区内的"学习共同体"做出自己的贡献。

第二节　幼儿园与家庭、社区合作的实践范式

一、幼儿园与家庭的伙伴关系模式

幼儿园与家庭的伙伴关系是幼儿园和家庭、幼儿教师和家长之间建立的一种教育合作式的伙伴关系，是幼儿园和家庭在基于尊重、信任、沟通和协商的基础之上，拥有共同的育儿目的和价值观，为有利于幼儿的发展而建立的一种双向互动、共同促进幼儿发展的合作关系。

（一）幼儿园-家庭伙伴关系模式的建构

幼儿园-家庭伙伴关系模式的建构框架将从幼儿园-家庭伙伴关系的目标、幼儿园-家庭伙伴关系形成的条件以及幼儿园-家庭伙伴关系建构的层次分析这三个

方面进行详细的阐述。

1.幼儿园-家庭伙伴关系的目标

幼儿园-家庭伙伴关系的目标是了解家长需求、支持家庭教育、鼓励和帮助家长参与幼儿园教育。伙伴关系目标的制定有助于实现伙伴双方共同的期望和愿景，改善彼此之间的交流，共担风险和共享利益，减少外在因素的影响和风险。

伙伴关系是建立在尊重、信任、沟通、协商基础之上的关系。幼儿园-家庭伙伴关系目标的确定是建立幼儿园-家庭伙伴关系模式的关键，也是最重要的一步，因为伙伴关系毕竟是在有可能存在价值和利益冲突的个体之间建立的亲密关系，这种关系必定需要协调好双方的差异。在家园关系中，幼儿园教师的主要任务是教学、科研、服务幼儿和家长，以追求幼儿的发展为终极目标；而家庭的主要任务也是为了达到满足幼儿最好的发展的需要。如果两者在任务和目标上有差异的话，就会妨碍两者发展伙伴关系；反之，如果两者的目标统一，那么将会在很大程度上促进幼儿的发展。

2.幼儿园-家庭伙伴关系形成的条件

（1）了解合作伙伴的需求

实践证明，要了解合作伙伴的需求，就要保持教师与家长之间沟通渠道的通畅。教师要支持家长的家庭教育，要理解家长在处理工作和家庭关系以及育儿问题上的难处，要帮助家长理解个体幼儿的行为和想法，并给家长提供具体可操作的方法。家长也要积极地参与幼儿园的教育活动，通过活动情况来和幼儿园进行沟通，这样双方才能对对方实际的需求和观点进行了解，为双方合作建立基础，也能够扫清合作上的障碍。

另外，了解合作伙伴的需求也包括幼儿园的领导要经常就幼儿园的家园活动、班级情况和家长进行对话；家委会也要积极地为幼儿园提供各种支持，寻找达成共同利益机会。这样才能实现幼儿园-家庭之间的良好沟通，才能有效地了解合作伙伴的需求，也是建立平等伙伴关系的基本条件。

（2）幼儿园-家庭伙伴关系形成的条件分析

①建立共同的任务和目标

伙伴双方必须有相同的目标和愿景，且都尊重其共同制定的目标。家园合作往往是一种双向互动的活动，不仅需要教师关注孩子教育中的问题，紧扣家长的需求和困惑，更应该引导家长关注孩子的发展，参与到教育的全过程中，同时要相互理解，以真诚、平等、合作的态度来赢得家长真诚而积极的回应，这样才有助于在幼儿园和家庭之间建立共同的任务和目标。

家长团体是由多种家庭组成的，每个家庭都有各自的优势和侧重点。幼儿园虽然有其独特的教育孩子的手段，但是这两者之间是有重合之处的，正是在这些重合的利益中，成功的伙伴关系经常表现出强大的生命力，因为当伙伴关系在一个重叠的但非竞争性的任务中产生时，它的潜力和潜力的持久性将是最大的。共同组织任务和确定目标需要幼儿园领导和他们的家长伙伴就各自共同的愿景进行频繁和坦诚的交谈。伙伴双方之间沟通渠道的畅通和信息的共享更有利于建立共同的任务和目标。

②实现所有合作伙伴的价值和效益

幼儿园和家庭的合作必须为所有参与者带来经济或是直接的效益。在幼儿园和家长之间建立合作伙伴关系的最大价值和效益就是实现孩子成长的最优化。家园之间的伙伴关系最好制定项目建议书，明确列出所有参与伙伴的权利和利益。

③建立治理机构和问责制度

为了解决合作伙伴的矛盾和利益冲突，一个有效的解决方法是建立治理机构，来确保所有伙伴成员平等地拥有日常事务和长期影响的代表权。由幼儿园和家庭代表组成的独立的顾问或委员会要经常担当起伙伴关系运作的责任。同时要协商一致并制定明确的责任及规范，定期对这些责任和规范进行评估和调整。伙伴双方应该要尊重、互信，努力培养开阔的胸襟和耐心，尊重和用心体会其他伙伴，这样才有利于伙伴关系的建立。

3.幼儿园-家庭伙伴关系建构的层次分析

幼儿园-家庭伙伴关系的建构可以按照层次阶段来形成，在功能上发挥着不同的作用，这些层次分别是决策层次的幼儿园-家庭伙伴关系、双边层次的幼儿园-家庭伙伴关系、合作层次的幼儿园-家庭伙伴关系。

决策层次的幼儿园-家庭伙伴关系是幼儿园-家庭伙伴关系的核心支柱，指幼儿园和家庭两者之间具有一致的目标，有着广泛的共同利益，在重大问题上有着一致或相近的看法，可以在许多层面，特别是在一些敏感的问题上开展良好的合作，在处理重大问题时能够一起磋商，相互协调和配合。这种伙伴关系不会受一时一事的干扰，也不会受意识观念、价值观念等因素的影响，是一种真正意义上的全面合作型伙伴关系，也是最坚实的伙伴关系。

双边层次的幼儿园-家庭伙伴关系是幼儿园-家庭伙伴关系的基点，是在满足幼儿发展需要的基础上形成的。双边层次的幼儿园-家庭伙伴关系中没有根本的利害冲突，双方在教育孩子上有着较为一致的共同目标，能够在相互尊重的基础上开展合作。这种伙伴关系的基本特征是互惠互利、友好合作。

合作层次的幼儿园-家庭伙伴关系是小范围的幼儿园-家庭伙伴关系，比如带班教师与本班全体幼儿家长间的关系，这种伙伴关系往往建立在实用主义的基础上。

（二）幼儿园-家庭伙伴关系形成的过程分析

家庭、学校和社区伙伴关系的形成有五个步骤，分别是：构建团队、识别和致力于责任共享、实施成功的策略、评估伙伴关系的结果和改进伙伴关系。

基于家庭、学校、社区建立伙伴关系的理论，幼儿园-家长伙伴关系的形成也可以采取如下几个步骤：第一，形成团队；第二，伙伴间共同参与；第三，活动策略；第四，评估伙伴关系的结果；第五，改进和巩固伙伴关系。

1.步骤一：形成团队

为了达成幼儿园-家庭伙伴关系，首先就要在家庭和幼儿园之间形成一个有凝聚力的团队，形成团队的具体策略如下。

（1）选择伙伴，制定合同

形成团队是构建伙伴关系的第一步，而要形成团队就要对整个伙伴关系的构建做一个计划，这个计划的对象包括伙伴的选择，在全园范围之内应该尽量包括所有的参与者，例如所有的家长、教师和园长。计划的内容包括制定责任分享合同，为伙伴关系当中的所有成员订立一个合同形成契约来分享彼此的责任；还包括对家长参与幼儿园活动和教育进行记录，园长应该对家长的参与情况进行记录，以便了解家长参与的程度，这些记录可以作为指导方针保留下来，比如可记录近期家长委员会成员的名单、家长参与会议的时间、委员会和其他会议出席的记录、对家长参与工作的分析、教师与家长一起努力获得的成果、对家长参与的评价等。只有考虑清楚构建这种伙伴关系的过程中可能会遇到的挑战，提前想好解决方法，才是成功构建伙伴关系的基础。

（2）初期联络逐步建立信任关系

①信任的建立

教师和家长的每一次联络都非常重要，教师对家长应该有应答性，即使是在家长接送孩子简短的时间里，教师也应该随时观察家长的感受，应该让家长感到幼儿园关注他们就像关注他们的孩子一样，家长在幼儿园中也能得到教师的尊重和信任。很多时候，与幼儿园联系是家长对孩子教育关注的第一步行动，如果这次能获得成功，家长的价值感就会增强，双方也能更快建立信任的关系，有利于家园伙伴关系的形成。

②尊重的建立

教师在与家长的交往过程中，如果要让家长觉得受到尊重，就要及时了解家长的经历及背景，要通过细节的安排来让家长觉得受到尊重。教师要认真地对待每一次与家长的接触，用实际行动向家长表明自己对孩子的关爱、对工作的尽心尽责，并适时适宜地通过孩子，表达对家长的尊重之情。以教师召开家委会为例，在首次家委会之前，要对全班的家长有基本的了解，最好能够和每一位家长有过面谈，这样才能更了解合作伙伴的经历、背景和要求。在召开家委会时，教师应该注意开会的时间要准时，要和通知家长的时间吻合；参与的环境要舒适；开会过程中要有引导语，要有具体的日程安排，建立家委会的基本规则，并保证每个家长都能看到；开会的过程不能有所间断；会议不能由一方或个人全权支配，要关注每个成员，重视每个成员的发言权；要注意认真倾听对方的观点；会议内容要有重点，要特别注意聚焦家长的需求；同时注意语言的使用，避免使用尖锐和讥讽性的语言等。要通过多种渠道让家长对自己的专业能力和资格有所了解，特别是如果双方之间有过不愉快的合作经历，那么下次合作就要非常谨慎，要分析双方上次不愉快的原因。同时，要给家长提供了解学校和家庭信息的渠道，发挥家委会的特殊功能，让家长感受到自己在家园关系当中的作用和重要性。

③环境的创设

幼儿园在环境创设上也要多为家长考虑，提供人性化和具有亲和力的设施。

比如，设置一个家长教师休闲室，给幼儿园提供一个像家一样温暖的地方，让家长有来到幼儿园就像来到家的感觉，觉得自己和孩子一样都是受欢迎的，这样得来的效果会非常明显；幼儿园还可以设置一个公告栏，公布家长会议、社区讲座、幼儿园活动介绍、图书推荐等信息，定期给家长发传单，这样家长就能及时了解幼儿园的活动，愿意参与并理解家庭和幼儿园通过建立伙伴关系来帮助孩子获得更高教育质量的必要性。

2. 步骤二：伙伴间共同参与

（1）制定共同目标

在形成幼儿园–家庭伙伴关系的团队之后，最重要的是双方共同参与。要想双方共同积极参与，就要确立双方共同的目标。伙伴关系的成功也依赖于伙伴双方有共同的目标，而且这些目标是共同决定且得到全体成员的同意的。幼儿园–家庭伙伴关系的共同目标是促进幼儿的发展，这个目标可以将家庭的力量和幼儿园的资源紧密地结合起来，即"联合起来做事"。

许多参加过幼儿园活动的家长和教师都发现，在厘清共同目标之后，他们的参与能带来意想不到的效果，如家长学到了很多关于儿童成长的知识，也了解了一些儿童发展的基本原则。当他们发现别的家长也有此类似问题时，会安慰对方。他们知道某些问题的产生只是因为儿童处在成长的某个阶段。幼儿园为此提供了一种独特的支持系统。在共同参与的过程中，家长和教师共同的目标越来越清晰，也能减少彼此之间的误会和冲突，增强合作和沟通，双方在共同参与的过程中进一步达成共识，学会协商。

（2）鼓励参与

一旦幼儿园与家长建立了初期联络，接下来的任务就是鼓励家长的积极参与，给家长创设机会，使他们觉得自己有能力在这个伙伴关系当中有所贡献。在这个过程中，园长要起到一定的领导作用。园长可以给教师创设良好的工作氛围，有强烈道德感、在工作中获得安全感的教师会更加积极地对待家长和儿童。对于家长也可以通过提问题的方式激发大家的兴趣，扫除彼此之间障碍。比如，可以了解家长和教师的日常生活、了解彼此对幼儿发展问题的观点等。

园长以提高家园关系质量为重点的项目，鼓励教师动员家长参与到课堂中来。可以建议教师采用某种方式来利用家长资源，也可以鼓励家长作为协助者或支持者来帮助教师指导那些能够提供帮助的家长。另外，园长要扮演家长参与项目的协调者，帮助教师安排时间或鼓励家长参与教学活动，使参与活动的家长更有积极性，同时在参与中促进双方能力的发展。

（3）鼓励持续参与

①幼儿是参与的动力

幼儿园管理的灵活性会影响到鼓励家长参与的技巧。保证家长参与的兴趣往往与最初吸引他们参与一样困难。家长参与最重要的动力是孩子。家长希望他们的孩子能在幼儿园中获得发展，希望获得有关孩子进步的信息反馈，也想知道怎样才能更好地扮演父母的角色，因此幼儿园可以通过满足家长这些愿望来吸引他们参与。如果家长相信幼儿园正在帮助自己的子女取得进步，那么他们就会为幼儿园提供无偿帮助。只有对家长进行鼓励、教授他们相关的知识或进行积极的强化，促进个人的成长，才能够激发家长的兴趣。园长和教师也要积极接触那些平时不太参与幼儿园活动的家长，了解他们的需求和不来参加幼儿园活动的原因，试图分担他们的忧虑。

②发展家长的社会关系

发展家长的社会关系是使其保持兴趣的另一个因素。尤其是对单亲家长来说，友情是他们生活的一个重要部分，与其他成人合作可以为单亲家长提供一个拓宽视野的机会，使他们不再局限于以孩子为中心的天地中。由家长发起的社会活动使得家长们有机会互相认识，比如儿童音乐会、木偶戏、家庭餐会、野餐和游览博物馆等活动，另外这些活动的设置必须符合成人的需求，比如营养或家庭理财的课程可能就非常适合。如果幼儿园有专门的场所来开设这些课程，家长会更愿意参加并产生归属感。幼儿园还可以组织一些短途旅行，比如游览博物馆、参观艺术画廊、去剧院等。这些活动都能丰富家长的经验，增进他们之间的友谊。

（4）解决双方的分歧

在双方进行合作和共同教育的过程中，家园双方总会出现一些导致分歧的冲突。一方面是家长和教师以一种固定不变的模式相处，这样使得他们很难有共识，因为家长倾向于把教师看作专家，是向他们提要求的角色，教师可能会感到家长对幼儿园和教师过高的期望和要求，当幼儿园或教师没能满足家长的这些期望时，教师就会产生挫败感。另一方面，教师认为自己是幼儿教育的专家，家长只是来园进行辅助工作的，因此，低估家长的能力，常常导致双方冲突的产生。要处理双方的分歧，可以让双方进行沟通，了解彼此的想法和状态，厘清双方的共同目标，往往清晰、诚恳、直接的沟通和对共同目标的追求是处理双方分歧的关键。

3.步骤三：活动策略

为共同目标而开展的家园活动，能够潜在地发展家园之间的伙伴关系，在活动中将家长的需求与伙伴关系成长的需求相契合，利用活动的展开而有效地将家园联系起来，是伙伴关系形成的重要因素。

（1）服务性活动

服务性活动是指幼儿园、家庭以资源共享为目的，相互提供服务的活动。主要活动内容与形式有：教育咨询、媒体宣传和家访。

教育咨询：幼儿园以多种形式向家长开放，解决家长在家教育过程中的问题，并提出建议和要求。我们不定期地进行家教知识和行为能力、安全教育的调查及宣传。

媒体宣传：幼儿园可利用家园报、宣传栏、黑板报等大众传播媒介向家长宣传家教知识。

家访：教师根据事先确定的工作目标主动走访家长，了解幼儿在家的各种表现，与家长沟通，增进感情。每学期除两次集体家访外，还有个别走访。

（2）开放性活动

开放性活动指幼儿园对外开放，即提供场地，提供设施，营造温暖、和谐、宽松的教育氛围，吸引家长关心教育。主要活动内容与形式是组织家长进行参观观摩，即幼儿园组织一些活动，向家长、社区居民开放，邀请他们前来观摩，或与他们一起合作外出参观等。如"教学活动开放日""幼儿亲子运动会""家长开放日活动""家园同乐运动会"等。

（3）参与性活动

参与性活动指家长在一定范围内参与幼儿园的教育过程与活动，家长被视为幼儿园教育与教学过程中有效积极的社会教育资源而加以利用，家长逐渐成为教育教学过程的积极贡献者。参与性活动把幼儿园教育的理念和具体做法，从幼儿园推及家庭和社区。主要活动内容与形式：亲子活动、家委会、建议箱等。

亲子活动：幼儿园亲子活动是幼儿园组织的，家长和孩子共同参与的活动，它是一种有助于增进教师与家长、家长与幼儿情感交流的集体活动形式。我们可以根据不同年龄段幼儿的发展水平，开展多种亲子活动。

家委会：是由家长民主推选或由幼儿园与家长协商产生，由各班各类型家长代表组成，共同参与、协助、监督幼儿园工作，促进家园进一步沟通的组织。

建议箱：在园内、社区内设立建议箱，请家长参与、监督、评价幼儿园及社区早教机构的日常教育管理等各项工作。

（4）教育性活动

教育性活动是根据幼儿发展的需要和幼儿园办学发展的需要，有目的、有计划、有组织地开展一系列活动。主要活动形式：主题教学活动、家园联系窗、家长学校。

主题教学活动：以多种形式开展让家长和老师一起走进课堂的教育活动。

家园联系窗：在每个班级开辟家园联系栏，定期向家长介绍班级教育教学工作情况，并有针对性地向家长宣传科学育儿知识。

家长学校：由幼儿园组织发动举办系列活动，主要是传授家庭教育知识，提高家长的教育素养。

（5）研究性活动

研究性活动是针对家庭教育及幼儿园教育中出现的问题，组织家长进行研讨，在争论和思辨中达成共识，在良好互动中获得教育信息和教育方法的活动。主要活动内容与形式：经验交流、家长论坛、成果推广等。

经验交流：定期组织家长开展不同形式的育儿经验交流活动，在交流中互相学习成功经验，提高家长育儿素质。

家长论坛：围绕一个主题，家长发表各自不同的教育观、育儿经验、育儿教训等，共同分享育儿的酸甜苦辣。

成果推广：通过园报、宣传栏、家园联系等形式，把幼儿园取得的育儿经验、优秀成果介绍给家长，并取得家长的支持。

4.步骤四：评估伙伴关系的效用

对幼儿园–家庭伙伴关系结果的评估指标体系设计可分为以下四个层次。

第一层次：总的测评目标"幼儿园–家庭伙伴关系结果的评估指标"，为一级指标；

第二层次：幼儿园–家庭伙伴关系结果的评估指标的四大因素——期望满足、合作程度、满意度、资源利用，为二级指标；

第三层次：由二级指标具体展开而得到的指标，在家园情境下对二级指标的解释，为三级指标；

第四层次：三级指标如果具体展开即为问卷上的问题，形成四级指标。

我们从期望满足、合作程度、满意度和资源利用四方面对幼儿园–家庭伙伴关系进行评估能够从一定程度上反映幼儿园–家庭伙伴关系建立的效用。

5.步骤五：改进和巩固伙伴关系

改进和巩固伙伴关系也是家园合作伙伴关系形成的重要一环，它可以增进与家园间的信息分享，及时互动，提升彼此间的良好关系，达到共享与互利。对伙伴关系的改进一般可以从伙伴双方的角度来思考，兼顾伙伴双方的需要，让伙伴关系得到持续的发展。

（1）监控伙伴关系的过程是否顺利

幼儿园要监控伙伴关系的过程是否顺利，是否遇到困难或问题，应该如何解决问题。不仅要对教师进行必要的培训，使其更好地激发家长的能力，让家长能全面配合幼儿园服务的需求，还要适当地评估家长的能力能否达到满足共同目标实现的需求，同时也要对家长进行培训。

（2）对教师进行再教育培训

①对教师进行伙伴关系相关理论的培训

这是对教师进行再教育的必要手段，能够强化幼儿园在幼儿园–家庭伙伴关系建立方面的观念，使得幼儿园–家庭伙伴关系顺利进行。

②对教师进行沟通技能的培训

有效的沟通行为是对幼儿园教学和儿童进步的沟通，是从幼儿园到家庭和从家庭到幼儿园的沟通。沟通是有效伙伴关系的基础，教师要把握好有效沟通行为的范畴，更要掌握一定的沟通技能，比如倾听技能、协商处理技能、问题解决技能等。伙伴间要有及时的沟通和协商，多一点面对面的沟通，那么相互之间的信任度也会提高，双方可以交流对某一问题的看法和意见，进一步增进感情，一旦建立了畅通的沟通渠道，那么就可以增加彼此的了解，增加彼此的信任程度。

③对教师进行问题解决方法的培训

在伙伴关系的建立过程中，教师会碰到很多问题，有家长关系的问题，有就幼儿的发展与家长的沟通问题等。教师在碰到问题时，应该掌握一套行之有效的方法，这样才有助于幼儿园-家庭伙伴关系的发展。例如，对家长问题进行协商式解决问题的方法有：确认彼此的观点及立场，不要太快下结论；邀请家长澄清彼此的问题，并和家长一起集思广益纳入各种可能解决问题的方法；互相沟通彼此专业上的观点；根据主题或问题本身提供可能的选择；共同制定施行计划；各司其职，解决问题。也就是说，在处理伙伴关系时，要注意灵活、多样的方式方法。

（3）对家长进行培训

幼儿园应随时留意家长的参与状况，监督其是否持续具备着和幼儿园开展伙伴关系的条件，如果有必要可以对家长进行培训，培训的目的是让家长更好地理解幼儿、理解自己和理解幼儿园，培训的内容有以下两方面。

①对家长进行人际交往和沟通技能方面的培训。培训老师可以是教师或园长，也可以是经验丰富、沟通能力强的家长。②对家长进行幼儿发展阶段的理论知识教育。让家长了解幼儿的发展阶段和必要的心理学知识，增加对幼儿教师工作的理解，减少彼此之间的误会，增强合作和沟通，减少和家庭之间的冲突。

（4）采取一定的激励措施

双方应充分交换意见，幼儿园园长可以鼓励教师和家长提出有价值的建议，且应积极认真地处理过程中双方出现的争端，避免争端升级。要有一定的激励措施，如通过家园通报的方式将家园之间冲突的产生、冲突的成功解决作为个案来进行分析和表彰，既是对相关家庭和教师的激励，也是一种借鉴。虽然这种激励措施并不一定是物质的，但它却是幼儿园对家长重视的体现。幼儿园应以完成组织目标为目的，将家长的参与纳入其日常操作的一部分，将家长视为幼儿园团队的成员之一，这种良性正面的互动方法，能够发挥双方的作用，在实践中这种设计和激励方式也有助于弱化伙伴关系中的消极因素。

（5）妥善利用资源和创设环境

伙伴关系的建立应该充分利用外部的资源，加强对幼儿园的资源支持和资金资助。伙伴关系的发展也有赖于资源的丰富程度。建立伙伴关系有助于幼儿园获取更多教育资源，包括人力、物质、设备及经费等，最终也有利于儿童的发展，增加儿童教育的均等机会。

为创造高绩效，幼儿园与家庭也要共同营造合适发展长期伙伴关系的人文环境。比如幼儿园在和家庭建立伙伴关系前，应先做好和教师的沟通，使教师了解幼儿园并不会因为实行与家庭的伙伴关系而影响教师的工作权利，幼儿园会调整有关教师工作的内容，并为他们提供相关知识的培训。

二、亲师行动研究

（一）亲师行动研究的内涵

所谓亲师行动研究，简而言之，就是教师与幼儿的双亲，即父母（或者监护人，下同）合作开展的行动研究。具体而言，则指他们对于儿童成长发展中的实际问题，共同关注并分析问题产生的各种原因，研拟解决问题的途径、策略与方法，透过实际行动付诸实施，进而加以评价、反思、修正，以提高教育实践合理性的一种研究思想和策略。它提供了一种结构，将父母与教师聚在一起作为平等的合作伙伴，为个别儿童确立发展目标和拟定行动计划。

（二）亲师行动研究的实施

亲师行动研究最有特色的地方，一是对参与人员的角色及其职责有着明确的要求；二是在充分吸收与借鉴了其他学科成果基础上的比较完备的研究过程。

1.亲师行动研究主要成员及分工

为了亲师行动研究的顺利进行，最好是在合作的初期就对参与的主要成员及其职责加以明确，并达成一个合作的协议。这样有助于建立合作的忠诚度，使得亲师行动研究能够自始至终地坚持下去。

一个比较完备的亲师行动研究团队的主要成员包括：班主任及任课教师、父母、父母联系人，促进者，孩子本人以及其他所需要的人（例如与孩子成长问题相关的专家、专业人员）。主要成员的分工最为核心的就是促进者和父母联系人，其余成员的职责可以在这二者的基础上明确。

（1）促进者（也可称为主持者）

在ABC项目中，主持者来自该项目的研究人员。其主要作用是始终关注团队目标，确保行动计划的向前推进。其职责在最初开始的两次会议和随后的会议中有所不同。促进者在最初两次亲师行动研究会议中的职责包括：通过制定行动计划推进亲师的共同目标；为每个目标确定可观察的指标，"我怎样知道达成了目标"以及"目标是什么样的"；帮助团队成员确定他们的观察计划。

当亲师行动研究团队通过"行动研究环"取得进展的时候，促进者就要询问问题来推动反思，确定团队成员的经验理论，提出实施包括家庭和幼儿园在内的行动计划的建议，对幼儿父母和教师提供支持。这个过程得包括对亲师双方所付出努力的经常性的赞美与认可。促进者在后续亲师行动研究会议中的职责包括：根据亲师行动研究目标建立议程；总结前面的会议内容；邀请家长报告观察结果；澄清并将家长的观察结果与目标相联系；邀请教师报告观察结果；澄清并将教师的观察结果与目标相联系；帮助团队成员阐明他们的经验理论：关于孩子，这一点告诉我们什么；帮助团队成员制定行动计划和观察指标以检验其经验理论；如果没有经验理论，为了获取其他信息，帮助团队成员决定观察内容；总结会议内容，回顾下次会议前要承担/执行的行动计划；确定下次会议日期；分发会议笔记。

（2）父母联系人

在ABC项目中，父母联系人从社区中招聘，经过培训，在其监督之下履行职责。之所以在幼儿园与家庭之间安排父母联系人，其原因首先来自家长和教师。在孩提时代没有积极教育经历的父母与其孩子的老师愉快地交流有诸多困难；或者在理解教育专业人员或教育专家的技术语言的时候会遇到困难。而与心怀不满的幼儿父母有过负面经历的教师对于密切地与其他幼儿父母工作会感到紧张。即便有着教育孩子的专长，一些教师很难有这样的观念：幼儿父母有着许多关于他们自己孩子的重要知识，这些知识能够帮助孩子拥有更成功的教育经历。鼓励这些教师和幼儿父母一起平等工作就成为幼儿父母联系人的职责。因为父母联系人是被ABC项目所雇用，独立于幼儿园的角色，所以能够在父母和教师之间的矛盾中保持不偏不倚，有时通过积极协调，使双方妥协达成一致，有时只是使他们自己成为有同情心的倾听者。即便是当合作对象搬去另一社区，换到另外一所幼儿园，仍能和他们保持联系。父母联系人的职责包括：在每次亲师行动研究会议之前，至少和家长联系一次讨论观察结果和行动计划；如果有必要，打电话或者登门帮助家长记录观察结果；让家长在需要的时候求助于社区内的资源；每两周与促进者会面一次；出席所有的亲师行动研究会议，鼓励家长表达他们的想法，翻译教师和促进者使用的教育专业术语，做会议记录并分发给每个参与者；做详细的田野记录并每周发送给主持者。

父母联系人在整个过程中还要注意的是每个成员都要说，每个成员的话都要被听到，每个成员都要被理解。

2.亲师行动研究的研究过程

亲师行动研究的研究过程虽然与教育行动研究大体一致，但是，因为参与成员的不同，增加了"形成经验理论""激发头脑风暴""获得行动许可"三个环节。

（1）反思并发现问题

这是亲师行动研究的逻辑起点。一种情况是，在展开合作之前，亲师双方或一方通过资料的收集，发现了孩子成长过程中出现的问题，或者是与更高发展状态间的差距。这个问题经过自身的尝试，发现非一方的力量所能解决，就此萌生了合作的想法。还有一种情况，那就是问题还不明确，需要双方坐下来寻找问题。要寻找难题，彼此开诚布公要更为容易。如果你聚焦于一个孩子身上，你会问你自己"我们需要知道什么才能帮助这个孩子成长和学习？"聚焦于更为宽泛问题的团队会问，"我们都想加强什么？"当你们一起工作并聚焦了最基本的关注的时候，这些最初的问题会发生变化。如果聚焦于幼儿园事件，亲师团队都可以如下的问题开始，幼儿园做什么事才能使家长感觉受到欢迎，别的还可以做什么事？如何促进社区的参与？家长和教师的想法、关注和问题是什么？等等。

（2）分析资料

所谓资料分析，就是亲师双方分享他们搜集的资料，思考这些信息告诉了我们什么。群体内的家长和教师能够带来不同的观点进行解释。促进者在这部分会议中需要愉快地保持长时间的沉默，仔细地不要从中插进自己的思想和观察，确保每个人都有机会反思自己所观察到的东西。有时，需要好几次会议以后，父母或教师才会大声地谈论改变他们的实践。如果来自于自我反思，改变教育实践或养育实践的任何决定都要显得强有力得多。

（3）形成经验理论

所谓经验理论，就是在发现幼儿存在的问题（既包括不足之处，又包括今后的努力方向）以后，对孩子行为或问题背后的原因，基于所掌握的理论与实践经验进行的推测与假设。所有团队成员旨在帮助孩子的行动都基于这一经验理论。经验理论是拟定行动研究计划的基础，随后的行动计划及其实施也是检验和完善经验理论的必要步骤。

（4）激发头脑风暴

提出经验理论的目的是引出一个新的行动计划。但是，首先得广泛地考虑其可能性。因此，留出一些时间学习他人的思想和研究，然后一起对行动计划来次头脑风暴显得非常必要。团队头脑风暴的一些基本规则：所有想法都是好想法（因此，没有贬损、嘲讽）；把每个想法写在整个团队都能看见的地方；把你的好想法建立在别人的想法之上；设定一个时间限制（10～15分钟）并坚持；保持愉快。

（5）拟订行动计划

拟订行动计划是首次亲师行动研究会议的重要组成部分，因为它向团队的所有成员提供了一种方式，谈论阻碍这个孩子在幼儿园获得成功的行为的各个方面，而不是沉湎于消极因素。这个方法不是仅仅聚焦于各种问题，而是从孩子们的各项优势开始努力，使团队能够学会如何利用这个幼儿擅长的方式。在第一次亲师行动研究会议上，用于制订行动研究计划的四个步骤是：整个团队对于幼儿的各项优势和挑战进行头脑风暴；亲师双方描述对孩子的梦想；亲师双方描述对孩子的担心；团队发展出利用幼儿各项优势的目标，牢记每个人的担心与梦想。对于让亲师双方分别描述自己对孩子的梦想和担心的步骤，其合理性在于，描述梦想可以成为一种激励的力量，帮助克服目前面临的困难；描述担心，则是对可能的失败保持足够的警惕，极力避免这样的结果出现的做法。

为了实现完全、充分的交流，在制订行动计划时需要遵守一些基本规则：孩子父母首先发言；任何人可以随时发言和停止发言；所有的想法都以团队成员自己的话记录；所有想法都尽量积极地表达。在制订行动计划时，需要详细说明家长和教师分别要做什么，什么时候做，谁负责，所需的花费（时间与费用）以及结果如何评价。由于团队持续地收集资料，如果他们发现最初的尝试不适合幼儿，他们会调整行动计划。

（6）获得行动许可

如果行动计划的执行需要幼儿园和其他机构和个人的支持，就要取得对方的许可。但是，并非所有的行动计划都需要获得他人的许可，例如由教师和家长拟定的针对个别孩子的计划，只要双方达成一致即可。

（7）双方协调行动

当家长参加进来执行和评价行动计划的时候，行动研究与增进家长参与之间的关系将会变得清楚。

（8）搜集资料

在双方行动以前，甚至是第一次会议当中，就需要对资料搜集的内容、方法进行统一。亲师行动研究团队使用多种方法搜集资料，例如记日志，轶事，相片与录音等等。由团队达成一致的资料收集方法应该是每个成员都能做的，以便于幼儿父母像教师那样能收集有意义的资料，反之亦然。然而，让幼儿父母和教师以完全一样的方式搜集资料并不必要。资料的多样性往往能对幼儿和他/她所取得的进步带来多样的理解。

（9）反思并发现新问题

这是亲师行动研究新的起点。行动研究过程是一个真正的不断上升的螺旋，不是一个封闭的圆圈。通过这些环节，每一轮都将家长和教师关于孩子教育的知识引向深入。

其实，在亲师行动研究环中，无论是发现问题，分享各自搜集到的资料，对资料进行分析，还是拟定行动计划，在每一个环节上实现团队完全、充分的交流，激发集体智慧，都是非常重要的。另外还要利用各种渠道查阅资料，借鉴他人的理论与经验。在真实的研究过程中，各个环节的进展并非都很顺利，中间出现一些反复非常正常，但是进展的大方向是不变的。

三、0～3岁早期教养机构与家庭、社区合作的实践范式

早期教养机构是以社区为依托、对0～3岁散居婴幼儿及其家长进行教育和指导的一种社区早期教育形式。它以亲子活动为主要组织形式，不仅把婴幼儿作为教育对象，而且更强调教师以正确的教育理念和教育方法引领家长，在教育过程中与家长结成教育伙伴，使家长的教育观念和行为发生变化，使教育延伸到家庭中去，进而向社会公众广泛宣传科学育儿方法。因此，0～3岁早期教养机构是在与社区的密切合作中开展工作的，并为社区家庭提供各种育儿支持与服务。

（一）作为家庭、社区资源的0～3岁早期教养机构

0～3岁婴幼儿早期教养事业是我国学前教育事业的重要组成部分，但需要强调的是，它同时也是社会公共福利事业的重要组成部分，应该具备福利性与公益性。首先，我国的学前教育事业本来是以福利性质起源的，相关政策文件中都规定了学前教育的社会公共福利性质；其次，一直以来，无论是国际经验，还是国内的公共政策均提到，在0～3岁婴幼儿教养问题上，要采取"多部门协同运作"的政策思路，参与此项工作的单位包括卫生与计划生育以及其他社会福利部门。

21世纪以来，0～3岁婴幼儿早期教养工作开始进入国家决策。要形成由教育、卫生、人口计生和妇委会等部门协同运作的社区早教服务网络，使社区内的0～3岁婴幼儿家庭都能接受科学育儿指导与咨询服务。北京、上海等大城市率先启动了形式多样的社区早教服务工作，十几年来，形成了政府推进、部门协作、社会参与、家庭响应的社区优生优育指导服务工作模式。因此，社区层面的0～3岁婴幼儿早期教养机构成为支持家庭科学育儿的重要社区资源。社区在开展早期教养机构教育的同时，必须注重了解和根据社区公众的实际需求，提供有针对性的育儿支援与服务；要注重发现多种教育因素，通过与家长及所在社区的积极互动，使潜在的资源成为现实的教育力量和资源。社区里的幼儿园，作为专业机构，还要发挥示范与辐射作用，注重向所在社区公众进行科学育儿方法宣传，促进学习化社区的建设。早期教养机构的创办必须与社区的互动密切联系起来，争取多方面的协助支持，实现早期教养机构的社区共建，建设具有地域特色的社区早期教育中心。

1.早期教养机构为社区提供服务的价值

（1）关注生命的早期潜能开发

脑科学研究表明，儿童大脑发育水平很大程度上取决于其3岁前所受到的环境刺激，尤其是婴幼儿获得的保育与教育的质量，包括营养与保健，这些刺激都会对个体发展产生持久的影响。当这些基本需要得到满足时，儿童可获得更好的思维能力、问题解决能力以及与他人合作的能力。这些技能将决定个体之后发展的表现，并可能改变个体的发展轨迹。家庭及所在社区是0～3岁婴幼儿的主要生活与活动环境，父母及祖辈家长是其主要教养人。因此，在社区层面设置0～3岁婴幼儿早期教养机构，为社区家庭提供科学育儿的支持与服务，从狭义上说，对个体成年后的成就及其终身发展至关重要；从广义上说，关注婴幼儿早期发展与家庭教养将有助于最大限度地减少甚至预防地区经济、社会问题，同时还能够减少贫困的代际相传，对提高整个民族的人口素质至关重要。

（2）强化社会服务功能，促进与社区合作共育

设立在社区内的早期教养机构属于社区教育范畴，面向社区家庭开展亲子教育和服务，可以促进机构与社区关系的融合，有益于使机构成为社区的一员和综合服务体系的有机组成部分，建设具有地域特色的社区早期教养机构，也能够为推动学习型家庭、建设学习型社区做出一定的贡献，实现早期教育与社区环境的和谐，并与社区建设相互促进、同步发展。

实践中，一些早期教养机构在与所属社区的有效互动方面积累了丰富的经验，比如，某些机构尝试构建社区早期教育工作的管理网络系统，有了社区的协作支持，早期教养机构工作开展得较为顺利；同时，还能注重了解和根据社区的实际需求，开展面向社区内弱势群体的育儿支援行动。早期教养机构应把对社区内的弱势群体，尤其是对外来务工人员和低收入家庭婴幼儿的援助作为重点，以实现自己的职责和特色。还应面向社区，全面加强与社区的联系和合作，深入社区，实行免费的社区学前教育，特别是针对农转非和外来务工人员的子女，这些婴幼儿一般没有机会接受正规的学前教育，家长的科学育儿知识比较欠缺，为此可展开发放宣传材料、育儿咨询、开办游戏小组等一系列送教下社区的免费活动，能够体现社区早期教养机构在0～3岁婴幼儿保育与教育领域所应当承担的责任和价值。

2.早期教养机构为家庭、社区提供服务的内容

一直以来，社区针对 0~3 岁婴幼儿早期教养的服务内容秉承了医教结合、早期干预的宗旨，为社区家庭提供了早期发现、早期诊断、早期干预、甚至康复训练等服务项目，大量特殊儿童家庭与儿童从中受益。然而，现今祖辈育儿的现象十分突出，父母教养意识淡薄，承担的责任也不够，因此，增强家长的父母角色意识并鼓励其积极参与育儿过程将成为社区早教公共服务的重要目标，父母教育则成为一项重要的服务内容，其直接目标群体是家长，也将间接使家庭与婴幼儿发展获益。20 世纪 80 年代法国的早期保育与教育政策中曾提出过"两代人"战略，即父母与婴幼儿共同发展，支持家长在育儿的过程中扮演日常教养人、项目支持者、政策倡导者以及育儿事务决策者等多重角色。因此，当家长参与社区育儿项目时，将有助于其学习如何与婴幼儿沟通，如何进行高质量地亲子互动，如何从社区公共政策中受益；同时，家长也能够建立良好的自我价值感和自我效能感，从而获得更多的家长技能，进而促进婴幼儿身心发展。

从实践层面来看，第一，社区早期教养机构需要加大宣讲力度，帮助家庭拓展"父母参与"的内涵，从以往的仅仅是了解社区公共服务政策与项目以及让父母参加公开活动、安排时间在家庭中开展适宜的亲子活动，转变为将家长自身也视为发展中的个体，实现"两代人共同发展"的战略目标。

第二，社区育儿指导者或咨询者与社区家庭之间的关系紧张将对咨询指导工作带来很多阻碍。首先，家长获得的社区公共服务是免费的，家长可能质疑免费服务的质量，甚至工作人员的专业性；其次，各个家庭的家庭结构与文化氛围截然不同，祖辈家长参与育儿的程度不同，其受教育水平也不同；最后，社区家庭对个性化服务的需求也在不断增加，导致社区科学育儿指导与咨询服务工作的难度大大增加，可能政策绩效也不明显。因此，社区应该制定相关政策鼓励从事社区科学育儿指导与咨询工作的专业人员接受亲职教育与指导父母参与的相关培训、接受亲师交流策略培训并学习如何尊重与欣赏每个父母，尊重每个家庭的文化。

第三，虽然大部分社区公共服务免费（或者低消费）对社区家庭开放，但社区家庭依然是有效消费者。社区的公共服务应该鼓励社区家庭为社区能够建设高质量的社区育儿指导与咨询体系出谋划策。因此，可以从"家长赋权"的角度让

父母参与社区项目的策划、组织实施与决策。"家委会"是目前国外众多早期保育与教育项目实施的家长参与策略，社区家庭的参与既可以监督社区项目的开展，又可以为社区项目提供额外的资源，还可以强化社区家庭的"主人翁"意识，最终提高社区公共政策绩效与服务质量。

3.早期教养机构为家庭、社区提供服务的形式

以社区为基础的家庭科学育儿指导与咨询体系已经开展了形式多样的服务项目，比如亲子活动（课程）、家长沙龙、游戏小组、节日（生日）活动、家庭远足、专家讲座、祖辈课堂等。

亲子课程是社区早教机构的最主要服务形式。开设亲子课程时，需要关注亲子互动的实效和质量。教师要结合婴幼儿的年龄特点和发展需要，选择适宜的活动材料，设计适宜的活动内容。活动内容应结合婴幼儿的生活，以游戏为主要手段，渗透语言、动作、认知、情感、艺术、健康、养成教育等多方面内容。同时，亲子课程不仅应面向婴幼儿，同时也应面向带养人，要给予带养人科学的教养理念和实用的教养方法，引导带养人尊重和理解婴幼儿发展中的差异、赏识婴幼儿的发展，培养婴幼儿的独立性和创造性。带养人既是婴幼儿的玩伴，也是婴幼儿模仿的对象、学习的榜样和行为的楷模。

其他形式的亲子活动可根据不同的内容来确定，可分为集体活动、小组活动和个别活动。这三种形式可以相互结合、灵活运用。当参与对象的月龄段不同时，更应注意分组开展活动，进行小组指导。早教活动按时间可以分为小时制亲子活动半日制亲子活动和周末制亲子活动。

小时制亲子活动指婴幼儿在带养人的陪同下，参与早期教养机构一到两小时的早教活动。因为早期教养机构有新颖的玩具和与更多小朋友接触和交往的机会，婴幼儿非常喜欢参与这种活动形式。半日制亲子活动指婴幼儿在带养人的陪同下，参与早期教养机构半日的早教活动。这种活动形式比较利于婴幼儿适应幼儿园的生活节奏和环境，为进入幼儿园，开始比较正规的学前教育奠定很好的基础。周末制亲子活动指利用周末，带养人与婴幼儿参与早期教养机构的活动。这种活动形式弥补了年轻父母平时因为工作忙，没有时间带婴幼儿的遗憾。不仅促进婴幼儿与父母的亲子关系，也传递给婴幼儿父母许多科学的教育观念和方法。

早教活动按模式还可以分为"走出去"和"请进来"两类。"走出去"的活动指早期教养机构的教师走进社区开展多种性质的早教活动和服务，如入户指导、玩具图书馆、流动大篷车、社区活动站等。"请进来"的活动指早期教养机构的环境、玩具等各种资源定期或不定期向社区开放，可以有父母讲堂、育儿咨询、妈妈沙龙、亲子游戏等多种形式。

（二）早期教养机构支持社区家庭科学育儿的模式

1. "政策主导、社区参与"的服务模式

从某种角度上说，只有政府，通过制定与实施相应的公共政策，才能够有效指导并支持社区家庭科学育儿。因此，政府需要在0~3岁婴幼儿早期教养事业中发挥根本性作用。但是，政府为早期教育事业可投入的预算十分有限。国际经验表明，大部分政府愿意将有限的资源投放给弱势群体，为贫困儿童提供改善早期教养环境的机会，然而，仅仅制定"亲贫"政策，关注社会弱势群体，并不能满足各收入层次家庭与婴幼儿的切实需求。同时，家庭收入水平的高低并不是体现家庭教养环境质量的唯一指标，很多高收入家庭并不具备科学育儿的能力。因此，在社区层面，合理利用社区资源，在社区参与和政府主导之间创建合作机制与工作平台，将有助于在更大范围内推广与扩展"科学育儿"指导与咨询服务，使更多社区家庭从中受益。

然而，关于"政府主导、社区参与"的服务模式，需要注意的是，在社区层面通过引入各类机构办早期教育，并不意味着高收费，也不意味着只有富人才能享受高质量的早期教养指导与咨询服务。政府需要在引入民间资源的同时明确：第一，公共投入应该对早期保育与教育事业负主要责任，公共财政可以通过为低收入家庭购买公共服务的方式，保障其获得公共服务的机会，避免加剧社会的不平等；第二，为使社区机构参与社会服务，相应的激励政策可以在一定程度上保障社区机构的项目收益，使其能够可持续发展；第三，政府有责任制定并定期发布行业标准、培训材料及项目评估方案等配套政策，以保障社区机构项目的质量（比如，准入政策、淘汰政策与评估政策等），避免其为寻求效益最大化而忽略服务质量。

2.社区服务模式的突破：入户指导

多样化的形式与内容主要是为了满足社区家庭越来越多元的需求。然而，依然有一部分家庭无法有效地利用这些社区公共服务来提高家庭的育儿能力与保教质量。其中原因很复杂。因此，社区服务走到了需要突破与创新的阶段。"入户指导"是西方国家社区公共借鉴国际经验：

服务体系中的一种常见的干预形式，并且被广泛地使用于不同的公共服务领域，包括婴幼儿保育与教育指导、家庭教育指导、医疗服务、青少年问题以及家庭暴力等。同时，由于"入户指导"项目需要投入更多的人力与物力，也有一些功效研究或有效性研究致力于探讨这种干预措施是否有效。在 0~3 岁婴幼儿早期保育与教育领域，我国也有很多城市与地区开始实施入户指导，并正在设计入户指导的内容和形式。不可否认，在不简化其他服务形式的条件下，增加出来的入户指导服务将扩大社区的服务受众面、有效提高服务质量、直接解决家庭的特殊需求，其优势十分明显。

从实践层面来看，第一，入户指导需要更加专业的育儿知识与服务意识，因此社区需要建立相关培训制度，培养一批稳定的"入户指导师"，并且给予一定的工作津贴以弥补"入户"需要花费的额外工作时间和精力；第二，社区需要建立监督与回访机制，保证服务质量；第三，社区应该利用入户指导过程，建立大数据平台，跟踪社区家庭育儿情况与需求，为提供更加个性化的服务做好信息保障。

四、幼儿园、家庭、社区合作共育的意义

家庭、幼儿园、社区是幼儿生活成长的重要生态系统，对幼儿的发展具有重要的影响。家庭是幼儿生活的第一场所，家长是幼儿的第一任教师，家长与幼儿的血缘关系使其对幼儿的教育投资、教养方式等存在重要影响；幼儿园是专门的教育机构，拥有专业的教师，能够运用科学的教育方式、方法对幼儿进行科学地指导；社区拥有各种各类的物质环境资源和人力资源，能够有效弥补幼儿园和家庭教育资源的缺乏，扩充幼儿的视野。因此，实行幼儿园、家庭、社区共育是有效利用各自教育优势，实现幼儿健康成长的重要途径。

（一）有利于顺应世界幼儿教育发展趋势

随着社会的发展，幼儿教育必须从学校这个封闭的范围中解放出来，扩展到家庭与社区，已经成为幼儿教育发展的重要趋势。社区式的管理模式是其幼儿教育取得瞩目成功的重要原因之一，幼儿、家庭、学校以及社区相互协作、相互融合、相互分享，共同参与到学前机构的组织管理中，幼儿园要充分利用家庭和社区资源对儿童进行教育，分别从不同的层面强调了家园、社区共育对幼儿的重要影响。

幼儿园应与家庭、社区密切合作，综合利用各种教育资源，共同为幼儿的发展创造条件。因此，实行家园、社区共育，有利于我国幼儿教育事业顺应世界幼儿教育发展趋势，实现与国际的接轨。

（二）有利于促进幼儿健康成长

个体的发展总是受到遗传、环境和教育的共同影响。就环境方面来说，幼儿生活的环境主要包括家庭、幼儿园和社区，个体在发展过程中并非是孤立的存在，而是能动地与周围的环境相互依赖、相互依存、相互作用。因此，幼儿的成长受到其生活环境——家庭、幼儿园、社区的共同影响。与此同时，家庭、幼儿园、社区各自拥有属于自己的人力资源、物理资源、自然环境资源等，故家庭、幼儿园、社区共育，不仅可以充分利用各种教育资源，有效地发挥幼儿园、家庭、社区各自的教育优势，而且也可以使这三面的经验"更具一致性、连续性和互补性"从而形成一致的教育合力，共同促进儿童的健康成长。

参考文献

[1]甘剑梅.学前儿童品格教育理论与实务基于和合学习理念的探索[M].镇江：江苏大学出版社，2021.06.

[2]赵朵.学前教育学[M].北京：北京理工大学出版社，2021.09.

[3]季燕.高等学校十三五学前教育专业规划教材学前儿童家庭教育与指导[M].南京：南京大学出版社，2021.04.

[4]赵红芳，崔爱林.学前教育学[M].北京：北京师范大学出版社，2021.

[5]庄香香.学前教育康复实验教材沟通与交往[M].厦门：厦门大学出版社，2021.05.

[6]甘剑梅.学前儿童社会教育第2版[M].北京：高等教育出版社，2021.09.

[7]王普华.幼儿园家庭教育指导[M].北京：中国人民大学出版社，2021.05.

[8]邱雪华，李敏谊.聚焦儿童面向未来幼儿园可持续发展教育实践[M].北京：北京师范大学出版社，2021.06.

[9]徐臻.基于核心经验的幼儿语言入学准备实施策略[M].上海：华东师范大学出版社，2021.09.

[10]叶璐，林丽娜.学前儿童家庭教育及家、园、社区合作共育[M].成都：西南交通大学出版社，2020.03.

[11]姜勇.学前教育研究[M].福州：福建教育出版社，2020.08.

[12]杨华，钟雯.学前儿童科学教育与活动指导[M].北京：人民邮电出版社，2020.06.

[13]张建设.学前儿童社会教育[M].南昌：江西高校出版社，2020.07.

[14]霍习霞.学前教育概论[M].上海：同济大学出版社，2020.07.

[15]张建波.学前儿童科学教育[M].南京：河海大学出版社，2019.03.

[16]白洋，刘原兵，张继红.学前教育学[M].北京/西安：世界图书出版公司，2019.12.

[17]党劲.幼儿教育学学习指要第 2 版[M].重庆：重庆大学出版社，2019.10.

[18]刘敏钰.学前儿童科学教育[M].北京：科瀚伟业教育科技有限公司，2018.04.

[19]郑晓边.学前儿童健康教育[M].武汉：武汉大学出版社，2018.08.

[20]王萍，万超.学前教育学[M].长春：东北师范大学出版社，2018.01.

[21]郑三元，邹巧玲，尹小晴.学前教育学基础[M].北京：北京理工大学出版社，2018.04.

[22]滕宇，王艳红.学前教育原理与实践[M].北京：北京理工大学出版社，2018.08.

[23]施玉洁，吕姝.幼儿教育学[M].北京：北京理工大学出版社，2018.10.

[24]赵瑜.学前儿童社会教育与活动设计[M].北京：科学出版社，2018.07.

[25]王清风.学前教育学[M].南京：南京大学出版社，2018.07.

[26]夏宇虹，王荷.学前教育学[M].天津：天津大学出版社，2018.09.

[27]周宗清，康晓燕.学前儿童家庭教育指导[M].北京：国家开放大学出版社，2018.05.

[28]朱梅.儿童家庭与社区教育[M].北京：科学出版社，2018.10.

[29]崔爱林，赵红芳.高等学校学前教育专业"十三五"规划教材学前教育学[M].北京：北京师范大学出版社，2018.01.

[30]卢敏秋，龚婵娟.学前儿童家庭教育[M].武汉：华中师范大学出版社，2018.02.

[31]张明红.多元理论视野下的学前儿童语言教育[M].上海：华东师范大学出版社，2018.06.

[32]何兰芝.学前儿童科学教育与活动指导[M].成都：西南财经大学出版社，2018.07.